스와힐리어 음성 음운 형태론

The Phonetics, Phonology and Morphology of Swahili

이 저서는 2015년 정부(교육부)의 재원으로 한국연구재단의 지원을 받아 수행된 연구임
(NRF-2015S1A6A4A01009349)

지은이 **박재익** (朴在翼, Jae-Ick PARK)

E-Mail: jipark@kosin.ac.kr, parkjake1@gmail.com
전화: 051-990-2298 (O), 010-9422-2693 (CP)

생년: 1961

출생지: 경상북도 영천시 금호읍 오계리 (사근달)

학력: 창산국민학교 (1974), 금호중학교 (1977), 계성고등학교 졸업 (1980)
계명대학교 영어영문학과 학사 (1984)
계명대학교 대학원 영어학전공 석사 (1986)
The University of Georgia, Athens. M.A. in Linguistics (1990)
Indiana University, Bloomington. Ph.D. in Linguistics (1997)

경력: Indiana University, Bloomington 동양어문화학과 한국어 조교 및 강사 (1992-1995)
The University of California, Irvine 동양어문명학과 한국어 전임강사 (1995-1996)
The Ohio State University, Columbus 방문교수 (2004-2005)
The State University of New York, Buffalo 언어학과 한국어문학 전임강사 (2005-2007)
Mongol Huree University, Ulaanbaatar 영어과 방문교수 (2019)
고신대학교 인문대학장 (2014-2016), 학부대학장 (2016-2018), 문헌정보관장 (2014-2018)
고신대학교 영어영문학 및 한국어교육학 교수 (1998-현재)

연구분야: 영어, 스와힐리어, 한국어, 몽골어 음성 음운 형태론

스와힐리어 음성 음운 형태론

The Phonetics, Phonology and Morphology of Swahili

© 박재익, 2019

1판 1쇄 인쇄__2019년 04월 25일
1판 1쇄 발행__2019년 04월 30일

지은이__박재익
펴낸이__양정섭

펴낸곳__도서출판 경진
　　　등록__제2010-000004호
　　　이메일__mykyungjin@daum.net
　　　사업장주소__서울특별시 금천구 시흥대로 57길(시흥동) 영광빌딩 203호
　　　전화__070-7550-7776　**팩스__**02-806-7282

값 27,000원
ISBN 978-89-5996-083-5 93790

※ 이 도서의 국립중앙도서관 출판예정도서목록(CIP)은 서지정보유통지원시스템 홈페이지(http://seoji.nl.go.kr)와 국가자료공동목록시스템
　(http://www.nl.go.kr/kolisnet)에서 이용하실 수 있습니다. (CIP제어번호: 2019016631)

스와힐리어 음성 음운 형태론

The Phonetics, Phonology and Morphology of Swahili

박재익 지음

The heavens declares the glory of God;
The skies proclaim the work of his hands.
Day after day they pour forth speech;
Night after night they display knowledge.
There is no speech or language
Where their voice is not heard.
Their voice goes out into all the earth,
Their words to the ends of the world.
(Psalms 19: 1-4)

나에게 모국어를 가르쳐 주시고
우리말에 대해 궁금해 할 때마다 즐겁게 대답해 주시다가
먼저 천국에 가 계시는 우리 어머니께 이 책을 바칩니다.

본 연구저서는 스와힐리어를 한국인에게 소개하는 것을 주된 목적으로 한다. 스와힐리어가 어디에서 어느 나라에서 사용되며 얼마나 많은 사람들이 사용하는지에 대해 소개하고 스와힐리어의 소리, 발음, 음절, 음운현상, 억양, 낱말의 모양, 낱말의 구성성분과 방법에 대해 소개하고자 했다. 한국사람들에게 낯선 외국어이기에 할 수 있는 대로 기본적이면서도 교실 수업에서 접하기 쉬운 어휘들을 중심으로 최대한 많은 예를 들고 그 예들을 설명하려고 했다.

스와힐리어는 동부아프리카의 여러 나라에서 모국어로도 쓰이고 제2언어로도 쓰인다. 현재 모국어로 쓰는 인구가 5천만 명 정도 되며 외국어나 통용어로 쓰는 인구가 또 1억 명 정도 된다. 이렇게 현재 사용인구가 많을 뿐 아니라 공통어가 없는 근처 지역에서 스와힐리어를 통용어로 사용하는 데 거부감이 없고 편리하기 때문에, 이 언어는 점점 더 넓게 빨리 동부아프리카의 여러 나라로 세력을 확장하고 있다. 게다가 이 지역은 높은 출산율과 낮은 유아사망률을 바탕으로 인구증가가 폭발적이다. 지난 30년간 인구가 거의 두 배로 증가했다. 특히 스와힐리어의 글자와 발음이 쉽고 문법이 잘 정비되어 있어서 학습하는 데도 아프리카의 어떤 언어보다 쉽다. 스와힐리어는 남동아프리카 전역에 퍼져있는 반투어와 친족관계를 가진 언어로서 이 지역의 어떤 언어와도 기본어휘의 50% 이상이 동일하거나 아주 비슷하다. 그래서 남동 아프리카의 모든 나라의 학습자들이 언제든지 쉽게 스와힐리어를 학습할 수 있기 때문에 이 언어의 확장은 빠른 속도로 진척될 것으로 보인다.

본 저서는 스와힐리어의 음성학, 음운론, 형태론을 모두 아우르는 연구서다. 그래서 분절음으로서 모음과 자음을 소개하고, 이 소리들이 현재와 같이 되어온 과정과 변화들을 소개할 뿐 아니라 이와 관련된 조음음성학적, 음향음성학적 자료를 제시하고 분석한다. 유기음과 무기음, 고유음과 외래음의 교체와 변이형을 소개하고, 강세와 함께 이전 연구에서 거의 다루지 않았던 억양과 관련한 스펙트로그램과 억양곡선을 최대한 많은 문형으로 보여주며 서술하려고 했다.

음운론 분석에 있어서 스와힐리어의 음운론에 중요한 문제인 음절에 관한 이해를 위해 최신 음운이론으로 분석했다. 중모음과 관련한 모음조화는 동부반투어 전체에 걸친 연구주제가 되어 왔기에 본 저서에서 이 문제를 심도 있게 논의하였다. 예외로 보이는 어떤 모음조화는 지극히 자연스런 현상으로 볼 수 있는 새로운 분석법을 도입하여 해결하였다. 스와힐리어의 여러 조그마한 음운현상들은 언어학에서 가장 보편적으로 논의되는 현상들인데, 이를 체계적으로 정리한 연구나 저서가 부족했다. 그래서 본 연구저서에서는 작은 음운현상에서부터 주된 특징을 보이는 현상까지 두루 소개하고 반투어 전체적인 맥락에서 논의하였다. 활음화, 모음첨가, 모음축약, 모음융합, 보상적 장음화, 자음약화, 마찰음화, 자음강화, 자음이화, 상호동화, 복합단자음의 형성, 공명도, 음절접촉 등 음운론을 배우는 모든 사람들이 기본적으로 알아야 하는 규칙들이 여러 자료와 함께 기술되었고, 반투어 음운론의 특이한 현상인 마인호프의 법칙, 콰냐마 법칙, 돌의 법칙 등도 다루었다.

스와힐리어 형태론과 관련하여 먼저, 스와힐리어의 명사체계와 일치에 대해 명사부류별로 최대한으로 소개하고, 일치와 관련하여서는 명사부류에 따른 형용사, 수사, 지시사, 연결사와 함께, 주격, 목적격 접사의 종류와 용법까지 일목요연한 도표를 보여줌으로써 설명하였다. 이전의 연구에서는 자료를 한꺼번에 소개하는 경우가 드물어서 매번 부록을 뒤지면서 확인하거나 명사부류간의 유사점과 차별성을 찾아 활용하기에 어려움이 있었다. 스와힐리어 차용어 어휘를 소개하고, 동사, 명사, 형용사, 부사의 파생어 생성 방법을 소개했다. 스와힐리어 형태론에서 중요한 부분 중에 하나가 중첩어의 기본형과 중첩방법에 관한 것인데, 본서에서는 스와힐리어에 있는 모든 방식의 중첩어를 알맞은 자료를 제시하면서 자세히 다루었다. 또한 스와힐리어의 교재, 문법서, 연구서마다 예외 없이 단음절어에 대한 예외성을 지적하는 것을 찾을 수 있는데, 본 저서에서는 이 문제를 최소단어요건과 관련한 논의로 한 장에 걸쳐 다루었다. 이 언어에서는 단음절어가 두 음절어가 되기 위한 노력으로 수많은 음성, 음운, 형태론적 현상이 일어나는 것을 살필 수 있었다. 역사적인 현상과 현대적인 형태음운론적 현상이 두루 일어남을 소개하였으며 이는 다른 언어의 연구에 주는 시사점이 크다. 이런 여러 스와힐리어의 형태음운론적 현상에 대해 최신 이론인 최적성이론으로 문제를 간결하고 설득력 있게 분석하고 해결하고자 했다. 마지막으로 스와힐리어와 주변 언어환경과 그 사회의 역동성에 비추어 스와힐리어의 과제와 전망에 대해 의견을 제시했다. 본 저서는 스와힐리어 학습자와 반투어와 스와힐리어 전반에 관한 연구에 관심있는 분을 위해 참고자료, 국문과 영문 찾아보기를 덧붙였다.

누구든 이 책을 읽음으로써 조금이나마 대한민국에서 스와힐리어와 반투어에 대한 관심이 커지고, 스와힐리어를 쓰는 사람들에 대한 이해가 깊어지고, 그들과의 관계가 확대되기를 간절히 빌면서, 부족하나마 이 책을 내어 놓으려고 한다. 언어학 전문서적을 기꺼이 출판해 주신 양정섭 경진출판 대표께 감사드리며, 교정판을 읽고 틀린 곳 찾아내느라 애쓴 아내 송성숙에게도 고마운 마음을 전한다. 이 책을 계획할 때부터 마칠 때까지 지식과 건강을 주신 하나님께 감사드리며, 오래 미루어둔 숙제를 마치게 되어 기쁜 마음으로 글을 맺는다.

3·1독립의거에 이어 대한민국 망명정부 수립 100주년에
외세의 간섭없는 통일을 열망하며

Jae Ick Parke

박재익

2019. 3. 31.

Abstract

The Phonetics, Phonology and Morphology of Swahili

The subject of this book is the phonetics, phonology and morphology of Swahili, as it is spoken in Tanzania, Kenya, and other nearby East African countries. The main purpose of this book is to introduce the Swahili language, called Kiswahili by its speakers, to the Korean people. Considering that the Swahili language is unfamiliar to Koreans, this book begins with a brief introduction of the language speakers, its history of language contact, and its linguistic classification. Since the grammar and vocabulary of Swahili are well-constrained and with it being in an environment of no shared language between different ethnic communities and East African countries, Swahili is conveniently chosen as the lingua franca.

In the chapter of phonetics, the book shows the individual sounds of the language. The consonant and vowel charts of the language are introduced first and then the arrangement of sounds, so-called phonotactics, in the syllable of the word, is dealt with. Swahili has a very simple vowel system, but has characteristic consonants such as prenasalized consonants and the word-initial velar nasal.

The next chapter deals with the acoustic phonetics of Swahili. The tools and terms in acoustic phonetics such as PCquirer, waveform, spectrogram, and intonation are first introduced. The characteristic formants of the vowels, aspirated consonants, implosives and palatal sounds are shown. Almost five dozen spectrograms and intonation contours of sentences are analyzed to show the sound quality of characteristic individual sounds, pitch, penultimate stress, and sentence intonation. Sentences with or without the subject and sentences with an adverb, a relative clause, or an embedded sentence along with various conjunction words or question words are displayed and explained in the spectrogram and intonation contour. Subjunctive, command, exclamatory, and complex sentences are analyzed as well. The downdrift, a gradual decrease of the pitch in intonation, is also shown at the end of this chapter.

On phonology of the language, the book analyzes the syllable theory and syllable structure of long vowels, syllabic nasal, homorganic prenasals, and the consonant in the coda position. It also deals with vowel hiatus and reduction, compensatory lengthening, consonant hardening, spirantization, nasal deletion, and weakening such as Meinhof's law, Kwanyama law, and Dahl's law. The intriguing problem regarding the mid vowels in the vowel harmony of Swahili and eastern Bantu verbs is analyzed in terms of radical underspecification theory. The non-linear structures of vowels with underspecified features are candidates to compete with each other in optimality theory.

On morphology, this book deals with the most characteristic noun class and its concord system of Swahili as a Bantu language. It also analyzes reduplicated words, foreign borrowings and their variants, and derivational morphology in the language. Reduplication produces words of repetitive, boring, bothering or emphatic meanings, and it reveals interesting word formation with reduplicative templates. Various types of derived verbs, nouns, adjectives and adverbs are also introduced.

The following chapter focuses on the effects of the minimal word requirement in Swahili. Swahili requires at least two syllables for all lexical words and most function words. In order to observe this rule, the language finds various ways synchronically and diachronically. Verb stem, general nouns, abbreviated names, pronouns, and exclamations are all minimally bisyllabic. For underlyingly one-syllable forms to fit two syllables, they take a neighboring morpheme, such as object marker or infinitive marker as part of them, and this new form becomes a new underlying form. In other cases, some historically and synchronically lost morphemes such as noun class markers are preserved or doubly affixed.

In the next chapter, the optimality theory is introduced in dealing with the strong two-syllable requirement in the language. The relationship between the minimal word requirement and the size of the vowel stems is dealt with in terms of several constraints. The syllabicity of the prenasal, post-nasal consonant hardening, and the actual forms in different dialects are all testable in the optimality theory of candidates and constraint conspiracy.

The final chapter of the book is a prospectus of the future of the phonetics, phonology, and morphology of the Swahili language. Some of the current exceptions or variants may prevail or perish in the future. This research will allow Koreans to have easier access to the Swahili language and contribute to the linguistic study of the Swahili language and of other languages.

Jae-Ick Park
March 31, 2019

This work was supported by the National Research Foundation of Korea Grant funded by the Korean Government (NRF-2015S1A6A4A01009349)

차례

제1장 동아프리카 언어 스와힐리어 —— 1

제2장 스와힐리어의 음소론 —— 15

제4장 스와힐리어의 음운론 —— 107

제5장 스와힐리어의 명사체계와 형태론 ___ 183

제6장 최소단어효과 ___ 265

제7장 형태음운론적 제약과 최적성 분석 ___ 303

제8장 스와힐리어의 장래와 과제 ___ 329

약어

Abbr	abbreviation	약어
Adj	adjective	형용사
Adv	adverb	부사
asp	aspiration	유기성
aug	augmentative	거대형
C	consonant	자음
caus	causative	사역형
cl	noun class	명사부류
Comm	command	명령형
conn	connective	연결형
Cp	copula	계사
Dem	demonstrative	지시사
dim	diminutive	왜소형
epen	epenthesis	어중음첨가
ext	extension	확장형태소
fut	future	미래시제
fv	final vowel	동사어미
hab	habitual	일상시제
impst	immediate past	과거연속시제
Intj	interjection	감탄사
loc	locative	처소격
N	noun	명사
neg	negative prefix	부정접두사
nom	nominal	주격
Ns	noun stem	명사어간
obj	objective	목적격
pass	passive	수동형
PB	Proto-Bantu	반투어 재구어
pl	plural	복수
PN	proper noun	고유명사

poss	possessive	소유격
ppt	present perfect	현재완료
pref	prefix	접두사
pres	present	현재시제
Pro	pronoun	대명사
proth	prothesis	어두음첨가
PS	Proto-Sabaki	사바키어 재구어
pst	past	과거시제
Qw	question word	의문사
rcp	reciprocal	상호형
RED	reduplicative template	중첩어 관형
ref	reflexive	재귀격
rel	relative	관계형
sg	singular	단수
sbj	subjective	주격
sbjn	subjunctive	가정법
trans	transitive	타동형
V	vowel	모음
vcd	voiced	유성음
vcl	voiceless	무성음
Vinf	verb infinitive	동사부정사
Vr	verb root	동사어근
Vs	verb stem	동사어간
>	historically changed to	역사적 변화
<	historically derived from	역사적 출처
→	synchronically changes to	현재의 변화
~	varies between	변이형

제**1**장 동아프리카 언어 스와힐리어

1.1. 스와힐리어의 소개

스와힐리어(Swahili)는 동아프리카에서 5천만 정도의 인구가 모국어로 사용하며 1억명 정도의 인구가 제2, 제3언어로 사용하고 있다. 그 사람들은 이 언어를 키스와힐리(Kiswahili)라고 하는데 ki는 언어를 가리키는 낱말에 붙는 토씨이다. 탄자니아(The United Republic of Tanzania)와 케냐(Kenya)에서는 이 언어를 국민언어(National Language)로 정했으며, 이 영어와 함께 공식언어(Official Language)로 인정하였다. 콩고민주공화국(The Democratic Republic of Congo)의 동부지역에서는 스와힐리어를 제2언어로 사용하고 있으며, 부룬디(Burundi), 르완다(Rwanda), 일부 우간다(Uganda), 모잠비크(Mozambique), 잠비아(Zambia), 말라위(Malawi), 소말리아(Somalia) 등에서는 제1, 제2언어나 제3언어로 사용하는 사람들이 많다. 이렇게 광범위하게 사용되는 이유는 여러 가지가 있지만, 스와힐리어를 민족 언어나 국민언어로 생각하여 남다른 애착을 가진 탄자니아의 영향으로 볼 수 있다. 탄자니아는 정치가 안정되어 있고 또 이웃나라와의 관계가 우호적이다. 또한 언어 자체가 문법적으로 정착하였고, 어휘나 용법이 정제되어 규칙적이며 체계적이라는 강점이 있다. 줄리어스 네레레(Julius Nyerere) 전 대통령의 지도력으로 정치적 안정이 이루어졌고, 그의 지속적인 스와힐리어 중심 언어정책은 언어와 문화 등 다방면에 영향을 끼쳤고, 신생독립국의 자생력과 자국 언어에 바탕을 둔 애국심은 국가발전에도 기여했다.

　어휘의 면에 있어서 스와힐리어는 반투어(Bantu)에 기초를 두고 있어 기본어휘들은 주위의 언어들과 공유하고 있다. 스와힐리어라는 말 자체는 아프리카 위쪽 중동지역 아랍어를 사용하는 상인들과의 접촉에서 빌려온 말로서 '바닷가'라는 뜻을 가지고 있다. 그리고 이런 문화를 가진 사람들을 스와힐리(Swahili) 민족이라 한다. 아랍어 사용자들과의 오랜 교역을 통해 어휘가 풍부해졌고 또 교역을 위해 규칙적인 언어로 발달시켜 왔다.

문법적인 면에서도 스와힐리어에 대한 문법서가 오래 전부터 아랍어로 출판되어 왔으며 다듬어져 왔다. 또한 스와힐리어로 된 문학이나 아동문학이 발달되어 스와힐리어 사용이 문어와 구어에서 골고루 발달하여 왔다. 그래서 교육기관에서도 적극적으로 스와힐리어를 사용하게 되었다는 점은 인접한 다른 아프리카어의 사용정도와 중요성에 큰 차이가 있다.

이와 더불어 스와힐리어가 계통론적으로 속해 있는 사하라(Sahara) 이남의 반투어의 두드러진 특징인 성조를 상실하고 강세 언어로 변화했다. 이 강세조차도 단순화되어 전혀 음운론적인 차이를 가져오지 않는 실정으로 바뀌었다. 이와 같은 여러 특징 때문에 스와힐리어는 인접 언어화자들에게 배우기 쉬운 언어이며, 광범위하게 확장되는 언어여서 점점 더 많은 사람들이 사용하게 되고, 반투어의 대표언어가 되어 전체 반투인들의 통용어(Lingua Franca)가 되었고, 사하라사막 이남에서 가장 활발히 사용되는 언어가 되었다.

스와힐리어는 탄자니아의 대륙 부분인 탕가니카의 해변도시 다르살람(Dar es Salaam)과 섬으로 된 잔지바르(Zanzibar) 지역에서 시작했지만, 포르투갈 지배시기와 독일 지배시기, 영국 지배시기에 이르기까지 지속적으로 스와힐리어 사용을 장려하여 왔고, 또 그 언어의 편리성 때문에 탄자니아, 케냐 전체를 비롯하여 인접한 부족과 나라에 이르기까지 자연스럽게 퍼져나갔다.

스와힐리어 사용 인구는 점차 늘어나는 추세이며, 무엇보다도 이전에 비해 모국어 화자가 늘어나며 단일어 화자가 늘어난다는 점에서 스와힐리어의 발전을 예측할 수 있다. 이러한 추세에 비추어 스와힐리어는 점차 현재 국어로 사용되고 있는 나라에서는 모든 계층 모든 부족이 쓰는 언어가 되었으며, 특히 학교교육에서 대학교까지 도구로 쓰이게 됨으로써 이 언어의 중요성이 강조되고 또 그에 따른 언어에 대한 연구와 정립이 필요한 시점이다.

탄자니아, 케냐 등 스와힐리어 사용 국가의 독립 이후 50여 년간의 지속적으로 어휘 개발과 스와힐리어 교육확대를 통해, 더 많은 인구가 스와힐리어를 단일어로 채택하고 있는 실정이다. 이 때문에 스와힐리어가 탄자니아에서 정착하고 식민지 이후 다시 활성화되고 국어화되는 과정은 언어정책의 모범으로 인용되는 사례이다. 또한 다른 면에서는, 이 언어가 성조의 상실, 모음의 간소화, 문법의 규칙성 등의 강점 때문에 점차 더 인접한 나라의 토착어를 잠식하고 있어, 그 지방의 이중어 화자의 수가 급감하는데 기여하고 있다는 점에서, 소수 언어(Minority Languages)나 위기에 처한 언어(Endangered Languages)의 운명과도 밀접히 관련 있는 언어가 되었다. 정부의 정책도 사용자가 적은 부족 언어들을 학교에서나 언론, 드라마에서 사용하는 것을 금지하고 심지어 교과목으로 가르치는 것조차 막았기 때문에 이런 언어의 사멸(Language Extinct)은 탄자니아에서 당면한 뚜렷한 문제이다.

스와힐리어에 영향을 끼친 탄자니아와 케냐의 주요 사건들을 살펴보고 차용어의 영향의 규모를 짐작해 보고자 한다. 스와힐리어는 탄자니아, 케냐, 콩고민주공화국, 르완다, 우간다와 연합체인 아프리카 유니언(African Union)과 동아프리카지역연합(East African Community)에서 공식언어(Official Language)로 쓰인다. 네레레 전 대통령은 탄자니아에서 영어를 교육도구로 쓰는 것을 중단하고, 모든 교육에서 스와힐리어를 도구로 사용하도록 함으로써 하나되는 사회(Ujamaa)라는 정책을 구현하려고 했으나 영어를 그 사회에서 몰아내지는 못했다. 탄자니아에서는 스와힐리어가 국민언어로 채택되어 첫 7년간의 초등교육에서 도구로 쓰이는 반면에, 고등교육에서는 영어가 사용되고 있다. 스와힐리어를 날 때부터 쓰던 사람이 40년 전에는 몇 백만 명으로 많지 않았지만 지금은 인구증가와 함께 점점 그 수가 많아져서 5천만 명 정도 되고 제2, 제3 언어로 쓰는 사람의 수는 급격히 증가하고 있다.

케냐의 경우도 탄자니아처럼 국민언어는 스와힐리어고, 공식어는 스와힐리어와 영어다. 그러나 탄자니아와 다른 점은, 언어의 다양성을 증진하고 보호하여 토착어 사용을 방해하지 않는다. 문제는 모든 영역에서 하위 단계에서는 스와힐리어를 자연스럽게 쓰고, 교육이나 업무상에는 영어를 압도적으로 많이 사용한다. 중학교부터 전 과목을 영어로 가르치고 있으며 스와힐리어는 생활어이다. 케냐와 탄자니아는 영연방의 정회원국이기 때문에 여전히 정치, 경제, 문화 등 모든 면에서 영어의 영향을 크게 받고 있다.

탄자니아의 2017년 인구 5600여 만 명 중 15세 이하가 45% 이상, 케냐는 인구 4800여 만 명 중 41%가 넘는다. 탄자니아는 부족과 그 언어가 120개 이상이고, 케냐는 40여개이다. 탄자니아와 케냐의 인구변동 그래프를 보면 모양이 비슷하고 출생률이 높고 사망률도 높지만 사망률은 점차 줄어들 것으로 보인다. 특히 지난 30여 년간 인구가 두 배로 급증했다. 이러한 경향이 지속된다면 다음 같은 기간에도 인구가 두 배로 증가할 것이다. 게다가 타고나면서 스와힐리어를 하는 화자가 늘어나게 될 것이므로 스와힐리어 모국어 화자는 수억 명이 될 것이다.

(1) 탄자니아 인구변동

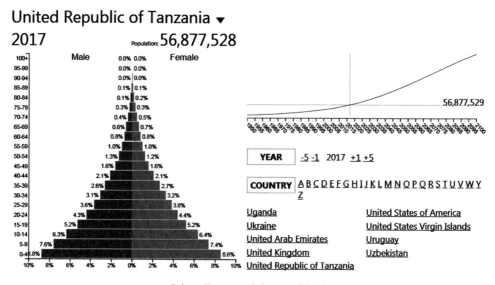

© https://www.populationpyramid.net/

언어에 끼치는 종교의 영향을 고려하여 종교인의 비율을 보면, 케냐는 83%가 신구 기독교인이며 11%가 이슬람교인이다. 탄자니아는 국가적인 종교인 비율에 관한 통계가 금지되어 있어서 정확히 알 수 없지만 신구 기독교인과 이슬람교인, 전통종교인의 비율이 1/3씩 차지하고 있고 잔지바르에는 거의 모두가 이슬람교인이라고 본다. 2014 CIA Factbook에 따르면 탄자니아의 신구 기독교인이 61%라 하기도 한다. 스와힐리어의 표준방언(Standard Dialect)이 되는 웅구자어(Unguja)는 잔지바르의 언어를 기본으로 하기 때문에 아랍어가 스와힐리어에 아주 많이 남아있다. 이런 어휘적 차이는 다른 방언이나 반투어와 뚜렷이 구별되는 특징이다.

(2) 케냐 인구변동

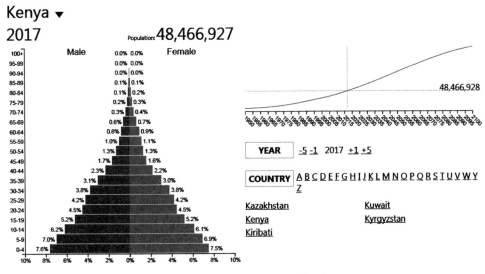

© https://www.populationpyramid.net/

　　스와힐리어를 쓰는 반투 민족은 원래 현재의 동아프리카에 거주하던 사람들이 아니라 오랜 역사에 걸쳐 현재의 지역으로 이주해 온 사람들이다. 이주 기간과 경로, 이주민의 구성이 다양하여 이 지역 언어에 다양한 모습을 보이고 있다. 특히 방언의 수가 200개 가까이 됨을 볼 때 인구구성과 이동경로 및 언어의 다양성을 짐작할 수 있다. 다음에 나오는 (3)의 그림은 동아프리카 지역으로 이주해 오는 경로를 표시한 그림이다. 이 그림에서 보듯이 사하라이남 서아프리카에서 점점 동쪽과 남쪽으로 이주해 온 민족 이동을 확인할 수 있다. 베누이강(Benue) 아래부터 서쪽이나 동쪽의 언어와 남쪽으로 이어진 언어를 나이저콩고어(Niger-Congo)라고 하는데, 넓은 지역에 비해 언어 간의 친연성이 높다는 것은 이 지역으로 퍼져나간 기간이 상대적으로 짧다는 뜻이다.

(3)

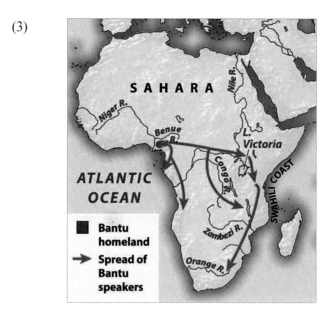

© https://www.sutori.com/story/bantu-migrations

　　다음 그림은 스와힐리어가 집중적으로 제1언어로 쓰이는 지역인 동부 해변지역 (Swahili Coast)을 표시하였다. 이 해안을 중심으로 세계의 강국들이 접근하였고 점차 내륙으로 진출하여 스와힐리어의 영역이 넓어지는데도 일조하였다.

(4)

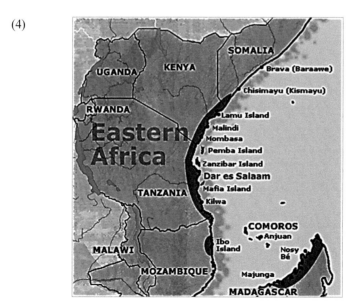

© https://davidderrick.wordpress.com/2013/04/03/the-swahili-coast/

스와힐리 문화와 언어에 영향을 가져다 준 탄자니아와 케냐의 주요 역사를 소개하면 다음 도표와 같다. 먼저, 탄자니아의 주요 연혁을 살펴보면 다음과 같다.

(5)　　　　　　　　탄자니아에 끼친 역사

시기	사건
기원	하자족(Hadza)과 산다웨족(Sandawe)이 원주민으로 보임
4000 BC 이전	에티오피아에서 온 남부 쿠시어 화자들(Cushitic Peoples)이 들어옴
4000-2000 BC	동부 쿠시어 화자들이 들어옴
2900-2400	남부 나일어족(Nilotic Peoples)이 에티오피아와 남수단에서 이주해옴
2300-1700 BC	동부 나일어족 화자가 들어옴
500-1500 CE	마사이족(Maasai)과 동부 나일어족 이주
1세기	페르시아 만, 인도지역에서 상인들이 옴
9-15세기	아라비아, 페르시아만 지역으로부터 온 이주민 정착
10세기부터	이슬람과 인도 상인의 노예무역
14세기	아랍인과 원주민의 통혼으로 아랍어 대량 유입
16세기 초	포르투갈이 동아프리카 점령
1503년	포르투갈이 잔지바르 점령
1698년 이후	오만이 몸바사(Mombasa)에서 포르투갈 축출하고 잔지바르 점령
1880-1919	독일의 식민지
1919-1961	영국의 동아프리카 식민지(British East Africa)가 됨
1961. 12. 9	탕가니카(Tanganyika) 독립
1963. 12. 19	잔지바르(Zanzibar) 독립
1964. 4. 26	탄자니아 공화국(The United Republic of Tanzania)으로 합병

탄자니아의 원주민은 하자족(Hadza)과 산다웨족(Sandawe)으로 보기는 하지만 확실하지 않다. 이들은 반투어와 닮지 않아 고립어적인 요소를 보인다. 페르시아인, 인도인, 아랍인, 포르투갈인, 독일인, 영국인까지 영향을 받아서 오늘날과 같은 문화와 언어를 형성했다고 할 수 있다. 특히 탕가니카(Tanganyika)와 잔지바르(Zanzibar)를 묶어 탄자니아연방공화국(The United Republic of Tanzania)으로 만들면서 오늘날 어휘 면에서 아랍

어의 영향이 큰 표준 스와힐리어의 모습을 만들었다.

케냐도 마찬가지로 연도가 약간 다를 뿐 탄자니아와 비슷한 영향을 받았다. 그래서 뚜렷이 차이나는 모습은 보여주지 않는다. 페르시아, 아랍, 인도, 포르투갈, 영국의 영향을 오래 전부터 받아왔다. 이러한 여러 외국문화와의 접촉은 스와힐리어 어휘뿐만 아니라 음성, 음운, 형태론 전반에 큰 영향을 끼쳐왔다. 그래서 어휘에 대해서는 제5장 형태론에서 빌려온 말의 범위와 형태에 대해 간략히 소개한다.

(6)   케냐에 끼친 역사
        시기   사건
        기원   부시맨족(Bushman)
        1000 BC 전후   함족, 셈족 이주해 옴
        기원 초   그리스, 이집트, 페르시아, 아랍, 인도인이 연안에 거주
        7세기   아랍인이 인도양 연안에 정착
        1498   포르투갈인이 해안에 진출
        1885   독일이 케냐 해안 영토에 보호령 설치
        1888   영국 동아프리카 회사가 들어옴
                     동아프리카 보호령(East Africa Protectorate)이 됨
        1890   독일이 영국에 지배권을 넘김
        1920   인도양 해안은 영국의 케냐 보호령
                     나머지는 영국의 동아프리카 식민지(British East Africa)가 됨
        1963. 12. 12 영국으로부터 독립

1.2. 인접 언어와의 친연성

맬콤 거스리(Malcolm Guthrie)는 1967에서 1971년에 걸친 반투어 자료 수집과 계통 연구에서 사하라사막 이남의 여러 반투어에 대한 친연성과 소원성을 제시했다. 이를 근거로 반투어를 여러 언어구역(Language Zone)으로 나누었다. 이후 최근의 Maho(2009)는 Guthrie의 언어지도를 개선하여 반투어를 분류하였다. 스와힐리어의 여러 방언은 언어

구역 G41-43에 속하며 방언간의 차이가 약간 있긴 하지만 두드러지지 않고, 오히려 인접 언어가 방언과 겨우 구별될 정도로 많은 친밀한 언어들이 있다. 다음은 Nurse & Tucker(2001)의 지도로서 탄자니아와 케냐와 근처의 여러 언어와 방언들을 보여준다.

(7) 스와힐리어와 인접해 있는 언어들 © Nurse & Tucker 2001

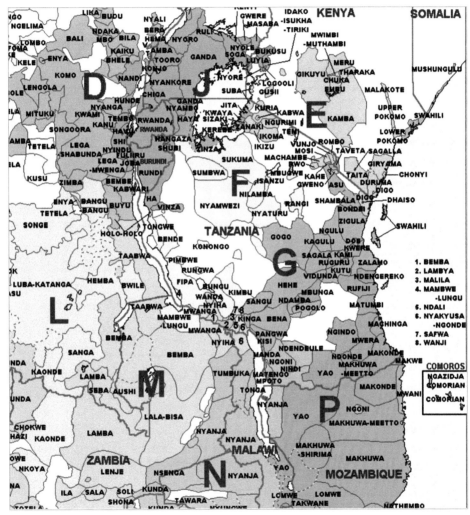

©Nurse & Tucker SIL International 2001

또한 세계 언어의 계통론을 연구하여 자료를 제공하고 있는 www.ethnologue.com은 스와힐리어의 계통을 다음과 같이 분류하였다. 스와힐리어는 크게 나이저콩고어(Niger-

Congo)에 속하며, 작게는 협의의 반투어(Narrow Bantu)에 속하며, 그 안에서도 중부반투어(Central Bantu)이고, Guthrie의 언어구역 분류에 따라 G42에 속한다. 특히 표준어는 G42이지만 아주 밀접한 스와힐리어 방언들이 많이 있는데 이것들도 각각 세부 번호가 붙어 있다.

(8)

Swahili (G.42)

[Collapse All] [Expand All]

Niger-Congo (1540)
  Atlantic-Congo (1442)
    Volta-Congo (1370)
      Benue-Congo (976)
        Bantoid (692)
          Southern (670)
            Narrow Bantu (540)
              Central (347)
                G (34)

- Swahili (G.40) (1)
  Swahili, Congo [swc] (A language of Congo (Kinshasa))

- Swahili (G.402) (1)
  Makwe [ymk] (A language of Mozambique)

- Swahili (G.403) (1)
  Mwani [wmw] (A language of Mozambique)

- Swahili (G.42) (1)
  Swahili [swh] (A language of Tanzania)

- Swahili (G.44) (4)
  Comorian, Maore [swb] (A language of Mayotte)
  Comorian, Mwali [wlc] (A language of Comoros)
  Comorian, Ndzwani [wni] (A language of Comoros)
  Comorian, Ngazidja [zdj] (A language of Comoros)

이러한 방언 혹은 언어 간의 구별이 두드러지지 않음 때문에, 스와힐리어를 둘러싼 여러 반투어 간에는 언어적 연속체(Continuum)를 찾아볼 수 있다고 할 수 있다. 예를 들면, 일인칭대명사 '나'를 가리키는 말이 방언이나 인접 언어에서는 mimi ~ imi ~ mii ~ mi 등으로 나타난다.

Nurse & Hinnebusch(1993)을 참조하면, 스와힐리어와 밀접한 여러 언어를 사바키어(Sabaki)라는 또 다른 용어를 사용하는데, 이들 간의 문법적 유사성뿐만 아니라 어휘적 유사성을 잘 알 수 있다. 참고로 다음과 같은 비교를 통해 언어 혹은 방언간의 유사성과 차이점을 관찰할 수 있으며 여러 음운론적 변화를 분석할 수 있다. 종류별로 몇 가지만 보면 다음과 같다.

(9)		Unguja (표준)	Makunduchi	Mafia	Maraba	Mwani
팔	arm	mkono	mkono	mkongo	nkono	nkáno
배	belly	tumbo	tumbo	tumbo	litumbo	túmbo
흰	white	eupe	aupe	eupe	eupe	elúpe
큰	big	kubwa	kubwa	kubwa	kulu	kúlu
조리하다	cook	pika	vika	pika	teleka	ipíka
먹다	eat	la	lya	lya	lya	´rya
하나	one	moja	moja	moja	imo	mója
누구	who	nani	nani	nani	nani	náni

이와 같이 인접한 방언이나 언어 사이의 공통어휘를 비교함으로써 친근성의 정도를 알 수 있고 또 일어난 음운현상도 추론할 수 있다. 또한 앞으로의 변화를 예측하는데도 도움을 얻을 수 있다. 이런 점에서 스와힐리어와 관련어의 비교연구는 음성, 음운, 형태론 연구와 교육에 큰 도움을 줄 수 있을 것이다.

제2장 스와힐리어의 음소론

2.1. 스와힐리어의 모음체계

스와힐리어의 모음은 세계의 언어 중에서 가장 단순하다고 할 수 있는 5모음체계를 가지고 있다. 즉 a, ɛ, i, ɔ, u이다.[1] 5모음체계를 가진 일본어나 스페인어와 비슷한 분포를 가진다. 이러한 단순한 모음 때문에 외국어로서 혹은 제2언어로서 스와힐리어를 배우는데 있어서 큰 장점이 된다.

(1)   i   u
               ɛ   ɔ
                  a

스와힐리어는 5모음을 가지고 있으나 장모음을 음소로 가지고 있지 않다. 음운론적 이론에 따르면, 겉으로 보이는 장모음은 모음 두 개가 연속된 것으로 보이지만 실질적으로 스와힐리어는 장모음이 없고, 이중모음도 없이 단순히 단모음 5개만 있는 것이다. 이러한 5모음체계는 반투어에서 예외적인 현상이다. 대부분의 반투어는 7모음체계를 가지고 있는데, 중모음이 전설과 후설에 두 개씩 있는 것이 아니라, 고모음(High) [i, u] 위에 초고모음(Super-High) [i̧, ų]이 있다고 하여 /i̧, i, ɛ, a, ɔ, u, ų/ 음소를 가진다고 본다.

---

1) 앞으로는 5모음을 /a, e, i, o u/나 [a, e, i, o, u]로 표기한다.

스와힐리어는 이같이 단순한 5모음체계를 가지고 있지만 이들간의 조화를 요구하기 때문에 간단하지는 않다. 동사 활용에 있어서 전설고모음 /i/는 /i, a, u/와, /u/는 /u, a, e, i/와, /o/는 /o, a, e/와, /e/는 /e, a, u/와만 조화를 이룬다. 특별한 점은 중모음인 /e/ 뒤에는 같은 중모음인 /o/가 오지 않고 /u/가 온다는 점이며, 반대로 /o/ 다음에는 /e/가 올 수 있다는 점이다. 이에 대해서는 모음조화에서 더 자세히 언급된다.

2.2. 스와힐리어의 자음체계

스와힐리어에는 다음 도표에서처럼 30개 자음음소가 있다. 폐쇄음은 네 군데에 조음장소가 있는데 두 입술, 이와 잇몸 사이, 센 입천장, 여린입천장에서 각각 발음된다. 특징적인 것은 센 입천장([alveo-]palatal) 소리의 경우 많은 세계 언어에서 파찰음으로 발음되지만 스와힐리어에서는 폐쇄음으로 발음된다는 점이다. 이는 우리말의 '하늘 텬'이라고 할 때의 '텨'와 '뎌'와 같은 발음을 보인다. 또한 이 조음 장소에서 발화되는 소리가 다른 언어에 비해서 많다. 즉 여섯 개나 된다.

(3)		Bilabial	Labio-dental	Dental	Alveo-dental	(Alveo-)palatal	Velar	Pharyn.	개수
stop	asp	pʰ			tʰ	cʰ	kʰ		4
	vcd	ɓ			ɗ	ʃ	ɠ		4
prenasal	vcd	mb			nd nz	ɲɟ	ŋg		5
fricative	vcl		f	th[θ]	s	sh[ʃ]	(kh[x])	h	5
	vcd		v	dh[ð]	z		gh[ɣ]		4
nasal		m			n	ɲ	ŋ		4
liquid					l, r				2
glide		w				y			2

무성외파음은 /p, t, c, k/로 [pʰ, tʰ, cʰ, kʰ]로 유기성(Aspiration)이 있는 경우와 없는 경우로 나눌 수 있는데 현대 표준 스와힐리어에서는 이에 대한 음소적 구분이 사라졌다고 본다. 유기성의 차이로 구분되는 방언의 경우의 VOT 차이를 Shepardson(1981)이 제시한

것을 예를 들면 다음과 같다. 소리 길이를 재는 단위는 천분의 일초(Millisecond, ms)이다.

(4)		무기음/유기음	두 차례 평균(ms)	뜻
	a	kaa	33	'숯'
		k^{h}aa	110	'게'
	b.	watoto wachafu	38	'더러운 아이'
		nguo ch^{h}afu	98	'더러운 옷'
	c.	vitu vitatu	28	'세 개'
		ndizi t^{h}atu	63	'바나나 세 개'

(4a)에서 각각 둘씩 짝을 지은 예들을 보면 무성폐쇄음이 유기성이 없는 것과 있는 것으로 구분이 된다. 원래 스와힐리어 어두에서의 유기성은 N-kaa '게'와 같은 명사부류 9/10의 접두사가 뒤에 무성폐쇄음이 두 음절 이상을 가진 경우에는 접두사가 탈락하는 역사적인 현상이 있었다. 이때 비음 접두사가 탈락했다는 표지 또는 흔적으로 무성폐쇄음이 유기성을 가져 /k^{h}aa/처럼 발음할 수 있게 되었다. 그러나 철자상으로는 kaa '숯'이라는 어휘와 변별되지 않고 표준 스와힐리어에서는 이제 발음으로도 뚜렷이 구분되지 않아 거의 동음이의어가 되었다. 키음비타(Kimvita)와 같은 여러 방언에서는 여전히 유기성 차이로 변별이 되지만 표준 스와힐리어에서는 대부분의 화자에게 두 단어의 발음이 꼭 같아져 버렸다.

폐쇄음 중에서 유성음의 경우 모두 내파음(Implosive)이다. 즉 성대를 막은 상태에서 구강의 한 부분에서 폐쇄가 되었다가 그 폐쇄를 열면서 그 공기만을 입안으로 들이키며 발음하는 방식의 자음을 사용한다. 다시 말해, /ɓ/라면 폐쇄의 위치가 두 입술이고 또 성대를 막음으로써 압력이 입안에 있는데 이 압력을 입술을 열면서 입안으로 파열한다. 그러므로 이 파열되는 공기의 양이나 압력이 폐에서 나오는 공기를 두 입술 밖으로 터뜨려 내는 외파음과 전혀 다른 음이 된다. 스와힐리어에는 유성외파음이 없기 때문에 둘 사이에 대조되는 어휘가 생기지는 않는다. /b, d, ɟ, g/는 없고 /mb, nd, ɲɟ, ŋg/가 있어서 유성내파음과 구별된다.[2] 이것들은 비음선행폐쇄음(Prenasalized)으로 비음과 유성폐쇄

---

2) 스와힐리어는 전통적으로 아랍 글자를 써 왔으나 유럽인들의 지배 아래에서 자연스럽게

음이 뒤따르는 것이다. 이때의 유성폐쇄음은 일반적인 외파음(Plosive)으로 발음된다는 점에서 유성내파폐쇄음(Implosive)과 다르다. 즉 비음과 외파음의 연속된 발음으로 한 개 음가를 가진다. 비음선행자음으로 폐쇄음이 아닌 /nz/는 마찰음으로 끝난다.

마찰음의 경우 9개나 되는데 세계 언어에서 보이는 마찰음을 많이 보유하고 있다. 다른 반투어에서 보이지 않는 /θ, ð, ɣ/도 있다. 이러한 소리들은 아랍어와의 차용에서 생긴 것으로 반투어로서 스와힐리어의 두드러진 특징이다. 예를 들면, methali '격언', dhauri '지참금', magharibi '서쪽' 등과 같이 오래된 차용어에서 쉽게 찾아볼 수 있다. 무성 연구개마찰음 kh[x]는 아랍어 차용에서 활용되던 것인데 khasara '손상'에서와 같이 사용되지만 hasara로 된 철자가 표준이 되었다. 이 발음이 [h]나 [k]의 변이음이라고 보기도 하여 음소로는 확립되지 않았다.

또한 /r/의 존재에 대해서도 논의가 있다. 즉 원래 스와힐리어의 유음은 /l/뿐이라는 주장이 있으나, 점점 /r/을 포함하는 차용어의 유입이 많아져서 둘 사이의 구분이 생기게 되었다. 다른 반투어에서는 이러한 구분이 없는 경우가 많다. 스와힐리어의 '의사 doctor'는 'daktari'로 /r/을 받아들였지만 말라위에서 쓰는 치체와(Chichewa)에서는 'dokitala'이다. 즉 치체와에서는 네 음절 모두에서 CV음절구조를 지키고, 고유한 음성인 /l/을 그대로 쓰는 방식을 채택하고 있다. 다음 도표는 스와힐리어의 /l/과 /r/의 자유교체현상(Free Variation)을 보여주는 어휘들이다.

(5)　　　　유음 교체

	/l/		/r/	뜻
a.	limbua	~	rimbua	'첫수확 과일'
b.	loga	~	roga	'악령에 씌다'
c.	loja	~	roja	'깜짝 놀라다'
d.	lonjo	~	ronjo	'큰'
e.	lopoka	~	ropoka	'헛소리하다'
f.	lungula	~	rungula	'빼앗다'

로마자를 글로 채택하였다. 이 책에서는 뒤의 도표 (7)에 나오는 방식으로 철자를 발음기호 대신으로 쓴다.

g.	mbalamwezi	~	mbaramwezi	'달빛'	
h.	mbawala	~	mbawara	'사슴 이름'	
i.	mbigili	~	mbigiri	'가시덤불'	
j.	mlizabu	~	mrizabu	'물도랑'	
k.	palama	~	parama	'부족함'	

이같이 고유한 어휘에서는 두 소리간의 교체가 자유롭게 일어나지만, 다음 도표에서 보듯이 빌려온 말과 비교하면 두 소리가 뚜렷이 구분된다. 그래서 두 소리가 별개의 음소로 자리잡아 가고 있다고 해도 무방할 것이다.

(6)		/l/	뜻	/r/	뜻
	a.	la	'먹다'	rabi	'선생님'
	b.	leo	'오늘'	raha	'휴식'
	c.	leta	'가져오다'	rai	'견해'
	d.	lewa	'술취하다'	rajua	'마음 바꾸다'
	e.	lia	'울다'	rajea	'돌아가다'
	f.	lima	'농사하다'	rudi	'돌아오다'

아랍어에서 온 오래된 차용어 외에도 힌디어에서 온 rangi '색깔'이나 영어에서 온 ripota 'reporter'도 도입되었기 때문에 /l/과 /r/의 구분은 분명해졌다.

비음에서의 특징은 음절초성(Onset)에서 연구개 비음선행폐쇄음인 ng[ŋg]와 연구개 비음인 ng'[ŋ]이 사용된다는 점이다. 즉 '북'을 가리키는 ngoma와 '소'를 가리키는 ng'ombe의 첫 소리가 다르다. 이는 철자에서도 구별되기에 어려움이 없고 특히 우리말 에서도 발음하기 어렵지 않다. 즉 '응고마'와 '응옴베'로 발음할 수 있다. 첫소리에 연구 개 비음이 오지 못하는 유럽어 화자들은 이 발음에 어려움을 호소한다. 또한 표준 스와 힐리어를 쓰지 않는 여러 화자들은 다른 음절성 비음 다음에 장애음이 오는 구조 즉 mtu '사람', mvulana '남자' 같은 경우에 [m] 대신에 [mu]를 하는 경향이 있다. 표준 발음은 [m.tu]와 [m.vu.la.na]이다. 비음선행자음(Prenasalized Consonants)에 대한 자세한 분석은 제4장에 있는 음절이론과 음운 변화현상에서 다룬다.

2.3. 스와힐리어의 음소배열제약

스와힐리어의 어두에서 자음과 모음이 같은 음절(Tautosyllable)에서 연속적으로 올 수 있는지 없는지 표로 만들었다. 이 표는 Rehenbach(1967)의 사전을 기초로 하였다. 이 사전의 규모가 충분히 커서 스와힐리어의 음절에서의 음소배열을 보여줄 수 있는 충분한 자료로 삼을 수 있다. 어두에서만 찾은 이유는 첫째, 어떤 언어의 음절의 구성을 보면 어두에 어떤 음절구조 또는 음소배열이 오는지 알아보는 것이 우선이고 어중의 음소배열과 차이가 거의 없기 때문이다. 둘째, 어중에 있는 음절에서 음소배열을 찾기는 쉬운 일이 아니다. 전체 어휘수의 2-3배에 해당하는 모든 음절을 처음부터 끝까지 모든 어휘를 확인해야 하기 때문이다. 그래서 여기서는 사전에서 어두 음절의 음소배열만을 관찰한다.

2.3.1. 자음과 모음과의 음소배열

먼저 스와힐리어의 30개 음소와 5개 모음과의 연속적인 배열이 가능한지 살펴보고자 한다. 다음 도표를 보면 대부분의 자음은 모음 다섯 개와 잘 어울린다. 다만 [nzV]는 한 가지 모음 즉 [i]와만 어울리며, 연구개 비음 [ng'V]의 경우 세 가지 자음과만 어울린다. 우연한 공백처럼 보이는 것은 '?'로 표시했다.

(7)	조음장소	철자	[발음]	a	e	i	o	u
무성폐쇄음	양순	p	p/pʰ	O	O	O	O	O
	치조	t	t/tʰ	O	O	O	O	O
	경구개	ch	ʧ/ʧʰ	O	O	O	O	O
	연구개	k	k/kʰ	O	O	O	O	O
내파음	양순	b	ɓ	O	O	O	O	O
	치조	d	ɗ	O	O	O	O	O
	경구개	j	ʄ	O	O	O	O	O
	연구개	g	ɠ	O	O	O	O	O

	조음장소	철자	[발음]	a	e	i	o	u
비음 선행음	양순	mb	mb	O	O	O	O	O
	치조	nd	nd	O	O	O	O	O
	경구개	nj	ɲɟ	O	O	O	O	O
	연구개	ng	ŋg	O	O	O	O	O
	치조	nz	nz	?	?	O	?	?
무성마찰음	순치	f	f	O	O	O	O	O
	치간	th	θ	O	O	O	O	O
	치조	s	s	O	O	O	O	O
	경구개	sh	ʃ	O	O	O	O	O
	후두	h	h	O	O	O	O	O
유성마찰음	순치	v	v	O	O	O	O	O
	치조	dh	ð	O	?	O	O	O
	치조	z	z	O	O	O	O	O
	연구개	gh	ɤ	O	O	O	O	O
비음	양순	m	m	O	O	O	O	O
	치조	n	n	O	O	O	O	O
	경구개	ny	ɲ	O	O	O	O	O
	연구개	ng'	ŋ	O	?	?	O	O
유음	치조	l	l	O	O	O	O	O
	치조	r	r	O	O	O	O	O
활음	양순	w	w	O	O	O	O	O
	경구개	y	y	O	O	X	O	O
자음 총계		30개		O	O	O	O	O

2.3.2. 자음과 활음과의 음소배열

어떤 언어에서 활음은 자체로서 자음의 역할을 하지만 다른 자음과 모음 사이를 연결하는 역할도 하기 때문에 CV음절을 주축으로 하는 스와힐리어의 경우에도 CGV가 자연스런 음절구조로 여겨진다. 그래서 다음과 같이 활음과 모음이 이어서 와서 같은 음절을 이루는 경우를 관찰하기 위해서 음소배열 가능여부를 찾아보았다. [gwe]의 경우는 어두 음절에서는 찾을 수 없었으나 우연히 어중음절에서는 가능한 예를 발견했다. 그래서 이 논의의 시작에 어두음 중심으로 한다고 언급하였다.

(8)

철자	[발음]	wa	we	wi	wo	wu	ya	ye	yi	yo	yu
p	p/pʰ	O	O	O	X	X	O	X	X	O	X
t	t/tʰ	O	O	O	X	X	X	X	X	X	X
ch	ʧ/ʧʰ	O	O	X	X	X	X	X	X	X	X
k	k/kʰ	O	O	O	X	X	X	X	X	X	X
b	ɓ	O	O	O	X	X	X	X	X	X	X
d	ɗ	X	X	X	X	X	X	X	X	X	X
j	ʃ	X	X	X	X	X	X	X	X	X	X
g	ɠ	O	?/O	O	X	X	X	X	X	X	X
mb	mb	O	O	X	O	X	X	X	X	X	X
nd	nd	X	O	X	X	X	X	X	X	X	X
nj	ɲɟ	X	X	X	X	X	X	X	X	X	X
ng	ŋg	X	O	X	X	X	X	X	X	X	X
nz	nz	X	X	X	X	X	X	X	X	X	X
f	f	X	X	X	X	X	O	O	X	O	O
th	θ	X	X	X	X	X	X	X	X	X	X
s	s	O	O	O	X	X	X	X	X	X	X
sh	ʃ	O	X	X	X	X	X	X	X	X	X
h	h	X	X	X	X	X	X	X	X	X	X
v	v	X	X	X	X	X	O	O	X	O	O
dh	ð	X	X	X	X	X	X	X	X	X	X
z	z	X	X	X	X	X	X	X	X	X	X
gh	ɣ	X	X	X	X	X	X	X	X	X	X
m	m	O	O	O	O	O	X	X	X	X	X
n	n	X	X	X	X	X	X	X	X	X	X

철자	[발음]	wa	we	wi	wo	wu	ya	ye	yi	yo	yu
ny	ɲ	X	X	X	X	X	O	O	O	O	O
ng'	ŋ	O	X	X	X	X	X	X	X	X	X
l	l	X	X	X	X	X	X	X	X	X	X
r	r	X	X	X	X	X	X	X	X	X	X
w	w	X	X	X	X	X	X	X	X	X	X
y	y	X	X	X	X	X	X	X	X	X	X

30개

이 도표에서 특히 nyV와 ɲV의 철자구분이 되지 않으나 경구개 활음은 경구개 비음과 같이 실현되므로 ɲ만 도표에 넣었다. 또한 myV는 어두에서 보이나 [m.yV]로 음절화되어 m이 같은 음절에 있지 않기에 X로 하였다. 어중에서는 kimya '조용히'처럼 쓰기에 O표를 하였다.

2.3.3. 자음과 유음의 연속과 기타 음소배열

초성에서 자음이 연속해서 오는 경우는 고유어가 아닌 차용어이다. 특히 아랍어나 유럽어에서 온 말들은 자음연속이 많다. 같은 음절에서 음소가 배열될 수 있는 것만 적되 유음은 자음 다음에 잘 나타나므로 먼저 적었고, 최근 차용어가 많고 자음연속이 있는 유럽어의 경우 마찰음 다음에 폐쇄음이 잘 실현되므로 그 다음에 적었다. 여기서 보듯이 #CCV음절은 대부분 영어나 유럽어에서 차용된 어휘에서 찾아볼 수 있다. 이 외에는 다른 자음연속이 허용되지 않는다.

(9)

철자	[발음]	l	r	p	t	k
p	p/p^h	pl	pr			
t	t/t^h		tr			
k	k/k^h	kl	kr			
b	ɓ	bl	br			
d	ɗ		dr			
j	ʃ					
g	ɠ	gl	gr			
s	s	sl		sp/spr	st	sk/skw
sh	ʃ				sht	

2.4. 스와힐리어의 강세

언어의 발화는 모든 음절을 일정한 크기로 발화하지 않고 변화를 주어 리듬감이 생긴다. 이런 변화를 주는 방법 중에 하나가 강세이다. 강세의 정의는 어떤 발화에서 주위의 다른 음절에 비해 추가적인 호흡에너지가 부과된 것으로 더 크고, 길고, 높게 소리 나는 특징이 있다. 가장 두드러진 것이 시를 낭송할 때 나타난다. 강세가 없다면 말이 아주 단조로워서 마치 로봇이나 기계가 소리를 내는 것과 비슷할 것이다.

스와힐리어가 속한 반투어는 대부분 강세를 가지기보다는 소리 높낮이를 결정하는 성조(Tone)를 가진다. 그래서 성조에 관한 다양한 연구가 있어 왔다. 스와힐리어는 역사적으로 이러한 공통적이던 성조가 사라졌다. 그 대신에 강세가 남게 되었는데 이 강세도 지극히 단순한 상태로 남아있다. 이런 점에서 제2언어로 배우는 데 있어서 유리한 점도 있다. 스와힐리어의 방언들에서는 강세와 비슷한 성조를 가진 것들이 있는데, 이미 고정된 음절 위치에 고성조를 가지는 등으로 성조의 기능이 상실되어 가는 모습을 볼 수 있다. 제1장 마지막에 있는 도표에서 마지막에 있는 방언인 Mwani의 경우 성조표시가 되어 있으나 모두 끝에서 둘째 음절에 있음을 알 수 있다. 표준 스와힐리어에도 예외가 있다. barábara '정확히'와 barabára '넓은 길'은 외국어휘가 영어에 들어와 동화되어 가는 과정이라고 볼 수 있다. 이같이 강세가 다른 것이 있긴 하지만 강세가 달라도 대부분은 같은 단어의 다른 발음이라고 보는 것이 맞다.

(10)	끝에서 셋째 음절		끝에서 둘째 음절	뜻
a.	lázima	~	lazíma	'의무'
b.	Amérika	~	Ameríka	'미국'
c.	na kadhhálika	~	na kadhalíka	'등등'

이런 예외에도 불구하고 점점 더 많은 사람들이 끝에서 둘째 음절에 강세를 주어 규칙적으로 발음하는 경향이 커진다. 위의 단어들도 곧 끝에서 둘째 음절 강세로 바뀔 것으로 기대된다. 이러한 강세규칙은 스와힐리어 음절구조의 이해에도 도움을 준다.

스와힐리어의 강세는 운율단어(Prosodic Word)의 끝에서 둘째 음절(Penultimate)에 온다. Watu wa Tanzania '탄자니아 사람'이라는 명사구의 경우 [Watu wa] [Tanzania]로 운율단위인 운율단어가 구성된다. 즉 통사론의 이론과 달리 발화에서는 전치사가 앞 단어에 붙는 현상이 생기기 때문에 전치사 wa는 강세규칙에서 예외음절(Extra-Metric)이 된다. 즉 Wátu wa Tanzanía '탄자니아 사람'으로 강세의 위치가 결정된다. 교착어인 반투어에서 동사구로 문장 전체를 구성하는 경우가 많은데 긴 동사구에서도 끝에서 둘째 음절에 강세가 하나가 온다. [Nitamfundishía] [Tómu] [Kiswahíli] '톰한테 스와힐리어를 가르칠 것이다'의 경우에 마지막 둘째 음절인 [i]에 강세가 온다.

단음절어의 인접 어휘와의 연결은 최소단어효과로 설명할 수 있는데, 이 언어에서는 왼쪽에 치중한(Left-Heavy) 구조를 가진 구구조(Phrasal Structure)를 형성하여, 강세가 뒤에 오는 소유격의 전치사를 오히려 관련 없는 앞 어휘에 붙여서 거기서부터 왼쪽으로 강세부여를 위해 음절개수를 센다. 즉 NP[N [kitabu] Poss[cha]] N[kikorea]]의 뜻은 '책+의+한국어'로 '한국어 책'인데 마치 '책의 한국어'처럼 붙어 읽힌다. 이 모양은 음운구(Phonological Phrase)와 구구조가 다르다는 일반적 이론과도 일치한다. 일정한 범위 안에서는 재음절화가 일어나고 그 안에서 강세부여를 위한 음절화 방향(Syllabification Direction)이 있다.

스와힐리어의 강세는 보통 단어 끝에서 두 번째 음절에 오지만, 장모음의 경우는 강세가 어디에 오는지가 논의되고, 비음선행자음의 경우에는 음절성을 가지는 경우가 있어 자음에도 강세가 올 수 있다는 것을 설명한다. 이는 다음에 이어오는 음절구조와도 밀접히 관련이 있다. 또한 강세는 기계로 분석한 스펙트로그램이나 강세를 보여주는 강도(Intensity) 그림으로도 설명할 수 있다. 강세와 관련한 그림은 억양을 분석할 때 소개된다. 강세는 음운론적 이론도 활용되어야 하며 기본적으로 음보(Foot)라는 단위와 이와 관련한 이론이 제시되어야 하므로 꼭 음운론과 구분될 필요는 없다. 제4장과 제5장의 음운론과 형태론 분석에 있어 강세는 음절이론과 최소단어요건을 위한 여러 가지 효과에서도 꼭 필요한 개념이어서 앞으로 더 논의된다.

제3장 스와힐리어의 음향음성학

3.1. 음향음성학에 대한 이전 연구

음성학은 어떤 언어의 말소리를 연구하는 것인데, 이 말소리를 이해하고 분석하기 위해서는 원어민 화자의 말을 듣고 조음하는 방법을 알고 말소리의 음성적, 청취적 특징들을 관찰하는 것이 중요하다. 스와힐리어에 대한 음성학은 많은 연구가 되어 있지 않을 뿐만 아니라 연구된 것은 주로 조음음성학적 설명이나 분석이다. 스와힐리어의 말소리를 기계로 분석하여 눈으로 보여주고 설명하는 이전의 음향음성학적 연구는 매우 드물다. 앞장에서 보았듯이 Sungita & Mhamilawa(2006)는 스와힐리어 모음의 포먼트를 분석하여 그 수치를 활용하여 모음의 상대적 위치를 보여주었다. 또 다른 연구로 Shepardson (1981)는 스와힐리어의 폐쇄음의 유기성에 대해 연구했다. 스와힐리어에서 무성폐쇄음의 유기성 유무가 음성적 차이인지 음소적 역할을 하는지를 규명하기 위함이다. 또한 Maw(1975)와 Maw(1997)는 억양(Intonation)에 대해 연구하였는데 본격적이면서 드문 연구라고 할 수 있다. 그러나 억양에 대한 기술이 구문과 억양단위에 대한 전통적인 기술이고 억양곡선의 그림이나 스펙트로그램을 보여주는 연구가 아니다. 억양곡선은 유형에 따른 약식 그림들이다. 특히 지금까지의 음성학적 연구에서는 스와힐리어에서 특징적인 자음들 즉 음절성 비음, 비음선행자음, 내파음, 특정한 마찰음에 대한 음향음성학적 분석이 없었다.

본 연구에서는 스와힐리어 학습자들과 앞으로의 연구자들을 위해 음성에 대해 소리파장, 스펙트로그램, 억양곡선을 보여주면서 간단한 스와힐리어 단어와 문장을 비롯하여 긴 문장까지 대표할 만한 문장을 보여주고자 한다. 음성학적인 면에서의 발음과 억양에 대한 기술은 무엇보다도 파장과 스펙트로그램과 억양곡선을 가지고 설명하는 방법이 가장 바람직하다. 이 세 가지를 서로 참조하면 발화된 문장을 보고 발화 위치를 파악할 수 있고 또 이 언어의 음향 특징을 자세히 이해할 수 있다.

그런 점에서 이 장에서는 스와힐리어의 음향음성학을 하는 데에 활용하는 자료와 기기를 먼저 소개하고 그것을 가지고 분석할 수 있는 내용과 범위를 서술한다. 이 과정에서 음향음성학의 기본 원리를 앞으로의 분석과 관련하여 간략히 설명한다. 그리고 기기로 생성된 그림 자료를 읽으면서 소리마다 볼 수 있는 특징들을 개별적으로나 전체적으로 언급한다.

분석대상으로는 먼저 스와힐리어의 분절음이다. 이에 대한 기본적인 음향음성학적 설명을 한다. 다섯 개의 모음의 포먼트를 보여주고, 특징적인 자음에 대해 논의한다. 즉 무성무기 폐쇄음과 무성유기 폐쇄음의 차이를 비롯하여 내파음, 음절성비음, 자음선행비음, 경구개 폐쇄음, 그리고 특징적인 마찰음에 대해 논의한다.

이어서 스와힐리어의 억양에 대해 논의한다. 기본 문형인 단문 평서문으로 시작하여, 주어가 없는 문장, 부사어로 시작하는 문장 접속사 구문, 내포문 중에서 동사의 목적어가 문장인 경우, 관계대명사로 연결된 문장 등을 보고, 의문사 없는 의문문과 여러 가지 의문사를 사용하는 의문문, 선택 의문문, 부가 의문문, 부정 의문문과 대답, 가정법을 사용한 의문문과 명령문, 감탄문 등을 한두 가지씩 제시하고 설명한다.

3.2. 음성자료와 기기분석 방법과 내용

3.2.1. 음성자료의 출처

본 연구에 사용된 음성자료는 두 가지인데 하나는 Hinnebusch & Mirza(1979)의 Kiswahili: Msingi wa Kusoma, Kusema na Kuandika (스와힐리어 말하기 읽기 쓰기 원리) 교재의 부록인 녹음테이프를 PCquirer로 녹음한 것이다. 여기에는 탄자니아 출신 남녀 각 한 명씩의 발화이다. 다른 하나는 케냐에서 한국에 교환학생으로 온 여학생의 녹음자료이다. 전체적으로 억양에 있어서 큰 차이가 없어 보였다.

3.2.2. 음성기기

스와힐리어 음향음성학 연구를 위해 사용된 기기는 미국에 위치한 회사인 ©www.sciconrd.com에서 2003년에 개발한 PCquirer이다. 이 기기로 본 연구를 위하여 소리의 파장과 스펙트로그램과 억양곡선을 분석한다. 먼저, 이 기기는 음성을 녹음하여 파장을 보여주는 pmf 파일이나 wav 파일로 저장할 수 있게 되어 있다. 또한 이러한 파일을 불러와서 분석할 수 있다. 파장은 충분히 확대하여 미세한 파장을 확인할 수 있어 성대 진동의 개수를 헤아릴 수 있고 시간(ms)도 정확히 잴 수 있다. 이 기기는 파장뿐만 아니라 스펙트로그램을 5500Hz까지 보여줄 수 있고, 광역밴드(Wide-Band)와 소영역 밴드(Narrow-Band)로 또 그 중간 형태로도 보여줄 수 있다. 억양곡선도 아주 선명하게 보여주고 파열음 등으로 왜곡되는 부분을 다소 제거(Filtering)하여 고른 곡선을 보여줄 수도 있다. 억양범위도 50-500Hz까지 보여주고 억양간격 표시나 시간간격 표시를 자유 롭게 조절할 수 있다. 소리의 강도도 추가적으로 볼 수 있고 각 발화지점마다 확인할 수 있다. 파장과 스펙트로그램, 강도표시를 같이 보거나, 파장과 억양곡선, 강도표시를 같은 그림으로 볼 수 있다. 파장, 스펙트로그램, 억양곡선, 강도표시 등 화면에서 볼 수 있는 그림을 원하는 크기로 btm 파일로 저장할 수 있다. 모든 그림은 구역을 정하여 발화된 소리를 표기할 수 있지만 국제음성기호를 사용할 수 없다는 단점이 있다. 다만 이것을 일반 그림도구를 활용하여 국제음성기호를 복사해 넣을 수는 있다. 위의 음성기 기를 사용하여 파장과 스펙트로그램, 억양곡선을 분석하기 위해 다음과 같이 기본적인 원리를 간략히 설명하고자 한다.

3.2.3. 파장

파장(Waveform)은 발성기관이 입에서 나오는 음파의 모양을 가리킨다. 이 음파 또는 파장은 공기를 통해 물결처럼 전달되어 사람의 귀로 전달된다. 이 파장은 입에서 나온 모양대로 고막을 진동하여 듣는 사람이 파장의 모양에 따라 소리를 감지한다. 이 파장은 말소리가 만들어져서 입 밖으로 나오는 방식에 따라 차이가 있는데, 기계로 분석한 파장의 모양은 다소 단순하지만 세 가지 정도를 구분해 준다. 먼저, 파장이 표시가 나는 부분과 아무 파장이 없는 부분이 있는데 그 차이는 성대진동(Voicing)이 있는 소리와 그렇지 않은 소리이다. 둘째로는 진동이 있는 경우의 파장도 그 파장의 크기(Intensity)가 다른데 그 차이는 진동이 크면 클수록 파장이 크게 보인다. 셋째로 진동이 있는 소리도 그 소리마다 진동의 빈도가 다른데 그 차이는 성대를 얼마나 빨리 진동하느냐에 달려있어 빨리 진동할수록 빈도(Frequency)가 높다. 이와 같이 세 가지를 구분하는데 도움에 되는데 각각 다시 말하자면, 첫째, 성대진동이 있는 것은 파장으로 나타나지만 파장이 뚜렷한 모음과 덜 뚜렷한 유성자음의 차이를 볼 수 있다. 둘째, 파장의 크기 즉 진폭이 큰 것은 소리를 힘을 주어 크게 한 경우이며 강세의 차이를 볼 수 있다. 이것은 데시벨(dB)로 측정된다. 셋째, 성대진동의 빈도는 헤르츠(Hertz, Hz)로 측정되는 데 이 빈도가 높으면 목소리를 높여서 발음한 경우로 그것을 통해 소리의 높낮이(Pitch)를 구별할 수 있다. 이 높낮이는 개별단어에서 사용되면 성조가 되고 이 높낮이가 문장에 사용되면 억양(Intonation)이 된다. 이 문장은 개별 단어같이 짧은 것도 있고 여러 단어로 된 긴 문장도 있다.

3.2.4. 스펙트로그램

스펙트로그램(Spectrogram)은 분절음의 특징을 자세히 볼 수 있는 그림으로 먼저 모음의 포먼트(Formants)를 뚜렷이 보여준다. 또한 활음과 모음의 연속에서 보이는 포먼트의 변화를 잘 볼 수 있다. 주로 포먼트가 급격히 변하는 모양을 통해 활음의 위치를 알 수 있다. 또한 자음의 경우 비음은 모음보다 희미하지만 포먼트를 보여준다. 마찰음도 유무성에 따라 다르지만 소용돌이나 마찰되는 소음이 불규칙하게 그림으로 나타나기 때문에 알 수 있다. 마찰음 [f, s, z, ɤ, h] 안에서도 충분히 차이를 관찰할 수 있다. 특히 폐쇄음의 경우는 발성통로의 폐쇄 때문에 생기는 소리의 잠시간의 끊김을 관찰할 수 있고 이어서 오는 크고 작은 유기성을 볼 수 있다. 스펙트로그램으로 볼 수 있는 또 다른 현상은 분절음이 독립적으로 발화되지 않고 인접한 소리와 서로 간섭하거나 영향을 주고 또 한 발화가 끝나기 전에 다음 발화가 시작되는 현상이다.

3.2.5. 고속푸리에 변환과 선형예측부호화

고속푸리에 변환(FFT: Fast Fourier Transform)은 음성신호의 주파수를 어떤 수학적 연산이라는 여과장치를 통과함으로써 특정한 파장 그림으로 바꾸어 주는 것이다. 이 그림은 음성의 여러 주파수 모양을 보여주는데, 특히 기본주파수와 그에 따른 배수(Harmonics)와 특정 영역에 두드러지게 보이는 포먼트를 보여준다. 선형예측부호화(LPC: Linear Prediction Coding)는 음성을 주파수의 특성에 따라 소리의 발생과정을 분석하고 유성음과 무성음 등의 차이와 신호의 크기와 주기 등의 변화에 대한 각종 계수를 구하여 특징을 보여주는 방법이다. 본서에서는 포먼트 값을 보려고 할 때 그림으로 제시하려고 한다.

3.2.6. 억양곡선

억양곡선(Intonation Contour)은 화자의 성대진동의 빈도에 따라 결정되기 때문에 기기에서 억양의 표시는 유성음에서만 표시된다. 그래서 억양곡선이 다소 끊어지는 부분이 있어 억양을 분석하기 위해 유성음이 많은 문장을 사용하면 좋다. 그러나 보통의 대화에서는 유성음과 무성음이 많이 섞여 있기 때문에 자연발화를 활용하는 것이 바람직하고 이것을 분석하는 것이 자연스럽다. 본 연구에서 활용한 자료는 자연스런 대화에서 가져온 것이기 때문에 의도적으로 유성음 중심의 문장을 만들지는 않았다. 억양곡선은 각 단어, 구, 절 단위의 소리 높낮이를 관찰할 수 있다. 일반적으로 평서문, 의문문으로 크게 나누어 분석할 수 있고, 그 안에서 단문, 복문, 의문사 의문문, 선택 의문문, 부가 의문문, 가정법문, 부정문, 명령문, 감탄문 등등으로 나누어 분석할 수 있고 그때마다 어떻게 다른지 알 수 있다. 언어에서 사용되는 억양이 수도 없이 많기 때문에 대표적인 문장을 한두 개씩만 분석하고자 한다.

3.3. 분절음의 음향음성학

앞 절에서 언급했지만 스와힐리어의 분절음에 대한 연구가 부족하고 특히 스펙트로그램을 보여주는 연구가 거의 없었기 때문에, 여기에서는 먼저 스와힐리어에서 다소 흥미가 있는 분절음에 대해 음향음성학적으로 분석하고자 한다.

3.3.1. 모음

모음의 특징은 포먼트로 잘 드러나는데, 특히 첫째와 둘째 포먼트의 분포를 관찰하면 그 차이를 알 수 있다. 첫째 포먼트 수치(F1)는 모음의 높낮이에 반비례한다. 즉 고모음 /i/는 저모음 /a/보다 수치가 작다. 입천장에서 혀의 위치까지의 거리와 비례한다. 또한 둘째 포먼트(F2)는 모음의 후설성과 반비례한다. 즉 둘째 포먼트가 클수록 전설모음이 다. 이 수치는 다시 말해, 목청에서부터 혀의 위치까지와 비례한다. 목청에 가까울수록 F2가 작고 멀수록 F2가 크다. 이에 대한 논의에 있어 학자에 따라 서술 방법이 약간 다르나 음성학자 Ladefoged(1971)의 경우는 전설과 후설의 정도를 첫째 포먼트와 둘째 포먼트 사이의 차이라고 보는 반면에, 어떤 학자들은 그냥 둘째 포먼트 값이라고 보기도 한다. 어느 방식이든 전통적인 조음음성학에서 제시하는 입안의 공간과 모음 사이의 적절한 거리 유지라는 합리적인 가설과 대체로 들어맞는다.

Sungita & Mhamilawa(2006)의 그림은 첫째 포먼트의 값을 모음의 고저 정도와 관련 시켰으나, 모음의 전후 정도는 둘째 포먼트만 사용하여 다음의 그림처럼 제시하였다. 즉, 이 언어의 5모음은 그림과 같이 분포되어 발음되는데, 모음간의 간극이 일정하지 않아 완전한 모음사각도를 보이지는 않지만, 구강을 고려할 때 앞으로 길쭉한 모양을 만드는 그림이다. 특히 [o]와 [u] 사이의 간격은 아주 좁다. 또한 [e]의 F2의 분포는 상대적으로 넓다.

(1)

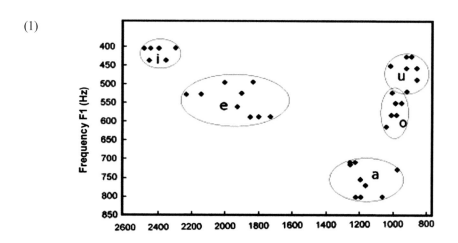

Frequency F2 (Hz)
Measured frequencies of first and second formants for Kiswahili vowels.

이 연구를 참조하여 본 연구에서 실험조사를 했다. 다음은 5모음을 탄자니아 남녀 화자의 발화를 스펙트로그램으로 만든 것이다. 특히 포먼트를 추적하는 기능을 작동하여 잘 보이도록 하였다. 먼저 남성의 발음에 대한 그림을 보면 다음과 같다.

(2) 탄자니아 남성의 모음 스펙트로그램

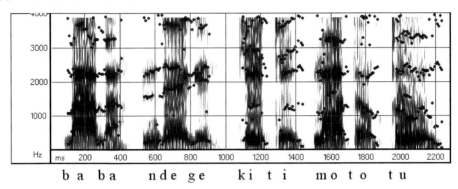

b a b a　n d e g e　k i t i　m o t o　t u

다음은 첫 모음들의 평균적인 포먼트 값을 FFT/LPC 그림으로 만들어 보았다. 여기서 포먼트는 맨 위의 파장같이 보이는 곡선의 꼭짓점을 가리키는 것으로 차례대로 F1, F2, F3 등이다. 가로로는 주파수 영역을 4000Hz까지 추적한 값을 보여주고, 세로로는 소리 강도를 최대 80dB까지 추적하였다. 그림 바로 밑에는 포먼트 값을 보여주었다.

(3) 남성
　　a.　　[a] in 'baba'

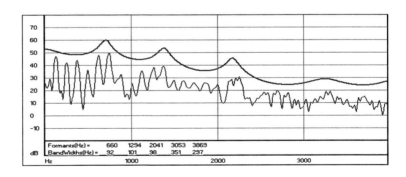

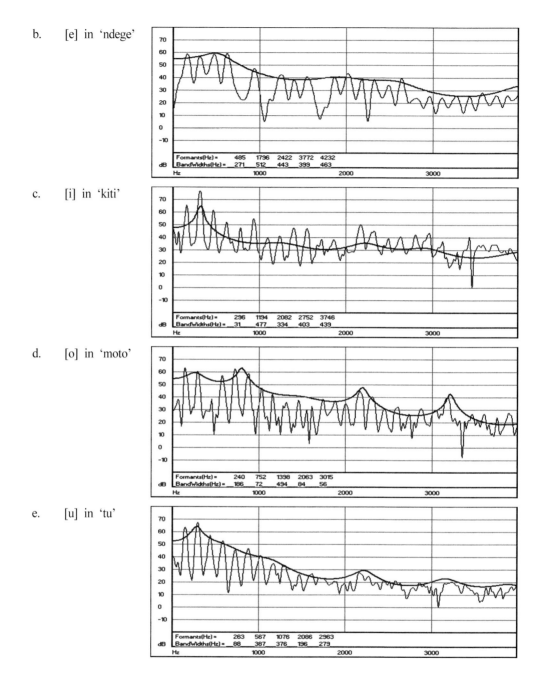

b.　[e] in 'ndege'

| Formants(Hz) = | 485 | 1796 | 2422 | 3772 | 4232 |
| BandWidths(Hz) = | 271 | 512 | 443 | 399 | 463 |

c.　[i] in 'kiti'

| Formants(Hz) = | 296 | 1194 | 2082 | 2752 | 3746 |
| BandWidths(Hz) = | 31 | 477 | 334 | 403 | 439 |

d.　[o] in 'moto'

| Formants(Hz) = | 240 | 752 | 1338 | 2063 | 3015 |
| BandWidths(Hz) = | 186 | 72 | 494 | 84 | 56 |

e.　[u] in 'tu'

| Formants(Hz) = | 263 | 567 | 1076 | 2086 | 2963 |
| BandWidths(Hz) = | 88 | 387 | 376 | 196 | 279 |

위 그림에서 포먼트 값을 다음 도표로 만들어 보고 특히 F2-F1값을 추가로 제시하였다. 그 이유는 앞서 언급한 대로 학자에 따라 단순한 F2값보다는 F2-F1값이 혀의 전후설성을 더 잘 반영한다고 주장하기 때문이다.

(4) 남성	a	e	i	o	u
Formant 1	660	485	296	240	263
Formant 2	1294	1796	1194	752	567
Formant 2-1	634	1311	898	512	304

여성의 발음도 다음과 같이 모음 사이에 충분한 간격을 두고 발화됨을 알 수 있다.

(5) 탄자니아 여성의 발화 스펙트로그램

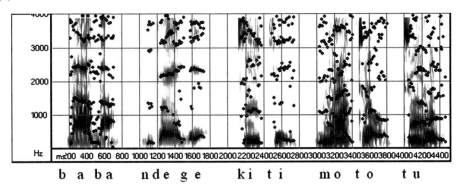

전체적인 모양은 남성과 여성의 포먼트 값이 다르고 개인별로도 많은 차이가 있다. 모음만 발음할 때와 단어 안에서 발음할 때, 같은 단어 안에서도 첫 음절에서와 둘째 음절에서 다르게 발음된다. 그래서 두 음절짜리 단어는 첫 음절의 모음 가운데 부위를 평균한 값을 채택하였다. 다음은 여성의 모음 발음에 대한 평균적인 포먼트 값을 FFT/LPC 그림으로 만들면 다음과 같다.

(6) 여성

　　a. [a] in 'baba'

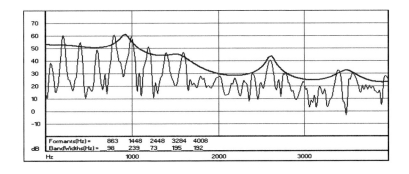

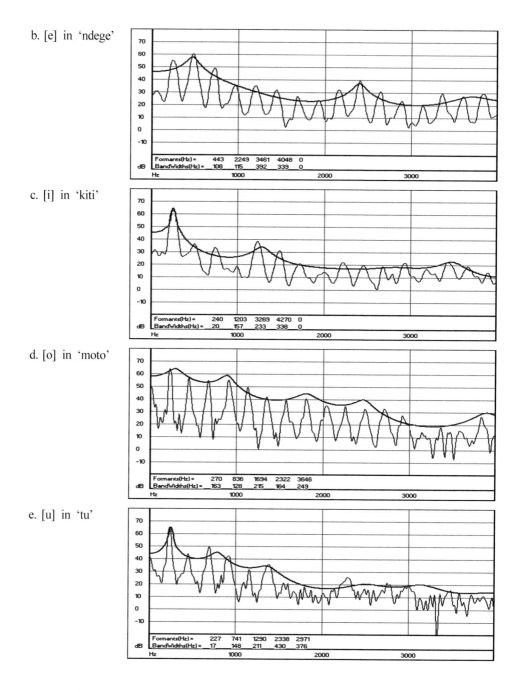

b. [e] in 'ndege'

Formants(Hz) =	443	2249	3461	4048	0
BandWidths(Hz) =	108	115	392	339	0

c. [i] in 'kiti'

Formants(Hz) =	240	1203	3269	4270	0
BandWidths(Hz) =	20	157	233	338	0

d. [o] in 'moto'

Formants(Hz) =	270	836	1694	2322	3646
BandWidths(Hz) =	163	128	215	164	249

e. [u] in 'tu'

Formants(Hz) =	227	741	1290	2338	2971
BandWidths(Hz) =	17	148	211	430	376

위 그림의 포먼트 값을 도표로 다시 그렸다. 여기서도 F2-F1을 추가하였다.

(7)	여성	a	e	i	o	u
	Formant 1	863	443	240	270	227
	Formant 2	1448	2249	1203	836	741
	Formant 2-1	585	1806	963	566	514

남성과 여성의 다섯 가지 모음의 F1과 F2를 비교하면 다음과 같다. 남성과 여성 사이에 차이가 거의 없이 모음마다 구분할 만한 차이를 보여준다.

(8)

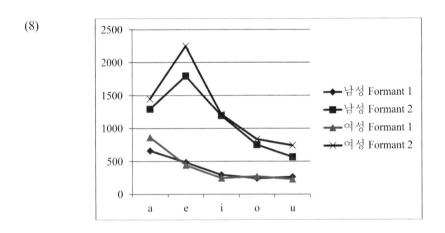

앞에서 언급했듯이 학자에 따라 F2값을 모음의 전후설 정도를 가리킨다고 하기도 하고 F2-F1이 더 적절하다고 주장하는 경우가 있어, 다음과 같이 남성과 여성의 포먼트 값을 F1에 대한 F2-F1값을 넣어 그려보았다.

(9)

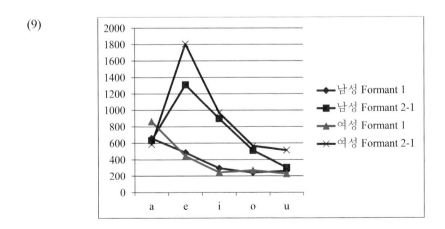

위의 탄자니아 남녀 화자의 모음 포먼트 값 중에서 특이한 점은, /e/의 F2값이 /i/의 F2값보다 높다는 것이다. 이것은 /e/가 /i/보다 더 전설적인 특징이 있다는 뜻이다. /e/를 발음할 때 아래턱을 더 내밀어 혀가 앞으로 더 나아가게 해서 발음한다는 뜻이 된다.

이번에는 케냐의 20대 여성 두 명의 발화를 분석해 보았다. 발화에 쓰이는 단어를 모두 공명음으로 정하여 유성을 잘 관찰할 수 있도록 하였다.

(10) Grace의 발화 스펙트로그램

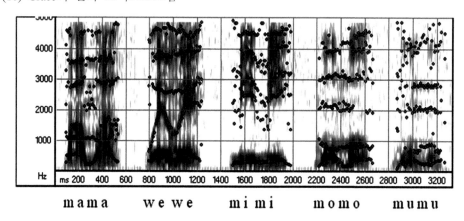

mama   wewe   mi mi   momo   mumu

(11) Grace가 발화한 모음의 FFT/LPC

[a] in 'mama'

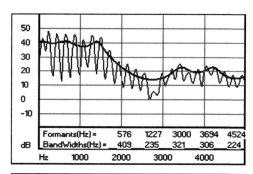

[e] in 'wewe'

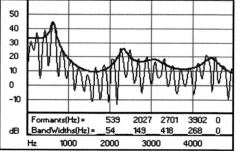

[i] in 'mimi'

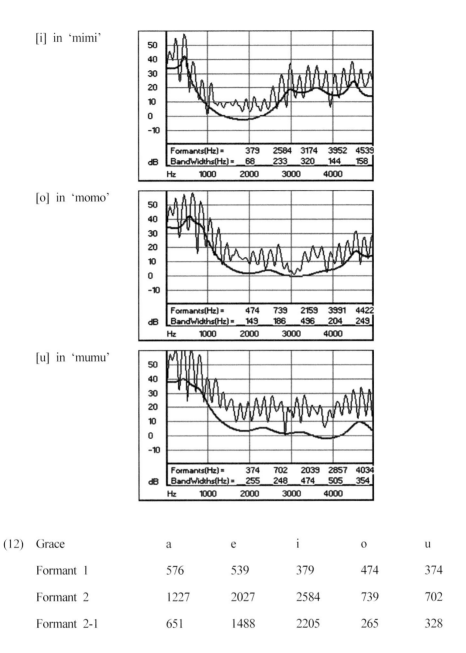

[o] in 'momo'

[u] in 'mumu'

(12) Grace

	a	e	i	o	u
Formant 1	576	539	379	474	374
Formant 2	1227	2027	2584	739	702
Formant 2-1	651	1488	2205	265	328

다음은 케냐의 20대 여성 Gloria의 발화를 분석한 스펙트로그램과 포먼트 수치다.

(13) Grace의 발화 스펙트로그램

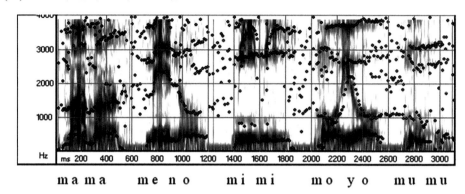

위의 스펙트로그램을 보고 대체적인 수치를 적어보면 다음과 같다.

(14) | Gloria | a | e | i | o | u |
|---|---|---|---|---|---|
| Formant 1 | 500 | 400 | 300 | 450 | 350 |
| Formant 2 | 1300 | 2300 | 2850 | 1000 | 1050 |
| Formant 2-1 | 800 | 1900 | 2550 | 550 | 700 |

Grace와 Gloria의 발화에서 보이는 포먼트 값에서 단순히 F1과 F2만 가지고 모음사각도를 그려보면 다음과 같다. 모음사각도를 그릴 때 사용하는 전통적인 방법처럼 X축과 Y축을 모두 반비례로 그렸다. 즉 X축은 왼쪽으로 갈수록, Y축은 아래로 갈수록 수치가 높아진다.

(15) Grace와 Gloria의 모음사각도 비교 (F1 vs. F2)

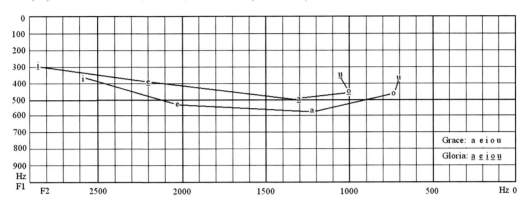

이 그림에서 보면 Gloria의 모음들이 약간 높은 위치에 있다. 즉 F1이 약간 더 낮으며 이는 입을 조금 더 적게 벌인다는 뜻이 된다. 반면, F1과 F2-F1을 가지고 모음사각도를 그리면 다음과 같이 약간 다른 그림이 나온다. 그러나 (15)와 (16) 사이에 많은 차이가 없다.

(16) Grace와 Gloria의 모음사각도 비교 (F1 vs. F2-F1)

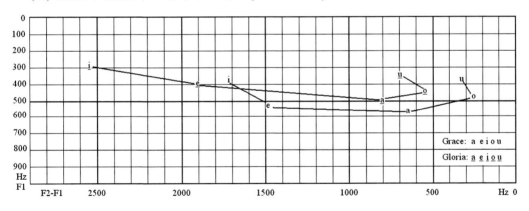

3.3.2. 무성폐쇄음

스와힐리어의 무성폐쇄음은 무기음(Unaspirated)과 유기음(Aspirated)이 있는데 철자로는 구분되지 않는다. 이 언어에서 무성폐쇄음은 무기음이 보편적이다. 예를 들면, pwani '바닷가', tatu '셋', chakula '음식', kweli '정말' 등에서 첫 자음이 모두 무성무기음이다.

그런데 특별히 명사부류 9/10에 속하는 명사나 형용사로서 원래 명사부류 일치를 위해 있던 접두사인 비음 N이 역사적으로 소실된 경우에는 그 흔적으로 무성유기음으로 발음된다. 그래서 mpaa > pʰaa '사슴종류', ntembo > tʰembo '코끼리', nkaa > kʰaa '게'와 같은 변화가 있었다. 그러나 스와힐리어에서는 이러한 음성적 차이를 철자에 반영하지 않는다. 그 이유는 그 구분이 없어도 의미적으로 또는 명사부류상으로 구분되기 때문이다. 또한 이러한 구분이 점차 사라지는 경향이 있기 때문에 그 구분을 강조하지 않는다.

그래서 무성무기음과 무성유기음을 가진 어휘가 가끔씩 최소 대립어를 이룬다. 이와 같이 스와힐리어에서 흥미있는 유기성 여부에 대한 논의를 다음과 같은 그림으로 약간의 해답을 제공할 수 있다. pʰaa '사슴종류', paa '지붕', kʰaa '게', kaa '숯'을 여성이 발음한 것이다.

(17)

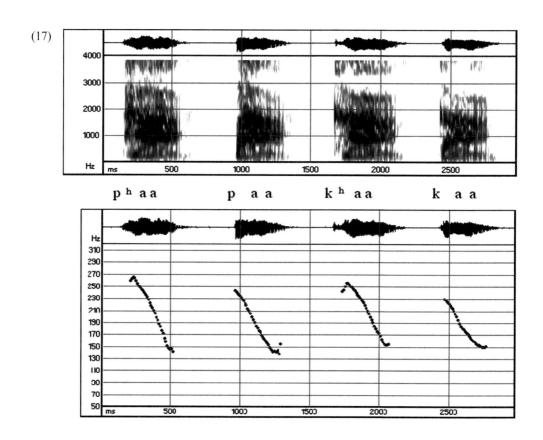

이 그림에서 보면 앞의 단어에서는 첫 자음의 발화 중에 유기성이 분명히 보인다. pʰaa, paa, kʰaa, kaa의 폐쇄자음이 열리고부터 모음 시작까지의 길이인 VOT가 각각 56ms,

0ms, 62ms, 20ms이다. 이렇게 구분이 되고 뜻이 달라지는 경우에는 두 자음이 대조되는 음소라고 할 수 있다. 그러나 이러한 스와힐리어의 유기성은 특정 명사부류에만 국한되어 있다는 점과 스와힐리어 여러 방언의 영향이나 교류 때문에 기식의 유무가 섞이는 환경과, 또한 많은 방언과 언어에서 그 차이가 구별되지 않는 점 때문에 스와힐리어에서 점점 무성유기음과 무성무기음의 구분이 없이 자유변이음으로 취급되고 있다.

3.3.3. 내파음

스와힐리어의 내파음은 [ɓ, ɗ, ʄ, ɠ]로서 유성내파음(Voiced Implosives)이며 철자로는 /b, d, j, g/로 쓴다. 유성모음의 경우 스펙트로그램이나 억양곡선에 뚜렷이 표시가 나지만, 유성자음의 경우 그만큼 뚜렷하지 않다. 유성내파음도 자음의 시작부터 성대진동이 있다는 것은 아래 스펙트로그램에서 [b, d, g] 부분의 아래쪽에 짧은 세로줄로 알 수 있다. 그러나 억양곡선에는 그만큼 뚜렷한 성대진동을 보여주지는 못한다. 억양곡선의 성대진동의 시작이 바로 되지는 않고 다소 지체된다. 이 지체되는 시간(VOT)을 그림으로 확인할 수 있는데 입술 쪽에 가까운 조음장소일수록 길다. 다음 그림에서 파장과 억양곡선을 비교해 보면 [b], [d], [g]로 갈수록 억양곡선이 빨리 시작한다. 이 수치를 재어보면 남성의 경우 94, 80, 50ms, 여성의 경우 51, 25, 27ms 순서였다. 남성의 수치가 다소 높은 것은 개인적인 발성 차이로 성대진동을 늦게 하는 경향이 있다. 이 수치는 절대적인 수치가 아니라 발화속도와 환경에 따라 다소 차이가 있지만 최대한 비슷한 환경에서 발화된 것이다. 마지막 단어인 gumu '어려운'은 강도가 다소 약해서 스펙트로그램이 뚜렷하지 않다. 전체적으로 남성의 발음은 90-160Hz 사이에 억양 표시가 있고, 여성은 그보다 높은 150-270Hz 사이에 있어서 남성과 여성의 음높이가 차이가 있다.

(18) 남성 발음

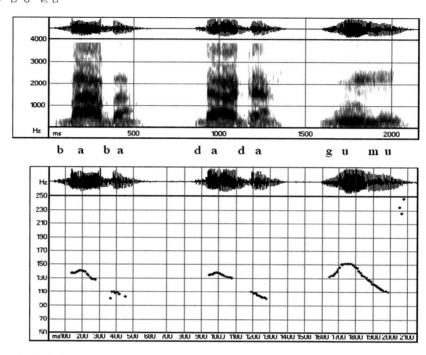

(19) 여성 발음

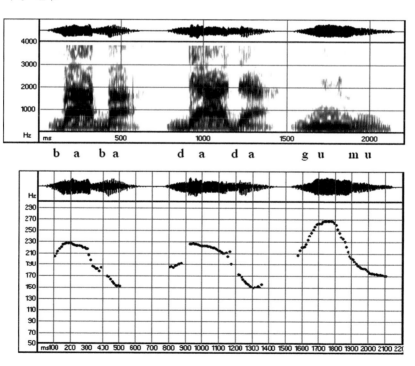

이같이 억양곡선의 높이는 다르나 거의 같은 모양을 보일 뿐만 아니라, 음파의 모양이나 스펙트로그램에서 보이는 자음과 모음의 모양과 포먼트가 거의 같다. [b, d, g]의 특징 때문에 그 다음에 나오는 모음의 포먼트가 달라지기 때문에 그 앞에 오는 자음의 조음위치가 무엇인지 추정할 수 있다. 예를 들면, 첫 두 어휘에서 따라오는 모음은 둘 다 [a]인데도 이 모음의 첫째와 둘째 포먼트가 다르게 보인다. 즉 baba '아버지'에서의 [a]와 dada '누이'에서의 [a]의 포먼트 전체적인 위치는 같지만 변형이 생김을 알 수 있다. [a] 모음 앞뒤에 같은 자음이 오기 때문에 [a]가 시작할 때와 끝날 때의 포먼트 모양이 같은 자음에 영향을 받아서 모양이 이렇게 바뀐 것이다. 모음이 양순음인 [b] 다음에 올 때는 [a]의 첫째와 둘째 포먼트가 시작은 올라가는 모양을 보이다가 끝날 때는 내려가는 모양을 보인다. 앞뒤에 같은 양순음이 있기 때문이다. 반면, 두 번째 단어인 dada에서 첫 모음 [a]의 포먼트는 첫째 포먼트는 앞의 경우와 같이 올라갔다 내려오는 모양을 보이지만, 둘째와 셋째 포먼트는 내려왔다가 다시 올라가는 모양을 보이는데 이는 앞과 뒤에 같은 치조음 [d]가 있기 때문이다. 마지막 단어는 연구개음으로 시작하는 단어인데 보통 연구개음 다음에서의 모음의 포먼트도 특징적인 모양을 보이는데, 둘째와 셋째 포먼트가 자음과 모음의 접촉점에서 구부러져 서로 만나는 모양을 보인다. 여기서는 그림이 분명하지 않다.

3.3.4. 비음

스와힐리어의 비음(Nasals)은 세 가지 환경에서 찾아볼 수 있는데, 자체로서 독립적인 음절을 이루는 경우로 mtu '사람'에서 나는 발음과, 비음선행자음의 비음부분으로 발음될 때로 mboga '채소'에서 나는 발음과, 음절의 초성으로서 moja '하나'와 같은 단어에서 발음되는 경우이다. 이 세 가지 경우의 발음을 파장, 스펙트로그램, 억양곡선, 강도 그림으로 보면 다음과 같다. 모두 남성의 발음이다.

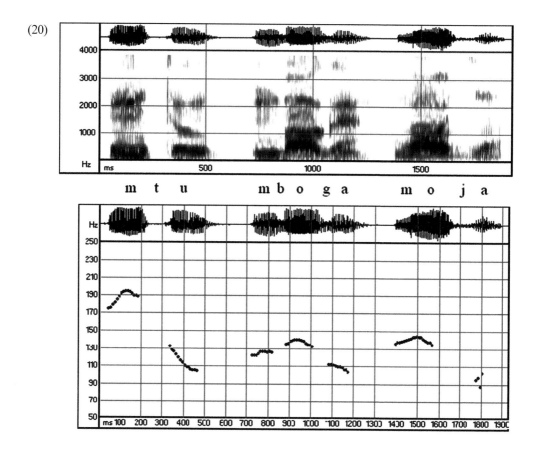

(20)

다음은 비음 [n]과 관련한 그림으로 위의 [m]과 비슷한 양상을 보인다. 앞 세 단어는 남성이, 뒤의 세 단어는 남성이 발음했다. 이 그림에서 보듯이 두 사람의 첫 단어인 nta의 비음의 길이가 뚜렷하게 길다.

(21)

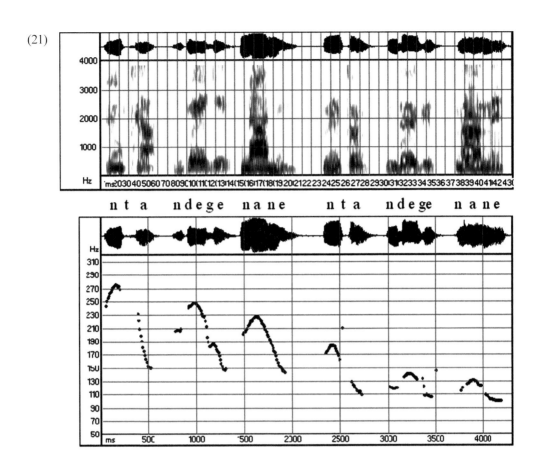

위와 같은 환경에 있는 비음의 차이는 분명하다. 앞부분의 여성의 발화는 대체적으로 높은 억양을 보이고, 뒷부분의 남성의 발화는 낮은 억양을 보이지만 다음과 같이 비음의 길이는 거의 비슷한 양상을 보인다. 즉, 음절성 비음과, 비음선행자음 환경에서의 비음과, 모음 앞에 오는 비음을 비교하면 다음과 같다. 위의 그림을 보고 각 비음의 길이를 잰 것이다.

(22)	발음	단어	환경	여성 (ms)	남성 (ms)
a.	[m]	mtu '사람'	음절성 비음	210	191
b.	[m]	mboga '채소'	비음선행자음	116	111
c.	[m]	moja '하나'	비음과 모음	x	80
d.	[n]	nta '왁스'	음절성 비음	197	197
e.	[n]	ndege '날개'	비음선행자음	116	114
f.	[n]	nane '여덟'	비음과 모음	98	77

다음은 연구개 비음 발화에 대한 분석이다. 연구개 비음은 스와힐리어에서는 특징적으로 음절초성과 종성에서 올 수 있다. 다음 예를 보면 연구개 비음만 나타날 때는 ng'로 표기하고 연구개 비음과 이어서 오는 유성 연구개폐쇄음 [g]가 오면 ng로 표기하여 철자를 달리한다.

(23)	표기[발음]	단어	환경
a.	ng [ŋ.g]	nge '전갈'	음절성 비음
b.	ng [ŋg]	ngoma '북'	비음선행자음
c.	ng' [ŋ]	ng'ombe '소'	초성 비음
d.	ng [ŋg]	mpango '계획'	어중
e.	ng'[ŋ]	nong'ona '속삭이다'	어중

다음 그림은 여성의 발음과 남성의 발음에서 위의 몇 가지 단어가 어떻게 발음되는지 보여주는 것이다. 여성이 nge [ŋge] '전갈', ngoma [ŋgoma] '북', ng'ombe [ŋombe] '소'를 발음했다. 여기서 보이듯이 첫 두 단어에는 [ŋ] 다음에 [g]가 있어 분명히 스펙트로그램에서 유성폐쇄음 [g]에서 보이는 아랫부분의 미세한 진동과 모음의 시작을 깔끔하게 보여주는 특징을 보여주고 있으며, 억양곡선에서는 자발적인 공명이 없고 성대진동이 지체되어 끊긴 모양을 볼 수 있다. 반면 마지막 단어에서는 [ŋ] 다음에 [g]가 없기 때문에 그러한 특징적인 현상이나 끊김이 없다. 여기서는 비음이 곧바로 모음과 연결되기 때문이다.

(24)

(25)

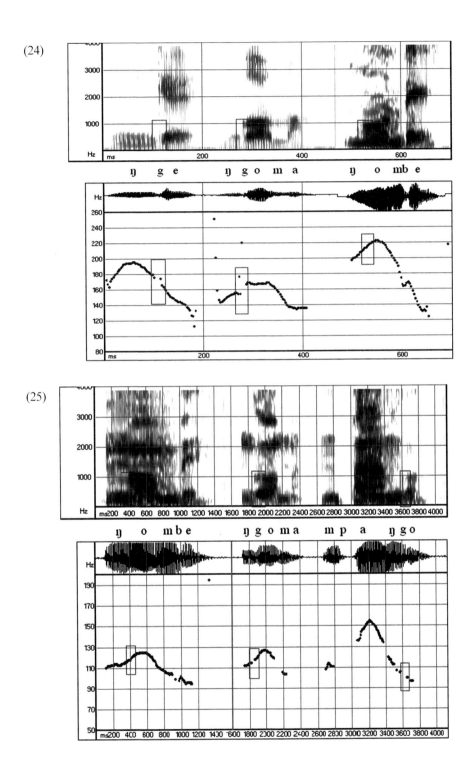

두 번째 그림 (25)는 남성의 발음으로 ngombe '소', ngoma '북', mpango '계획'에 대한 그림이다. 이 그림에서도 위에서 설명한 것과 같은 현상을 볼 수 있다. 특히 마지막 단어는 [ŋg]가 단어 가운데서 일어날 때를 보여준다. 이때도 단어 처음에서와 마찬가지로 조음적으로 폐쇄현상과 억양 끊어짐을 보여준다.

3.3.5. 경구개음

경구개 폐쇄음(Palatal Stop)은 스와힐리어의 특징적인 자음이다. 표준발음은 치조경구개음[Alveo-Palatal]이라기보다는 단순 경구개음(Palatal)이기 때문에 마찰음적인 특징이 적다. 다음 그림에서 앞에 두 개는 여성의 발음으로 경구개음으로 발음한 것이고 뒤에 있는 두 개는 남성의 발음으로 경구개파찰음(Palatal Affricate)으로 발음했는데 파찰음은 유성으로 발음한다고 해도 성대진동이 쉽지 않다. 그래서 남성의 발음에서는 억양곡선 상에 유성의 표시가 끊어지는 경향이 있다. 즉 hujambo '안녕하세요?'에서 /j/의 경우와 jana '어제'에서 /j/의 시작에서 표시가 난다. 오늘날 점점 파찰음적인 발음 혹은 치조경구개음으로 발음하는 현상도 쉽게 찾아볼 수 있다.

(26)

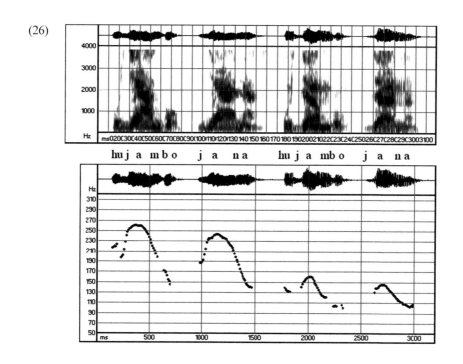

3.3.6. 마찰음

스와힐리어에 있는 특징적인 소리들로서 마찰음 th[θ], dh[ð], gh[ɤ]가 있다. 각각 무성치간음, 유성치간음, 유성연구개음이다. 앞장에서 언급했지만 kh[x]도 화자에 따라 가끔 발화되기도 하지만 [h]로 대체되는 경향이 있어 여기서 논의하지 않는다. 여성의 발음과 남성의 발음을 차례로 나열하면 다음과 같다.

(27) 여성의 발음

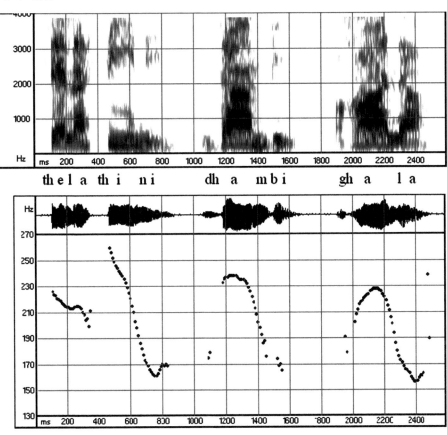

(28) 남성의 발음

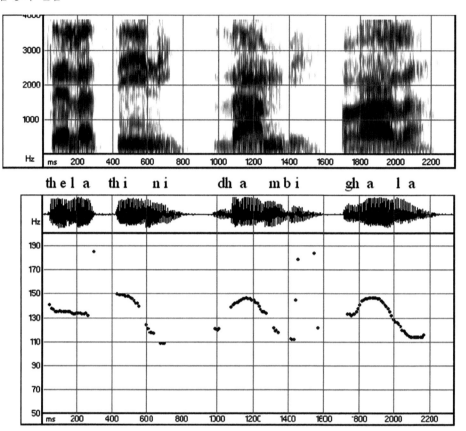

이 세 가지 자음 소리의 유무성 정도를 측정한 결과는 대략 다음과 같다. 자음 발음 중 유성음에서 나타나는 진동이 있는 기간을 정확히 측정하기 위해 파장을 확대하여 관찰하였다. 스펙트로그램으로 확인하면 실제로는 뒤따라오는 모음과 중복되는 부분이 더 있지만 계산에 넣지 않고 파장에서 나타나는 최소한의 시간만을 적었다.

(29)	진동시간	<u>th</u>elathini [θ]	<u>dh</u>ambi [ð]	<u>gh</u>ala [ɣ]
a.	여성	0	123	107
b.	남성	0	103	87 (ms)

무성 치간마찰음 th[θ]의 경우 약간의 유기성이 관찰되지만 유성성은 전혀 없다. 무성마찰음과 유기성 때문에 억양곡선에서도 분명히 끊기는 모양을 볼 수 있다. 특히 끝에서

둘째 음절에 있는 이 소리 다음에 억양이 꺾이는 모습, 즉 올라갔다 내려오는 것은 보이지 않고 그냥 떨어지는 것처럼 보인다. 유성마찰음 dh[ð]와 gh[ɤ]의 경우 유성성 때문에 억양곡선이 그 자음까지 볼 수 있어 그 음절 전체가 강세 때문에 올라갔다 내려오는 것을 잘 볼 수 있다는 점에서 차이가 있다. 파장에서도 성대진동이 모음보다는 약하지만 처음부터 끝까지 있음을 알 수 있다.

3.4. 강세

스와힐리어의 강세는 일반적으로 어휘의 끝에서 두 번째 음절에 온다. 그래서 새로운 단어가 이 언어에 들어오면 모두 이런 유형을 따르게 된다. 다음 그림 (31)에 보이는 발음은 케냐 여성이 발화한 것인데 아래 (30)에 있는 2, 3, 4, 5음절짜리를 차례대로 나열해 보았다.

(30) 흔한 차용어

2음절어	2음절어	3음절어	3음절어	3음절어
timu	jeni	daktari	shuleni	wikendi
'team'	'Jenny'	'doctor'	'shule'	'weekend'
'팀'	'제니'	'의사'	'학교'	'주말'
3음절어	4음절어	4음절어	5음절어	
skulini	ofisini	motokaa	hospitalini	
'at school'	'in the office'	'motor car'	'in the hospital'	
'학교에'	'사무실에'	'오토바이'	'병원에서'	

이 단어들은 모두 영어에서 온 차용어인데 끝에서 둘째 음절에 강세가 있어서 그림에서 보듯이 스펙트로그램에서 끝에서 둘째 음절이 상대적으로 짙게 표시되어 있다. 또한 억양표시에 보면 모두 끝에서 둘째 음절에서 시작하여 마지막 음절에 걸쳐 내려오는 곡선을 보인다. 강세가 있으면 일반적으로 억양도 올라가는 경향이 있는데 그것도 잘 보여준다. 강세는 중간의 파장 그림의 윗부분에 가는 줄로 표시되어 있는데, 많은 차이

가 있어 보이지 않지만 강세 있는 음절은 평균 81dB이었고 강세 없는 마지막 음절은 평균 74dB이어서 두 음절 사이의 차이가 평균 7dB이상 차이가 났다. 어떤 소리가 다른 소리에 비해 5dB이 크면 사람의 귀에 대체로 두 배나 큰 소리라고 느낀다. 7dB 차이는 보통 사람이 2.8배나 큰 소리로 느낀다. 전체적으로 2음절에서 5음절로 길어짐에 따라 억양곡선에서 앞부분이 길어지지만 마지막 두 음절은 강세의 영향 때문에 억양이 내려 오는 모양이 꼭 같다.

(31) 음절 길이가 다른 단어의 발화 그림

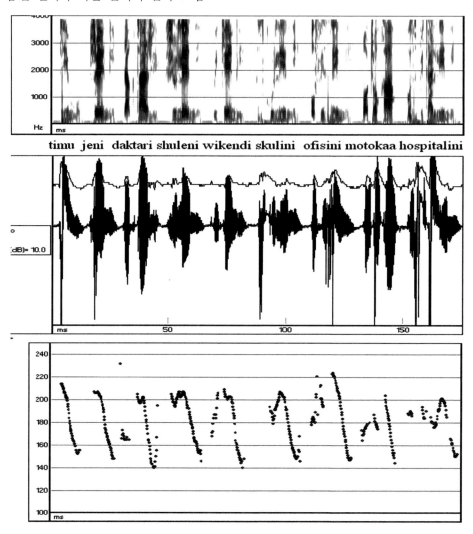

3.5. 평서문의 억양

3.5.1. 주어가 없는 문장

여기서부터는 스와힐리어의 문장에 대한 억양 분석이다. 다음 (32)는 탄자니아 여성과 남성의 대화체를 분석한 것이다. 여성이 먼저 질문하고 남성이 답하는 순서이다. 억양은 문장의 성분과 구조가 중요하기 때문에 매 문장마다 각 단어를 분리하여 그 성분과 뜻을 표시하여 설명에 도움을 주고자 한다.

(32) Q: Hujambo,   bwana?   별일 없어요, 형제님?
          2sg.neg-N   cl.1-N
          you no news   brother
      A: Sijambo,   mwalimu.   별일 없어요, 선생님.
          1sg.neg-N   cl.1-N
          I no news   teacher

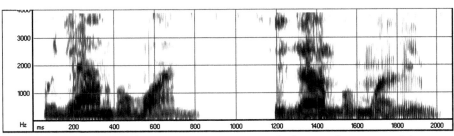

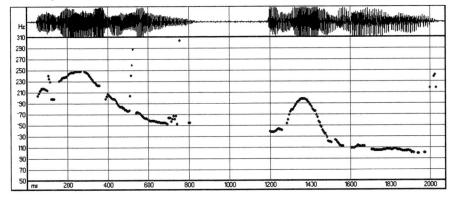

이 문장은 스와힐리어에서 가장 기본적인 인사법이다. Hujambo에서 높게 시작하면서 강세가 끝에서 둘째 음절에서 최대로 올라갔다 나머지 부분에서 끝까지 내려온다. 대답에서도 마찬가지로 Sijambo에서 ja 음절에서 최대로 올라갔다 끝까지 내려온다. malimu라는 세 음절짜리 단어가 있지만 강세의 영향 없이 내려온다. 다만 끝에서 둘째 음절의 li가 약간 길다.

다음 문장 (33)도 (32)와 같은 탄자니아 여성과 남성이 대화한 인사법으로 문장구조가 명사구로 되어 있다. 이번에는 mchana '점심때'의 의미가 분명해야 하므로 거기에 강세가 두드러진다. 비록 문장의 뒷부분에 있는 셈치고 많이 올라갔다 내려왔다. Nzuri sana '아주 좋아요'에서 sana '아주'도 끝나는 단어인데도 의미가 중요하므로 약간 높이 올라갔다 내려온다. 이 두 문장의 마지막 단어에서는 끝에서 둘째 음절이 모두 길어지고 강도가 커서 스펙트로그램에서 그 부분의 길이도 길고 색깔도 진하다.

(33)	Q:	Habari	za	mchana?
		N	Conn	N
		news	of	lunch time

(점심때 인사) 안녕하세요?

	A:	Nzuri	sana.
		Adj	Adv
		good	very

아주 좋아요.

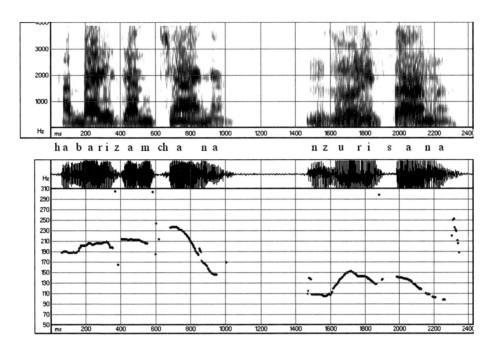

3.5.2. 주어가 있는 문장

다음 (34)의 문장과 그림을 보면, 두 단어짜리 주어 Kila kabila '부족마다'로 시작하고 동사 lina '가지고 있다'와 hadithi '이야기'와 소유격 어휘 zake로 구성되어 있다. Kila kabila는 명사구로서 주어이다. 동사는 kabila라는 명사에 맞춘 명사부류 5형 접두사 li를 채택했다.3) 일반적으로 명사구가 주어일 때는 억양의 시작이 높이 올라간다. 스와힐리어에는 주어가 종종 생략되고 동사구의 시작에 있는 주격 접두사로 표시하기 때문에 특별히 주어가 나타날 때는 뚜렷한 억양을 보인다. 그림 (34)는 남성이 발음한 것이다. 마지막 두 음절 즉 zake를 보면 급속히 음조가 내려온다. 마지막 음절은 초성 k^h의 강한 기식성 때문에 유성이 분명하지 않지만 앞 음절에 이어서 내려오는 것으로 이해할 수 있다. 전체적으로 매단어마다 끝에서 둘째 음절은 강세가 있어서 억양도 올라가고 길이도 길어지며 강도도 크다.

---

3) 이 문장 Kila kabila lina hadithi zake에서 처음에 나오는 /l/은 둘 다 [l]로 발음했으나 세번째 /l/은 [r]로 발음했다. 이 화자는 여러 곳에서 이와 같이 [l/r]의 교체를 보였다. 다른 문장에서 mchele '밥'의 /l/도 [r]로 발음했다.

(34) Kila   kabila   lina   hadithi   zake.

Adv   cl.5-N   cl.5-pres-Vr-fv   cl.10-N   cl.10-N

each   tribe   has   stories   its

각 부족마다 자기들의 이야기가 있다.

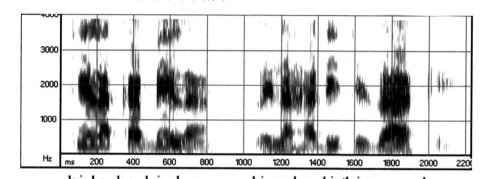

k i l a k a bi l   a   li ɲa h a d i thi z   a   k e

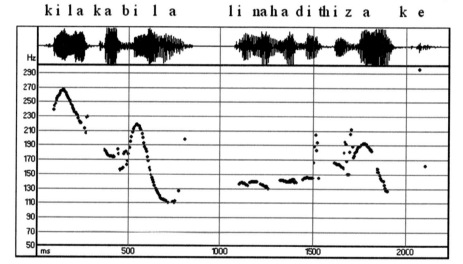

3.5.3. 부사어로 시작하는 평서문

(35) Kwa   kawaida   wanakenda   saa   za   asubuhi.
      Prep   N   3pl.pres-Vr-fv   cl.9-N   Conn   cl.9-N
      As   a rule   they go   at the time   of   morning
      보통 그 사람들은 아침 시간에 간다.

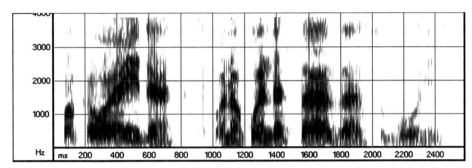

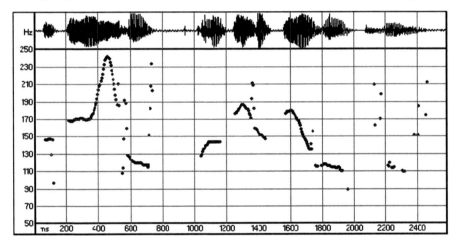

   이 발화는 부사어로 시작하는 문장의 억양으로 뚜렷이 올라가서 시작한다. 문장
머리에 오는 부사어 자체가 문장 전체의 의미를 강조하거나 수식하기 때문에 아주
중요하다. (35)의 kwa kawaida에서 끝에서 둘째 음절 /i/는 단독 모음이지만 소리가 크고
길게 최고조로 올라가는 억양을 보였다. 특히 그 이후에 부사구가 끝나기 때문에 급속히
내려와서 억양구를 끝내야 했다. 그리고 나서 그 다음 새로운 억양구를 시작한다. 앞
절의 주어로 시작하는 구조와 달리 새로운 억양구가 wanakwenda로 시작하는 문장이므
로 뚜렷이 구별하기 위해 휴지기간(Pause)도 충분히 두었다.

3.5.4. 연속동작 시제 ka로 된 문장

스와힐리어의 과거시제 중에서 연속되는 동작을 나타내는 시제(Immediate Past)가 있다. 다음 문장에서 보듯이 이 시제를 사용할 때는 '그리고'의 뜻인 접속사 na를 쓰지 않고 시제접사로 ka를 쓴다.

(36) Nilifika   nyumbani   nikasoma   kiswahili.
    1sg.pst-Vr-fv   cl.9-N   1sg.impst-Vr-fv cl.7-N
    I arrived   home   and studied   Swahili
    집에 가자마자 스와힐리어를 공부했다.

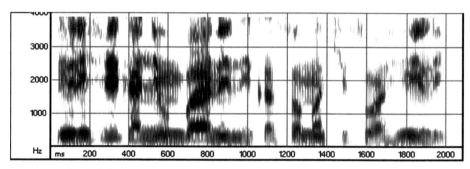

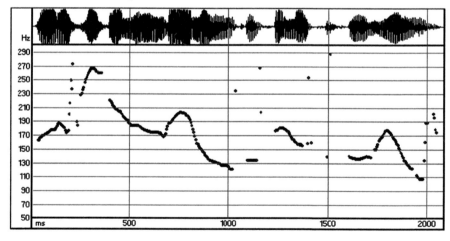

위 그림은 남성의 발음으로 접속사 없이 연속되는 과거시제인 ka를 활용한 문장의 억양곡선이다. 그림에서 900ms 지점에서 시작하는 nikasoma kiswahili에서 새로운 억양구(IP)가 시작된다.

3.5.5. 내포문이 있는 문장

다음 그림은 동사의 목적어가 문장인 경우를 보여준다. 이 경우 문장을 이끄는 접속사는 kwamba라는 어휘를 사용하여 만든다. 다음 문장은 길어서 두 개로 나누어서 보여준다. 그림은 여성이 발음한 문장의 스펙트로그램과 파장과 억양곡선이다.

(37)   Sasa   mwalimu   anaeleza   kwamba   rais

       Adv   cl.1-N   3sg-pres-Vr-fv   Conj   cl.9-N

       now   teacher   explains   that   leader

       wa   Tanzania   ni   Mwalimu   Julius Nyerere.

       cl.1-Conn   PN   Cp   cl.1-N   PN

       of   Tanzania   is   Teacher   Julius Nyerere

    지금 선생님은 탄자니아의 지도자는 줄리어스 네레레 선생이라고 설명하고 있다.

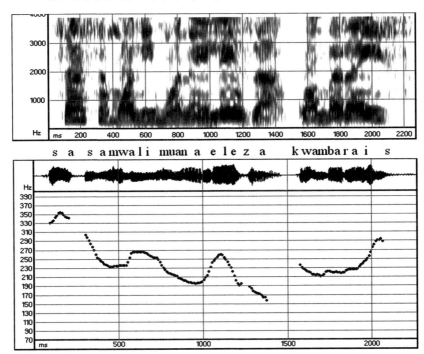

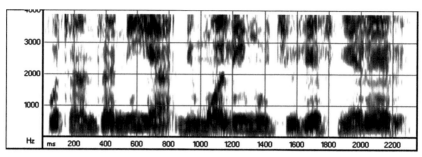

wat a n z a n i a nimwa li mu j u l i u s n y e r e re

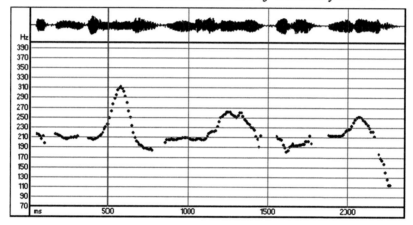

이 억양을 보면 억양구가 대체로 세 개로 나누어지는데, Sasa mwalinu anaeleza, kwamba rais wa Tanzania, ni mwalimu Julius Nyerere이다. 각 억양구는 끝나는 부분에서 상당히 억양이 내려가고 휴지기간을 가지며, 새로 시작하는 부분에서는 앞 억양구의 끝보다 살짝 올라가서 시작한다. 마지막 단어 Nyerere의 경우는 문장의 주강세를 받는 최종 단어이므로, 끝에서 둘째 음절에서 현저히 올라갔다 마지막 음절에서 억양영역의 가장 아래까지 내려온다.

　　다음은 평서문 안에 의문문이 내포되어 있는 경우의 억양을 보여주는 그림이다. 내포문은 의문사가 문장을 이끈다.

(38)　Sasa　　　　mwalimu　　anauliza

　　　Adv　　　　cl.1-N　　　3sg.sbj-pr-Vr-fv

　　　now　　　　teacher　　　he asks

nani	ni	kiongozi	wa	Kenya.
Qw	Cp	cl.7-N	cl.1-Conn	PN
who	is	leader	of	Kenya

지금 선생님이 "누가 케냐의 지도자입니까?"라고 물으십니다.

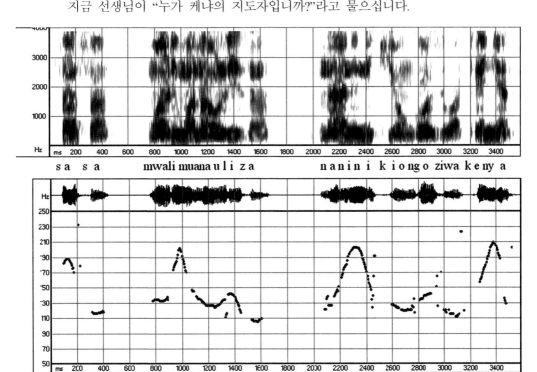

(38)의 그림에서 nani ni kiongozi wa kenya라는 새로운 억양구는 2000ms 지점에서 시작된다. 앞 억양구에서 마지막 부분이 억양의 거의 최저까지 내려갔다가 다시 새로운 억양구를 시작하면서 올려서 시작한다.

3.5.6. 관계대명사문

다음 그림은 아래 문장을 케냐 여성이 발화한 것이다. 여기에는 보어인 명사 mtu를 설명하는 문장을 내포하고 있다. 즉 영어식으로 말하면 관계대명사와 같은 문장이다.

(39)　Mwalimu　　　ni　　　　mtu　　　　ambaye　　　hufundisha.

　　　cl.1-N　　　　Cp　　　　cl.1-N　　　rel-cl.1　　　hab-Vr-fv

　　　teacher　　　is　　　　person　　　who　　　　teaches

선생님은 (평소) 가르치는 사람이다.

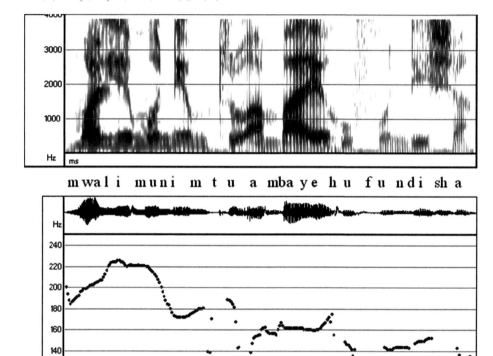

(39)의 억양곡선은 통사구조와는 달리 주어와 계사(ni), 그리고 보어(mtu)까지 끊어지는 부분이 없다. mwalimu ni가 한 운율단어(Prosodic Word)처럼 보이고 마지막 ni는 예외운소(Extra-Prosodic)의 음절처럼 보이기도 하지만, mwalimu에서 li에 있는 강세가 mu까지 연결되어 높은 억양이 유지된다. 그 이유는 계사 ni가 붙음으로써 마치 4음절어처럼 여겨지기 때문이다. 그리고 나서 mtu ambaye hufundisha가 하나의 억양구처럼 발화된다. 즉 mtu로부터 약간 올라갔다가 문장 끝까지 내려온다.

다음은 여성의 발음으로 주어가 관계대명사로 연결된 경우이다. 다음 그림에서 주어가 되는 부분이 Mfuko nilioutaka '내가 가지고 싶어 했던 가방은'인데 이 부분까지

하나의 억양구를 이루며, 1200ms부터 시작하는 서술어인 나머지 부분은 새로운 억양구가 된다. 관계대명사로 연결된 문장에서의 억양을 볼 수 있다.

(40) Mfuko   nilioutaka   uko   chini   ya   meza.
     cl.3-N   1sg-pst-cl.3rel-obj-Vr-fv cl.11-Vs   cl.10-N   Conn   cl.10
     bag   I liked it   is located under   of   table
     내가 가지고 싶어 했던 가방은 탁자 밑에 있다.

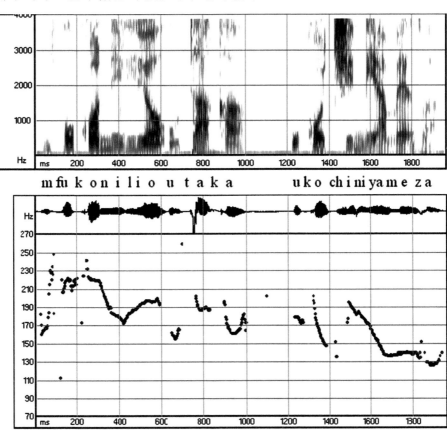

3.5.7. 접속사문: na

구나 절을 나열할 때 na '와, 그리고'를 사용할 수 있다. 이때 어휘의 병렬은 매번 끝을 많이 올려서 발음하는 습관이 있다. 마치 영어의 경우와 같다.

(41) Kuna   wali,   ugali,   kuku,   na   ndizi.

cl.16-V   cl.11-N   cl.11-N   cl.10-N   Conj   cl.10

There are   rice   ugali   chicken   and   bananas

밥, 우갈리, 닭고기, 바나나가 있다.

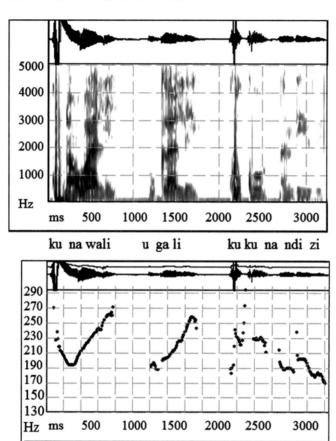

그림에서 볼 수 있듯이 wali, ugali, kuku에서 많이 올라간다. 즉 계속 같은 종류의 성분이 나열된다는 뜻을 암시하는 억양법이다. 물론 전체적으로는 문장 끝으로 갈수록 조금씩 내려온다. 좀 더 많이 나열된 문장을 보면 다음과 같다.

(42) Waliuza   matunda   mbalimbali maembe   machungwa

2pl-pst-Vr-fv cl.6-N   Adj   cl.6-N   cl.6-N

they sold   fruits   various   mangos   oranges

사람들이 여러 가지 과일을 팔았는데, 망고, 오렌지,

mananasi   ndizi   na   nazi.

cl.6-N   cl.10-N   Conj   cl.10-N

pineapples   bananas   and   coconuts

파인애플, 바나나, 코코넛이었다.

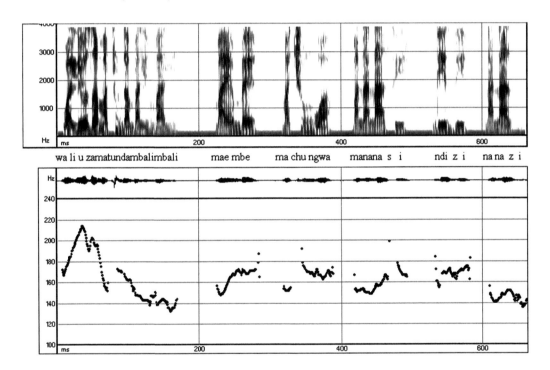

이 문장에서는 앞부분에서 Waliuza matunda mbalimbali라는 문장의 요체를 제시하고 나서 그 예들을 뒤에 나열한 것이어서 단순한 나열과 다르다. maembe부터 시작하는 목록은 약간 올라가서 시작하는데 나열 품목이 많을 경우 거의 일정한 높이를 억양이 유지되고 마지막 것만 뚜렷이 내려온다.

3.5.8. 접속사문: kabla ya

다음은 접속사 kabla ya '-하기 전에'가 이끄는 문장을 문두에 놓은 문장이다

(43) Kabla   ya   kwenda   kulala   usingizi

      Conj   Conn   Vinf   Vinf   cl.14-N

      before   of   to go   to sleep   sleep

      잠을 자러 가기 전에

      nyanya   au   babu   huwatolea   hadithi.

      cl.1-N   Conj   cl.1-N   hab-obj-Vr-fv   cl.10-N

      grandmother or   grandfather usually them tell stories

      할머니나 할아버지께서 아이들에게 이야기를 들려주신다.

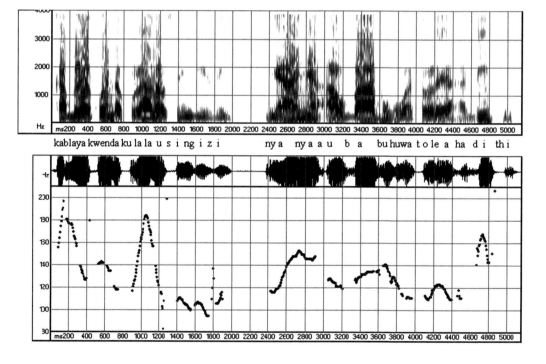

이 문장은 두개의 억양구를 가지고 있다. Kabla ya kwenda kulala usingizi '잠을 자러 가기 전에' 부분은 접속사 Kabla ya가 이끄는 절이다. 여기서 거의 완전한 억양곡선을

볼 수 있다. 앞부분의 끝부분인 usingizi에서 1800-2000ms 사이에 있는 마지막 음절 zi는 끝까지 내리지 않고 발화지속을 암시하기 위해 일정한 높이를 유지한다. 이것을 문장 가운데의 상승하강조(Non-Final Rising-Falling) 억양이라고 한다.4) 2400ms부터 새로 시작하는 두 번째 억양구는 Kabla ya만큼은 높지 않지만 상당히 높이를 올려서 새로운 억양을 만든다. 그리고 긴 문장의 끝을 분명히 보여주는 방법으로 마지막 단어 hadithi의 강세음절을 강조하여 발음했다. 마지막 음절 thi의 모음은 약해서 억양곡선이 보이지 않지만 추정해보면 억양영역의 최저 즉 50dB 이하로 떨어졌다. 강세음절 di의 하강곡선을 따라 선을 그어보면 알 수 있다.

3.5.9. 접속사문: ili

다음 문장에서는 ili '-하기 위한' 혹은 '그래서 할 수 있도록'의 뜻을 가진 접속사를 뒤 억양구 시작부분에 둔 경우이다.

(44) Hakuwa   na   unga   wa   kutosha

3sg.neg-Vs-fv   Conj   N   cl.14-Conn   Vinf

there is not   with   flour   of   to suffice

ili   kuwapikie   watoto   ugali.

Conj   Vinf-obj-Vr-ex-sbjn   cl.2-N   cl.14-N

in order   to them cook for   children   ugali (food)

아이들에게 우갈리를 만들어 줄 충분한 밀가루가 없다.

---

4) 비슷한 현상은 언어보편적이라고 할 수 있다. 영어문장 After we have dinner, we'll go to a movie나 When John left the house, it was raining에서는 각각 dinner와 house가 문장 가운데의 상승하강 곡선을 그린다. 이 단어들은 마지막의 단어 movie나 raining과 같이 올라갔다 내려오는 것은 비슷하지만 문장 마지막 단어만큼 억양영역의 끝까지 내려오지는 않는다(Avery & Ehrlich 1992: 78-80).

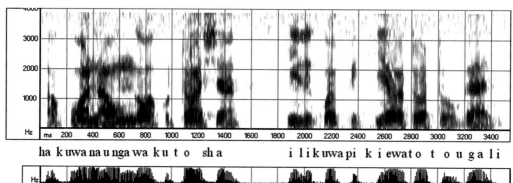

ha k u wa na u nga wa k u t o   sh a   i l i k u wa pi k i ewa t o   t o u g a l i

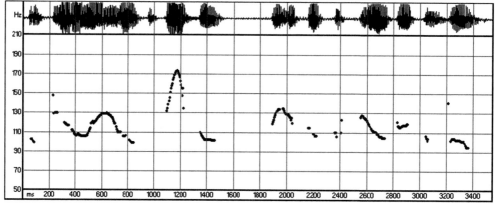

여기서도 마찬가지로 새로운 억양구를 이끄는 것은 ili이다. 이 스펙트로그램에서 두 번째 억양구는 억양 변동이 많이 없고 다소 단조롭게 발화되었다. 전체적으로 문장이 너무 길어서 뒷부분을 갈수록 호흡이 부족하여 충분한 억양변화를 주지 못했다고 할 수 있다.

다음 문장 (45)도 같은 ili로 연결된 문장이다. 이 문장은 앞부분이 짧고 뒷부분이 좀 더 긴 구조이다. 이 문장의 발화를 그린 스펙트로그램을 보면 바로 앞 (44)의 긴 문장에서보다 훨씬 뚜렷한 억양의 변화를 관찰할 수 있다. 앞 억양구의 마지막 단어 kule와 860ms에서 시작하는 다음 억양구의 시작인 ili 사이에 빈 공간이 적고 억양도 앞 억양구처럼 높이 올라가서 시작한다.

(45)   Wanaenda   kule   ili   waonyeshe   uhodari   wao.

       3pl-pr-Vr-fv   cl.17-Dem   Conj   3pl-Vr-sbjn   cl.14-N   cl.14-Conn-cl.3pro

       They go   there   in order   they show   courage   their

       사람들이 자신들의 용기를 보여주기 위해 거기 간다.

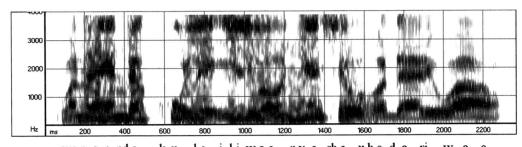

wan a e nd a   k u   l e   i l i w a o   n y e   she   u h o d a ri   w a   o

3.5.10. 접속사 없이 연결된 문장

(46) Watu   ni   wakulima;   Wengine   ni   wachungaji.

cl.2-N   Cp   cl.2-N   cl.2-Adj   Cp   cl.2-N

People   are   farmers;   Others   are   herders

보통 사람들은 농부들이고 어떤 사람들은 가축을 치는 사람들이다.

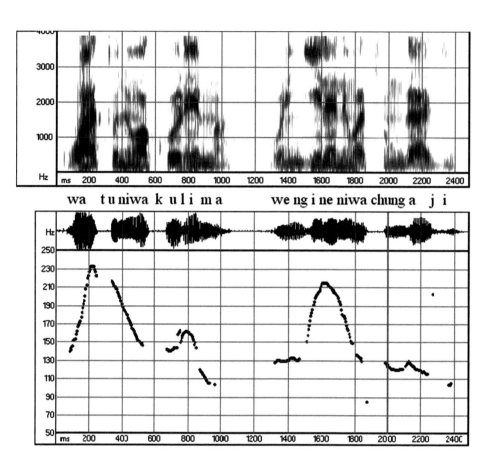

접속사 없이 두 문장이 나열되었지만, '그런데, 그리고, 그러나'의 뜻을 포함하는 대조 또는 대비되는 문장이다. 그래서 연결된 두 억양구가 나란히 배치되어 있다. 앞 억양구 가 높이 시작하고 휴지기간을 두고 나서 다음 억양구가 다시 상당히 높은 위치에서 시작한다. 첫 억양구의 첫 단어 watu의 첫 음절 즉 강세받는 음절 wa의 억양 높이가 최대로 높고, 둘째 억양구의 첫 단어 wengine의 강세받는 음절 ngi가 두 번째로 억양이 높다. 대조적인 표현이기에 산봉우리처럼 두 개가 드러나 있다.5)

---

5) 여기서 한 가지 지적할 것은 억양곡선에서 최고점의 위치는 발화길이에 따라 약간 다르지만 실제 발음한 지점보다 50ms 정도 늦게 표시된다. 여기서 watu의 wa가 최고점인데 170ms가 아니라 220ms 정도 지점에 꼭짓점이 있다. wengine에서도 마찬가지다.

3.6. 의문문

3.6.1. 긍정 의문문

다음은 주어와 계사와 보어로 된 간단한 의문문을 보여주는 그림이다. 주어와 보어에 억양이 올라갔다 내려온다. Juma는 2음절 어휘이며, mzee는 3음절어이다. 그래서 각각 끝에서 둘째 음절에 강세가 오고, 또 거기에 음조의 정점이 있다는 것을 잘 보여준다. 스와힐리어의 의문문은 보통 영어와 달리 끝을 올리지도 않고 끝까지 내리지도 않는다.

(47) Juma   ni   mzee?

cl.1-PN   Cp   cl.1-N

Juma   is   elder

주마는 노인인가요?

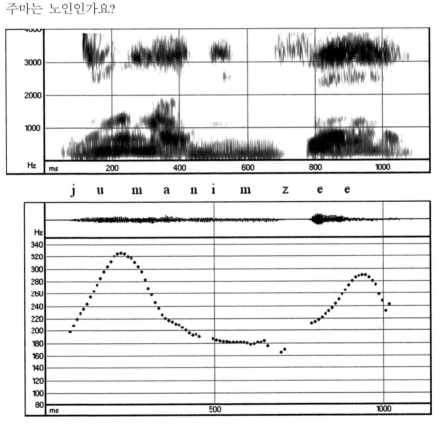

다음 (48)은 스와힐리어에 가장 흔한 의문문으로 주어가 없이 동사구로 시작하는 문장으로 목적어와 부사어가 있다. 동사 Utafanya에 주격접사, 시제, 동사어간이 들어있다. kazi를 포함하면 영어식으로 동사구를 이루는 모양이다. 그러나 억양곡선은 목적어 kazi와 부사 leo 사이에 공간이 없이 억양곡선이 연결되어 있다.

(48)   Utafanya   kazi   leo?

       2sg-ft-Vr-fv   cl.9-N   Adv

       you-will-do   work   today

       오늘 일합니까?

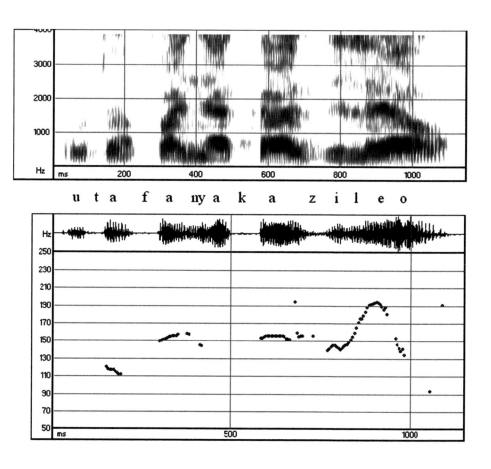

3.6.2. 의문사 의문문: nani

다음 (49)의 그림은 남자가 의문사 nani '누구'를 가지고 질문하고 여자가 대답한 문장이다. 계사(Copula)가 오는 의문문은 의문사가 앞에 올 경우와 뒤에 올 경우가 다르다. 즉 '누가 줄리어스 네레레입니까?'와 '줄리어스 네레레가 누구십니까?'가 다르듯이 뜻이나 억양이 다르다. 먼저 의문사가 뒤에 오는 것을 예를 들어보면 다음과 같다. 이 문장에서 nani는 문장의 주어가 아니라 보어로 쓰였다.

(49) Q: Julius Nyerere   ni   nani?

        PN   Cp   Qw

        Julius Nyerere   is   who

        줄리어스 네레레가 누구십니까?

      A: Yeye   ni   rais   wa   Tanzania.

        3sg-Pro   Cp   cl.1-N   Conn   PN

        He   is   President   of   Tanzania

        그는 탄자니아 대통령입니다.

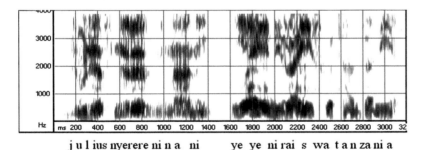

다음 (50)은 같은 의문문이지만 의문사 nani '누구'가 문장의 처음에 올 때의 억양을 분석한 것이다. 이번에는 남자가 질문을 했다. 바로 앞의 문장에서 nani가 문장의 끝에 올 때는 전체적인 억양 강등에 의해 첫 단어보다 낮지만, 다음의 문장에서는 nani가 의문사이면서 주어의 역할을 하기 때문에 또한 문장의 처음에 있기 때문에 상당히 억양이 높다.

(50)
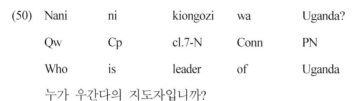

	Nani	ni	kiongozi	wa	Uganda?
	Qw	Cp	cl.7-N	Conn	PN
	Who	is	leader	of	Uganda

누가 우간다의 지도자입니까?

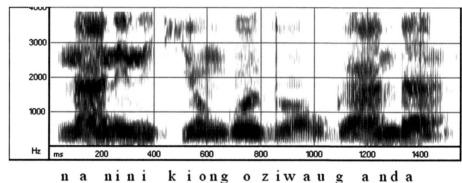

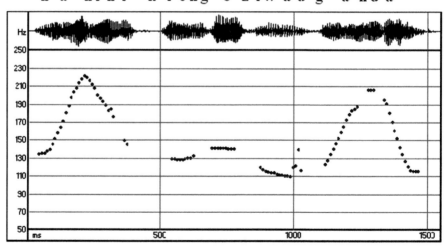

다음 (51)은 의문사 nani가 또 다른 형식으로 쓰인 것은 소유의 형식으로 '누구 것입

니까?'의 뜻으로 쓰인다. 즉 연결사(wa, ya, cha 등) 다음에 nani가 오면서 문장 끝에 배치된 경우이다.

(51)   Vile   vitabu   mbele   ya   Juma
        cl.8-Dem   cl.8-N   cl.9-N   cl.9-Conn   PN
        those   books   front   of   Juma
        주마 앞에 있는 저 책들은
        ni   vya   nani?
        Cp   cl.8-Conn   Qw
        are   of   who
        누구 것입니까?

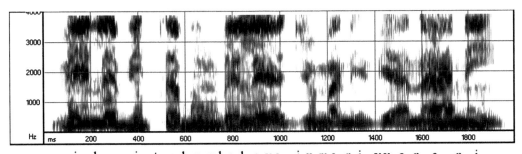

v i l e v i t a b u m b e l e y a j u m a n i v y a n a n i

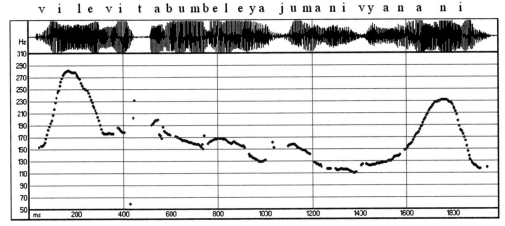

시작의 주어를 크게 올려서 시작하고 나머지는 점점 내려가다가 마지막에 의문사가 있기 때문에 크게 한 번 올려주고 내린다. 문장을 끝내는 부분이고 또 호흡에너지가 약해지기 때문에 처음보다는 높지 않다. 스와힐리어의 특징으로 의문문에서 의문사가

있을 경우에 마지막 의문사를 올렸다 내리는데 끝까지 내리지 않는다. 문장 마지막 음절 ni의 높이를 보면 115Hz 정도에 있는데 이는 그 앞의 최저 높이와 비슷하다.

3.6.3. 의문사 의문문: wapi

다음 (52)는 의문사 wapi '어디'를 사용하여 여성이 질문하고 남성이 그에 맞는 답을 한 스펙트로그램과 파장과 억양곡선이다. 두 문장이 한 그림 안에 들어 있다. 이때 wapi는 독립적인 의문사라기보다는 연결사 wa의 목적어로 쓰인다. 영어식으로 wa라는 전치사의 목적어가 된다. 아래 그림에서 보면 wa wapi가 마치 한 운율단어인 wawapi처럼 보인다. 맨 앞의 wewe ni도 weweni로 연결되어 한 운율단어처럼 보인다. 이때 마지막의 ni는 예외운소로 보아야 한다. 그래서 wewe[ni]같이 3음절이지만 [ni]는 보이지 않는 음절로 여겨져서 wéwe의 끝에서 둘째 음절인 첫 we가 강세를 받게 된다. wawápi는 둘째 wa에 강세를 받는다.

(52)	Q:	Wewe	ni	mzaliwa	wa	wapi?
		2sg-Pro	Cp	cl.1-N	Conn	Qw
		You	are	birth	of	where

당신은 어느 곳에서 태어났습니까?

	A:	Mimi	ni	mzaliwa	wa	Bukoba.
		1sg-Pro	Cp	cl.1-N	Conn	PN
		I	am	birth	of	Bukoba

나는 부코바 출신입니다.

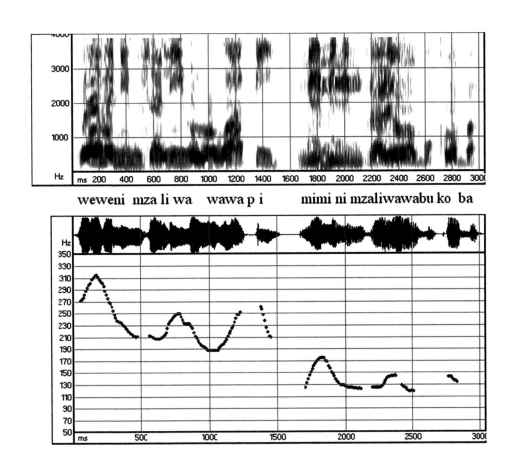

weweni mza li wa   wawa p i   mimi ni mzaliwawabu ko ba

위의 두 문장에 대한 여성과 남성의 억양곡선을 보면, 여성의 억양곡선은 전반적으로 남성의 억양곡선에 비해 상당히 높다. 여성의 성대의 길이가 일반적으로 남성에 비해서 짧아 잦은 성대진동을 하여 높은 소리를 내고 발성통로의 넓이가 좁아서 더 높은 소리파장을 만들어낸다. 이 그림에서는 여성의 음조 높낮이는 최고 315Hz에서 최저 190Hz 사이에 분포하지만, 남성의 경우 최고 185Hz에서 최저 120Hz 정도를 보인다. 물론 앞의 여성의 발화는 의문문이기 때문에 음조의 영역이 더 넓다.

3.6.4. 의문사 의문문: gani

다음은 의문사 gani '어떤'을 사용하여 만든 문장에 대한 억양곡선이다. 의문사 자체가 Kwa sababu gani로 6음절에 이르는 긴 억양구이다. 그래서 760ms 정도 지점에서 뒤 억양구가 시작한다. 즉 hukuwa na nasafi '당신은 시간이 없어요?' 부분인데 의문문을 만드는 억양이므로 뒤로 가면서 높아졌다.

(53) Kwa   sababu   gani   hukuwa   na   nafasi?

    Conn   N   Adj   2sg.neg-Vr-fv   Conj   N

    for   reason   what kind of   you not have   with   time

무슨 이유로 시간이 없습니까?

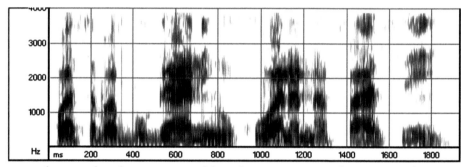

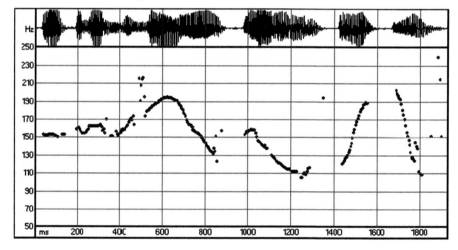

3.6.5. 의문사 의문문: nini

(54) Vitu   vile   nyuma   yako   ni   nini?

      cl.8-N   cl.8-Dem   cl.9-N   cl.9-2sg.poss   Conj   Qw

      things   those   back   your   is   what

당신 뒤에 있는 것들은 무엇입니까?

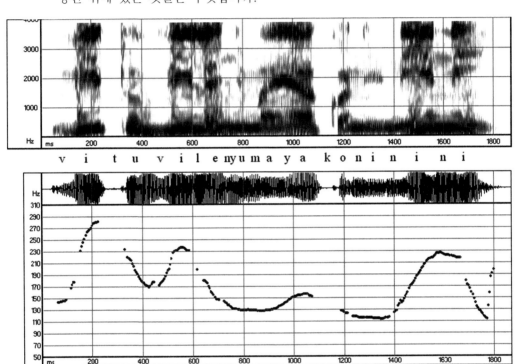

이 문장은 nini '무엇'라는 의문사를 가진 문장으로 Vitu vile nyuma yako까지가 한 억양 구인데 나머지 부분 ni nini가 아주 짧다. 그렇지만 1250ms부터 시작하는 이 부분은 의문문에서 가장 중요한 부분으로 뚜렷한 상승 억양을 보여준다.

3.6.6. 선택 의문문

다음 그림은 선택 의문문으로 의문접속사 혹은 허사 Je를 사용하여 시작하는 의문문이다. 이 허사는 질문을 한다는 뜻을 표시하는 어휘이다. 여성이 질문한 문장의 스펙트로그램과 파장과 억양곡선이다. 여기서 보면 선택 사항 둘 중에서 앞의 것은 높이 올리고 뒤의 것은 높이 올렸다가 내린다. 즉 mwanafunzi에서 강세가 있는 마지막 둘째 음절과 끝 음절을 높이 올려서 유지한다. 이것은 전형적이며 언어보편적인 선택 의문문의 모양이다. Je를 사용할 때 여기서 보듯이 700ms 정도의 간격을 두었는데, 말의 속도에 따라 약간 차이가 있겠지만 보통 이런 질문에서 이 정도로 여유를 둔다.

(55)

Je,	Juma	ni	mwanafunzi	au	mwalimu?
Intj	cl.1-PN	Cp	cl.1-N	Conj	cl.1-N
Well,	Juma	is	student	or	teacher

저, 주마는 학생입니까, 선생님입니까?

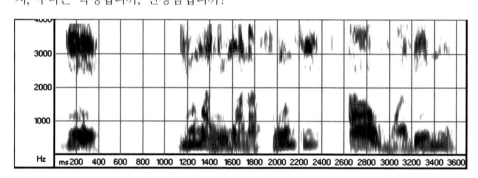

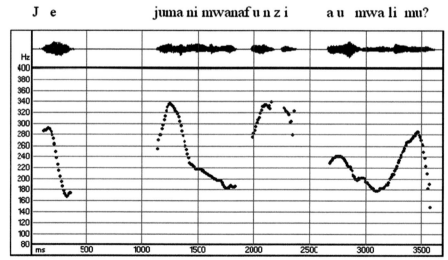

3.6.7. 부가 의문문

부가 의문문은 평서문 끝에 그렇지 않은지 묻는 꼬리표를 하나 추가하여 만든다. 스와힐리어는 앞의 문장 전체에 대한 부정을 가정하는 질문으로 sivyo를 쓰는데 이는 si '아니다'라는 부정을 나타내는 계사(Copula)와 vyo '사물들'을 연결하여 쓴다. 앞 문장에 따라 전체적인 질문의 억양이 달라지지만, 끝에 붙는 sivyo 부분은 똑같이 높게 올라갔다가 급히 내려온다. 두 음절밖에 되지 않기 때문에 급격한 억양의 강등이 있다. 남성의 발음에 대한 스펙트로그램, 파장, 억양곡선 그림이다.

(56)　Nimeshakupa　　　　zoezi　　　yote,　　　sivyo?
　　　1sg.ppt-2sg obj-Vr-fv　cl.9-N　　cl.9-poss　neg.CP-cl.8
　　　I have given　　　　homework　any　　　is it not true
　　　저는 숙제를 모두 내었어요, 안 그런가요?

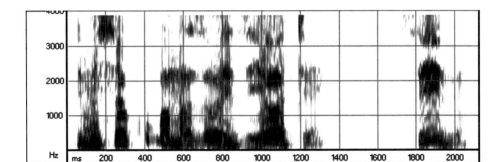

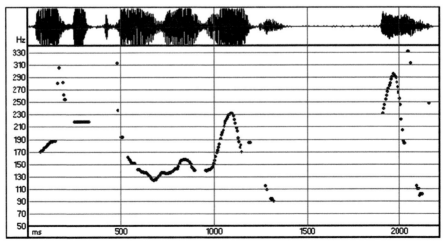

다음 (57)도 비슷한 부가 의문문으로 좀 더 긴 발화에 대한 억양곡선이다.

(57) Wewe   ni   mwanafunzi   hapa   Chuo   Kikuu,   sivyo?

2sg.Pro   Cp   cl.1-N   cl.16-Dem   cl.7-N   cl.7-Adj   neg-cl.8

You   are   student   here   college   big   is it not true

당신은 여기 대학교 학생이죠, 아닌가요?

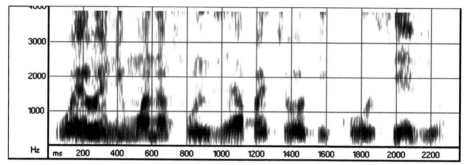

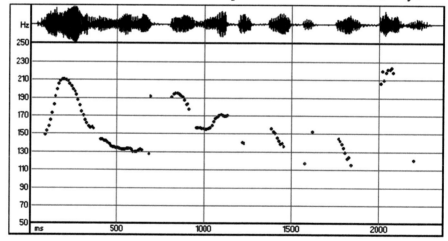

스와힐리어는 보통 문장의 주어는 생략하고 동사구의 주격 형태소로 대신한다. 그러나 주어가 분명하게 들어갈 때는 그 주어를 뚜렷하고 높게 발화한다. 그래서 그림에서 보듯이 첫 단어인 2인칭 대명사 wewe '당신'은 높은 억양을 가진다. 이 문장도 평서문의 끝에 부가어를 달아서 부가 의문문을 만들었기 때문에 마지막 단어 sivyo의 억양은 높이 올라갔다 급히 내려온다. 마지막 음절의 하강이 녹음상으로 또는 성대 진동이 희미해서 잘 표시되지 않았다. 이 그림은 남성의 발음에 대한 스펙트로그램, 파장, 억양곡선 그림이다.

스와힐리어에서 많이 사용하는 부가 의문문 중에 하나가 Na wewe, je? '그런데 당신은요?'라는 표현이다. 이 표현은 독립된 문장으로 보기보다는 같은 억양 구문 안에 있는 것처럼 보이므로 여기서 한 가지 비슷한 예를 보고자 한다. 억양의 앞부분과 부가된 억양 부분의 사이가 200-250ms 정도로 짧고 앞 억양이 완전히 끝나지 않은 상태에서 부가한다. 이 문장은 남성의 발음이다.

(58)

Kule	Afrika	kuna	desturi	nying
cl.17-Dem	PN	cl.17-Vr-fv	cl.10-N	Adj
There	Africa	is	custom	many
za	arusi,	na	hapa,	je?
cl.10-Conn	cl.10-N	Conj	cl.16-Dem	Intj
of	wedding	and	here	how about

아프리카에는 결혼 풍습이 다양한데, 여기는 어떤가요?

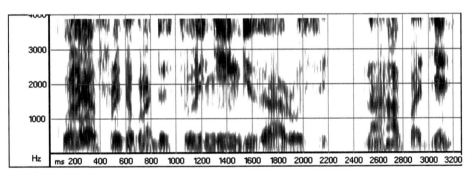

k u le a fri ka ku na des tu ri nyi ngi z a a ru s i   n a h a p a j e

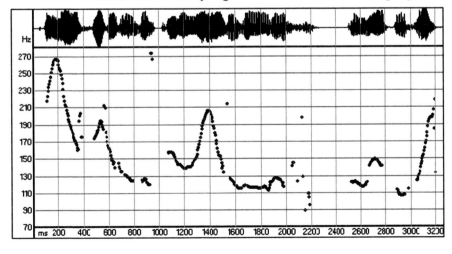

3.6.8. 접속사 의문문

다음 그림은 단순한 두 동사구 또는 두 문장을 접속사 na '그리고'로 연결한 의문문에 관한 것이다. 여성이 질문한 문장의 스펙트로그램과 파장과 억양곡선이다. 여기서 보면 단순한 문장의 연결이기 때문에 비록 의문사로 끝나는 문장이지만 끝이 많이 올라가지 않고 전체적으로 억양이 점점 내려가는 모양을 보인다. 마지막 부분은 의문사를 위해서 약간 올렸다 내렸다.

(59)	Mariamu	ni	mototo	na	anasema	"Shikamoo"?
	PN	Cp	cl.1-N	Conj	3sg.pres-Vr-fv	N
	Mariam	is	child	and	she says	Shikamoo

마리암은 아이라서 '시까모'라고 인사합니까?

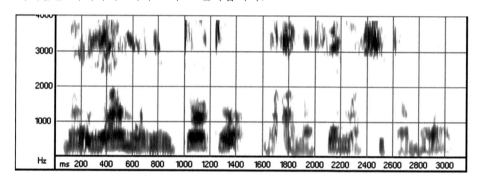

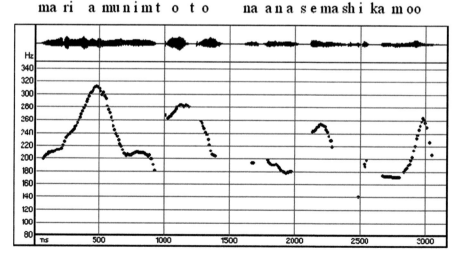

3.6.9. 간접 의문문

다음 그림은 동사구 안에 의문문을 포함한 문장으로 간접적으로 질문을 하는 구조이다. 내포 의문문이면서 간접 의문문이라고 할 수 있다. 동사 anataka의 목적어인 부정사 kujua가 다시 목적어를 문장으로 가지는 경우이다. 그 문장이 완전한 의문사 의문문이다. 여성이 질문한 문장의 스펙트로그램과 파장과 억양곡선이다.

(60) Mwalimu   anataka   kujua   wewe   watoka   wapi.
     cl.1-PN   3sg.pres-Vr-fv cl.15   2sg. Pro 2sg.pres-Vr-fv Qw
     Teacher   he likes   to know   you   come from   where
     선생님은 당신이 어디서 왔는지 알고 싶어하십니다.

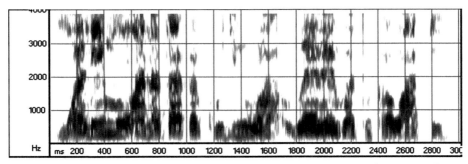

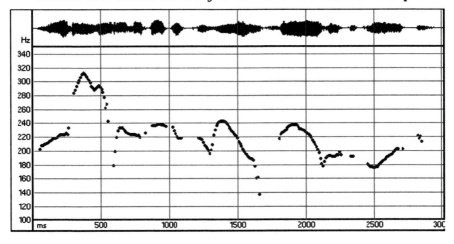

이 문장은 크게 두 억양구로 나누어지는데 Mwalimu anataka kujua와 wewe watoka wapi 이다. 시작하는 단어를 높이 올리고 그 억양구의 마지막 단어 kujua의 강세음절을 약간

올렸다 내리면서 첫 억양구가 끝남을 표시한다. 그리고 약간의 휴지기간을 두고 나서 둘째 억양구를 시작한다. 마찬가지로 둘째 억양구는 새로운 시작이므로 약간 올려서 시작하며 끝 단어를 올렸다 내린다. 특히 마지막 단어가 의문사이기 때문에 간접 의문문 이지만 상당히 높이 올라갔다 살짝 내려온다. 스와힐리어 의문문은 앞의 여러 문장에서 보았듯이 보통 끝을 높이 올렸다가 꺾어 내리고 마친다.

3.7. 가정법

3.7.1. 가정법 평서문

(61)   Ni   lazima   wanafunzi   wasome   sasa.
       Cp   Adv   3pl.pres-Vr-fv   3pl.Vr-sbjn   Adj
       It is   necessary   students   study   now
       지금 학생들이 공부하고 있어야 합니다.

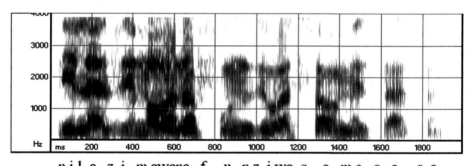

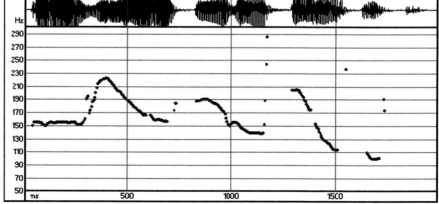

이 그림을 보면 Ni lazima, wanafunzi, wasome sasa처럼 세 억양단위로 나누어지는 것처럼 보인다. 실제로 각 부분의 끝 부분을 상당히 많이 내리면서 발화한다. 각 부분에서 억양이 높은 부분은 모두 끝에서 둘째 음절로서 강세를 받는 부분들이다.

3.7.2. 가정법 의문문

다음 문장은 앞의 문장과 달리 끝 부분이 의문문이다. 그래서 의문의 억양구가 뚜렷이 보인다. 최대한으로 나누면 Ni lazima, uende, kumwona, tena로 구분이 되지만 크게 둘로 나눈다면, Ni lazima uende, kumwona tena로 나눌 수 있을 것이다. 둘 사이에 최대한의 휴지기(Pause)를 볼 수 있다.

(62) Ni   lazima   uende   kumwona   tena?
      Cp   N   2sg-Vr-sbjn Vinf-3sg.obj-Vr-fv   Adv
      It is   necessity   you go   to see him   again
      당신이 다시 가서 그 사람을 봐야 합니까?

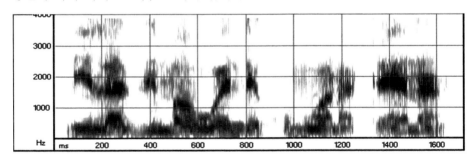

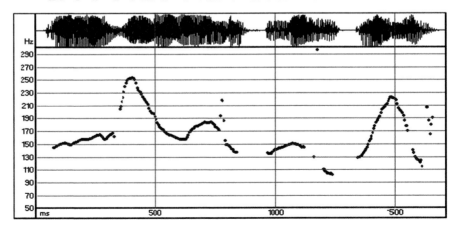

3.8. 부정문

3.8.1. 부정 평서문

간단한 부정문으로 주어가 없이 동사와 목적어가 있는 문장으로 남성의 발음이다. 시제가 현재형이며 긍정 평서문의 2인칭 주격은 wa인데 이것의 부정형은 hawa이다. 끝에 '가지다'의 뜻인 na가 붙어 강세를 받으면 긍정은 wána, 부정은 hawána가 되어 억양 모양이 달라진다. 그리고 마지막 단어의 끝에서 둘째 음절 즉 강세 있는 음절부터 올라 갔다가 내려오는 것은 평서문의 기본 억양 형식이다.

(63) Hawana   pesa   nyingi.
      3pl.neg-Vr-fv   cl.10-N   cl.10-Adj
      They do not have   money   a lot
      그 사람들은 돈이 많이 없어요.

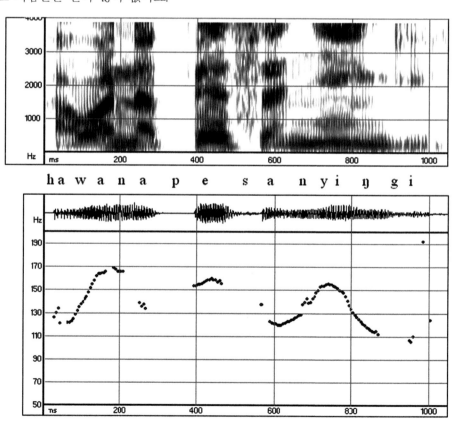

다음 (64)의 문장도 부정문인데 의문문 Umelifanya zoezi lako? '네 숙제 다 했니?'에 대한 대답으로 Sijalifanya zoezi bado '아직 숙제를 하지 않았다'이다. 스와힐리어의 부정 표시는 동사구에 주격과 시제로 표시된다. 긍정문과 부정문의 동사구에 추가적인 음절이 없기 때문에 긍정문과 별로 차이가 없는 억양을 가진다. 보통 현재시제 이외에는 주격이나 시제 형태소에 강세가 자주 오지 않기에 더욱 부정의 표시가 잘 드러나지 않는 이유가 되기도 한다. 물론 부정문의 끝에 있는 bado '아직'이 최종적 어휘가 되어 문장 주강세를 받고 문장을 마치는 억양으로 보편적인 상승 후 하강 곡선을 가진다.

(64) Sijalifanya   zoezi   bado.
       1sg.neg-ppt-cl.5obj-Vr-fv   cl.5-N   Adv
       I have not done it   homework   yet
       아직 숙제 하지 못했어요.

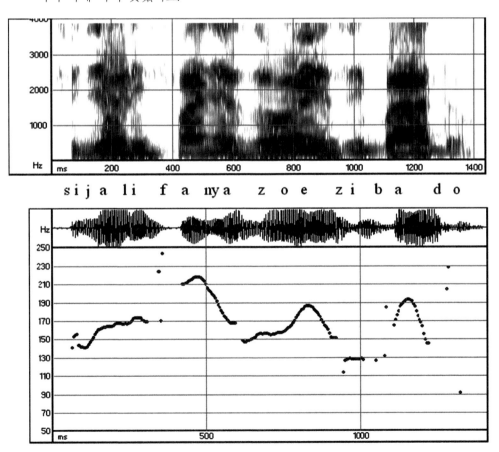

통사론적으로는 Sijalifanya의 목적어가 zoezi이므로 같이 붙어 있어야 하지만, 그림에서 보듯이 억양의 모양은 그렇지 않다. Sijalifanya와 zoezi bado로 나누어진다. 600ms 지점 에 둘 사이의 뚜렷한 억양 차이가 있다.

3.8.2. 부정 의문문

(65) Q: Mbona   hujalipa   zoezi   lako?
       Intj   2sg.neg-ppt-cl.5obj-Vr-fv   cl.5-N   cl.5-poss
       Well,   you have not given it   homework   your
       저기, 네 숙제 안 냈니?

     A: Sijalifanya zoezi   bado.
       1sg.neg-ppt-cl.5obj-Vr-fv   cl.5-N   Adv
       I have not done it   homework   yet
       아직 숙제 못했어요.

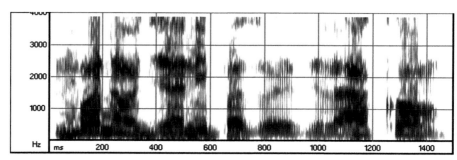

m b o n a   hu ja li p a z o e z i l a k o

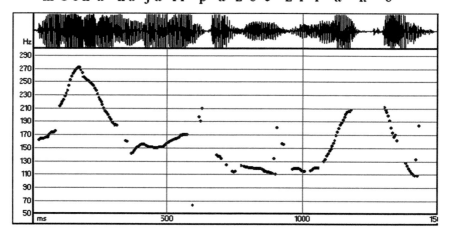

(65)와 같이 부정을 뜻하는 성분이 통사적으로 포함되어 있어도 억양곡선에 있어 긍정 문과 별 차이가 없다. 다만 이 문장에서 시작부분에 사람을 부르는 감탄사 Mbona가 있는데 이것도 별 영향이 없다.

3.8.3. 부정 평서문의 연속

(66) Wao   si   wakulima   au   wavuvi;

cl.2-Pro   neg. Cp   cl.2-N   Conj   cl.2-N

They   are not   farmers   or   fishers

저 사람들은 농부나 어부가 아니다.

Hawalimi   na   hawavuvi   samaki.

3pl.neg-pres-Vr-fv   Conj   3pl.neg-pres-Vr-fv   cl.9-N

They do not farm   and   they do not catch   fish

저 사람들은 농사를 짓지도 않고 고기를 잡지도 않는다.

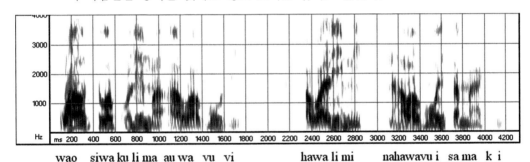

두 문장이 밀접히 연결된 문장이고 또 선택의 표현이 두 번 들어 있다. 앞의 부정문에서 au '또는'이나 뒤의 부정문에서 na '그리고'는 같은 뜻을 가진다. 두 번째 부분을 시작하기 전인 1800-2300ms 사이에 충분한 휴지기간이 있고 또 설명을 하는 문장이므로 마지막부분을 분명히 말할 필요가 있다. 그래서 억양이 뒤쪽이 더 높게 나타났다.

3.8.4. 부정 명령문

(67) Lazima   msisahau   kuvileta   kesho.

Adv   2pl.neg-Vr-fv   cl.15-cl.8 obj-Vr-fv   cl.9-N

Necessary   you do not forget   to bring them   tomorrow

내일 그것을 가져오는 것을 잊어서는 안 됩니다.

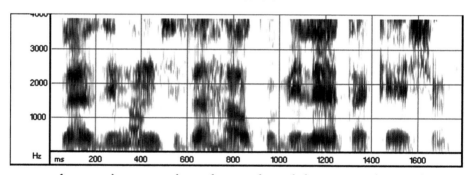

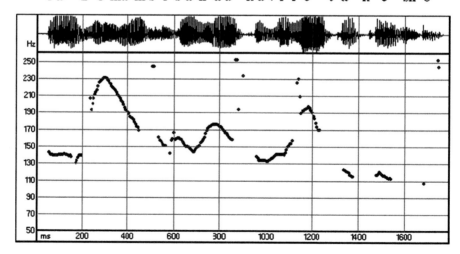

이 문장은 '뭘 하지 마라'는 명령문인데 부사어로서 Lazima를 문장 첫머리에 쓰고 동사구를 가정법으로 써서 표현했다. 이때 Lazima의 억양을 분명하고 높게 발음하는데 둘째 음절이 높이 올라갔다. 또한 msisahau의 성분은 {2pl.neg-Vr-fv}인데 여기서 sahau는 아랍어 차용어로 동사가 마지막 모음이 /a/로 되어 있지 않기에 /e/로 바꾸지 않고 그대로 두었다. 마지막 부사 kesho는 의미상 이미 청자가 인지하는 내용이므로 덜 중요하기에 그 앞의 kuvileta에서 문장 마지막 상승하강조를 표시했다. kesho는 이미 앞 단어에서 내려오는 억양을 그대로 따를 뿐이다. 전체적으로 명령문은 끝을 분명히 내리는 억양을 보이는데 언어보편적이라고 할 수 있다.

3.9. 명령문과 감탄문의 연속

다음은 명령문에 따른 설명적 감탄문이 이어오는 문장인데 세 개 연속으로 나열된 구조의 억양을 그린 것이다.

(68)　Ombeni!　　　　Nani　　　mtapewa;

　　　Vr-2pl.comm　　Qw　　　2pl-fut-Vr-pass-fv

　　　ask　　　　　　anyone　　you will be given

　　　구하라, 주실 것이요,

　　　Tafuteni!　　　Nani　　　mtaona;

　　　Vr-2pl.comm　　Qw　　　2pl-fut-Vr-fv

　　　seek　　　　　 anyone　　you will see

　　　찾으라, 찾을(볼) 것이요,

　　　Bisheni!　　　 Nani　　　mtafunguliwa!

　　　Vr-2pl.comm　　Qw　　　2pl-fut-Vr-pass-fv

　　　knock　　　　　anyone　　it will be opened to you

　　　문을 두드리라, 열릴 것이니라.

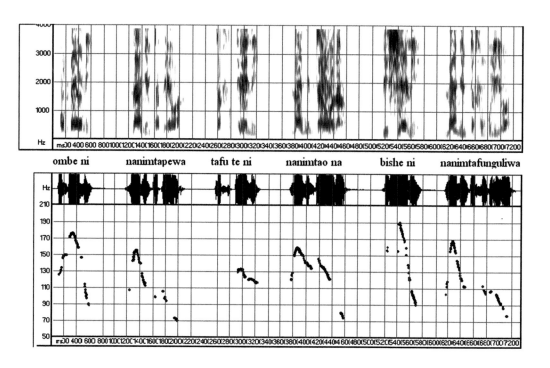

위의 문장은 통사적으로 Ombeni, Nani, mtapewa처럼 세 부분으로 구성되어 있지만, 억양곡선은 두 부분, 즉 Ombeno와 Nani mtapewa로 구분된다. 그림에서 보듯이 Nani와 mtapewa 사이에는 틈이 거의 없다. 이것은 2인칭 복수에게 명령하는 문장으로서 동사의 어미가 eni로 되어 있다. 물론 잇따르는 감탄문의 주어는 의문사 '누구'를 가리키는 Nani가 '누구든지'의 뜻을 가지지만 이 문장 동사구의 주격은 2인칭 주격인 m으로 되어 있다. 예를 들면, 첫째 문장의 mtapewa '당신들이 받을 것이라'로 되어 있다. 세 가지 댓구가 되는 문장이므로 그 사이에 휴지기간을 똑같이 두었다. 명령문과 감탄문의 조합 니므로 모두 뚜렷한 하강곡선을 보인다.

3.10. 복합문

다음은 긴 문장으로 접속사, 복합시제, 전치사구 등 여러 가지가 섞인 문장을 보여준다. 긴 문장이고 공간이 맞지 않아 약간 발음위치가 정확하지 않은 곳이 한두 군데 있으나 충분히 추적할 수 있다.

(69) Kwa   hivyo   utawaona   waswahili   wakisherehekea   arusi

　　　Prep   Dem   2sg-fut-obj-Vr-fv   cl.2-N   2pl-sbjn-Vr-fv   cl.9-N

　　　For   those   you will see   Swahili people   to celebrate   wedding

그래서 여러분은 스와힐리 사람들이 결혼식을 하는 것을 볼 것입니다.

tofauti   kuliko   wakikuyu   au   wamasai.

Adj   Prep   cl.2-N   Conj   cl.2-N

different   from   Kikuyu people   or   Maasai people

키쿠유 사람이나 마사이 사람들과 다른

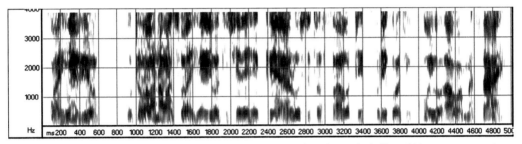

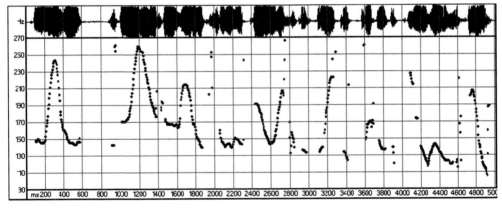

이 (69) 문장에 대한 억양곡선을 보면, Kwa hivyo는 600ms에서, arusi는 2870ms에서 억양이 내려갔다가, 그 다음에서 새로운 억양구가 시작됨을 짐작할 수 있다. Kwa hivyo 다음에는 휴지기간도 충분히 길다. arusi와 tofauti 사이에는 분명한 휴지기가 없지만, tofauti의 강세받는 둘째 음절이 arusi의 둘째 음절보다 더 높이 올라간다는 점에서 새로운 억양구가 시작됨을 알 수 있다.

　　다음 (70)은 명령문에서 동사의 목적어가 관계대명사로 연결된 문장으로 여성의 발화이다.

(70)　Toa　　　　　mfano　　　　　　mmoja　　　　wa　　　　mji

　　　　V-comm　　　　cl.9-N　　　　　　Adj　　　　　Conn　　　　cl.3-N

　　　　Give　　　　　example　　　　　　one　　　　　of　　　　　city

　　도시 하나를 예를 들어 주세요.

　　　　ambao　　　　ulianza　　　　　wakati　　　　wa　　　　ukoloni.

　　　　rel-cl.3　　　　cl.3-pst-Vr-fv　　cl.14-N　　　Conn　　　cl.14-N

　　　　which　　　　started　　　　　during　　　　of　　　　colony

　　식민지 시기에 시작한.

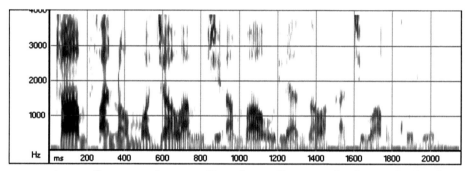

toa m fa no mmoja wa m ji ambao u lia nzawaka ti wa u ko lo ni

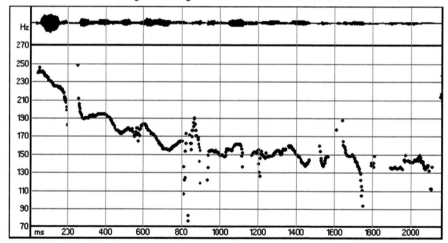

억양이 전체적으로 관계대명사로 연결되어 있지만 뒤쪽에 배치된 전치사구 등도 문장
에서 중요성이 적은 서술형으로 되어 있어 지속해서 내려가는 강등현상을 보인다.

다음 (71)은 전치사구와 같은 구조와 접속사가 이끄는 문장이 있는 구조에 대한 억양이다. 특히 여기에서는 13개 단어로 구성되어 있지만 억양곡선을 보면 lakini leo, mama Juma, hakuzungumza na rafiki zake, kwa sababu, hakuwa na nafasi처럼 다섯 개의 억양마디(Intonation Phrase)로 나뉘는 것을 볼 수 있다.

(71)   Lakini   leo   mama   Juma   hakuzungumza   na   rafiki   zake
         Conj   Adv   cl.1-N   PN   3sg.neg-pst-Vr-fv   Conj   cl.10-N   cl.10-3 sg.
         But   today   mother   Juma   didn't talk   with   friends   her
         그러나 오늘 주마엄마는 친구들과 이야기 하지 않았다.

         kwa   sababu   hakukuwa   na   nafasi.
         Prep   cl.9-N   3sg.neg-pst-Vs
         of   because   she wasn't   with   time
         왜냐하면 시간이 없어서.

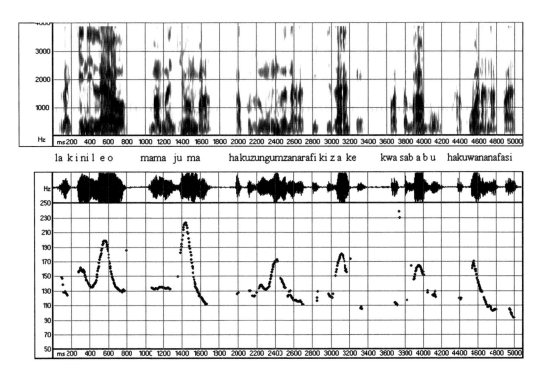

3.11. 억양강등현상

스와힐리어는 지금까지 보았듯이 문장의 시작에서부터 끝으로 갈수록 억양의 강등현상(Downdrift)이 두드러진다. 문장의 시작에서는 억양이 높다가 점점 낮아지는 현상인데 앞쪽 억양마디의 최고점보다 다음 억양마디의 최고점이 일정한 정도씩 낮아지는 현상이다. 억양강등은 접속사가 들어가거나 억양의 초점이 생기거나 강조되는 어휘가 있으면 억양강등은 거기서부터 다시 시작하기도 한다.

(72) Tafadhili   niletee   wali   kwa   kuku.
      부사   동사구   목적어   접속사   명사
      Please   bring me   rice   with   chicken
미안합니다만 제게 밥과 닭고기를 갖다 주세요.

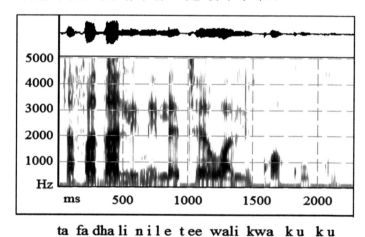

억양강등은 문장이 길어짐에 따라 발화에 필요한 호흡이 부족한 것이 중요한 요인이지만 모든 언어에 있는 현상은 아니므로 개별언어의 특징이 될 수 있다. 한국어의 경우 경상도 말은 억양강등이 분명하여 앞쪽 마디는 잘 들리고 뒤로 갈수록 잘 약하게 들린다. 반면, 서울방언의 경우 처음이나 나중이나 비슷하고 이따금씩 뒤쪽이 더 뚜렷한 올림조로 억양을 발화하는 경우가 있다. 스와힐리어는 억양강등이 자연스런 현상이라고 할 수 있다.

이 그림에서 스펙트로그램을 보면 문장의 뒤로 갈수록 명암이 흐려지는데 이는 입 밖으로 나오는 호흡의 양이 줄어들어 소리가 작아지는 것을 가리킨다. 둘째 그림에서는 억양곡선이 어떤 단계를 두고 지속적으로 내려오는데 이것은 소리의 높이가 낮아짐을 보여준다. 억양강등현상은 소리의 크기와 높이가 점차 줄어드는 현상이 동시에 일어난다. 전체 문장의 발화가 Tafadhali, niletee, wali kwa kuku로 세 등분으로 나눠지는 억양을 보이며 각각은 약간씩 올라갔다가 점차 내려온다. 그러나 전체적으로는 지속적으로 내려오는 모양을 보인다. 심지어 마지막에는 분절음의 특징적인 요인도 있지만 억양이 끊기듯이 보인다.

3.12. 스와힐리어 음향음성학의 결론

지금까지 스와힐리어 음성을 기계로 분석하여 설명하였다. 이러한 방식의 연구는 이전에 거의 없던 방식이다. 이 장에서 다룬 스와힐리어의 기본 5모음 표본을 가지고 포먼트를 찾아보고 모음의 위치를 그래프로 그려 보았다. 이러한 방식의 서술이 앞으로의 개별 또는 지역별 스와힐리어 변이들에 대한 연구에 도움을 줄 것으로 보인다. 또한 자음의 여러 특징적인 현상들도 개략적으로 살펴보았는데 이러한 자음적 특징에 대한 음향음성학적 분석은 현시대적 혹은 역사적 음운론적 현상과 맞물려 좋은 연구방법을 제시할 것으로 보인다. 특히 스와힐리어에 있는 많은 방언들이 다양한 변이를 보여주고 있으며 이는 음운론적 현상이 음성에 반영되어 나타나기 때문에 많은 연구가 가능하다.

스와힐리어는 또한 형태적으로 교착성이 강하기 때문에 많은 형태음운론적 현상이 생기는데 앞으로 어떤 현상이 새로이 시작될지 모르기 때문에 미세한 음성 변화나 발화습관도 음향음성학적 분석 방법으로 증거를 제시할 수 있을 것이다. 특히 비단선적 음운론, 운율음운론적 현상과 통사구조와 관련한 억양과 음운변이와의 상호관계 등도 음향음성학적 분석을 통해 더 분명한 증거를 제시할 수 있을 것이므로 연구에 도움이 될 것이다.

소리를 발음할 때 목청이 떨리는 정도를 측정하는 성문 파형 검사기(Electroglottography), 혀가 입천장의 어느 부위에 접촉하는지와 연쇄 또는 중첩되는 부분에 대한 시간상의 변화를 관찰할 수 있는 전자 구개도 검사기(Electropalatography), 구강과 비강으로 나오는 공기의 양을 측정하는 호흡량 측정 마스크(Respiratory Mask) 등을 더 사용한다면 정밀한 실험음성학적 언어병리학적 연구도 가능하다.

실험음성학적 연구로서 이 장에서 다루지 못한 내용으로는 청취음성학 또는 심리음성학 분야이다. 스와힐리어의 여러 말소리를 듣고 청자가 느끼는 정도의 차이나 변별적인 요소의 정도 차이 등에 대한 연구는 진행하지 못하였다. 이와 함께 미세한 억양 차이, 강세 차이, 길이 차이, 속도 차이, 비음성의 정도 차이 등등도 음성학 연구에 중요한 연구 대상인데 앞으로 더 연구가 필요하다.

제4장 스와힐리어의 음운론

4.1. 음절구조와 음절이론

스와힐리어의 음절구조는 가장 보편적인 것이 CV이며, NCV, CCV나 CVC, CVN과 같은 모양이 발견되나, 모음 뒤나 자음 앞의 자음 혹은 겹자음이 같은 음절(Tautosyllable)에 속하기도 하고 다른 음절(Heterosyllable)에 속하기도 하여 구별되는 현상이 있다. 반투어 재구어(Proto-Bantu)에서처럼 스와힐리어의 역사에서 CV음절이 엄격히 지켜졌다는 여러 증거들이 있다. CV음절만 허용될 경우 받침(Coda)도 금지되기 때문에 이를 지키기 위한 여러 방법이 채택되어 왔다. 예를 들어, 모음으로 시작하는 음절이 허용되지 않기 때문에 jicho jingine '다른 눈, the other eye'와 jicho _zuri '좋은 눈, a good eye'의 형용사어간 ingine와 zuri은 각각 명사 일치를 위한 다른 접두사를 가지고 있다. ingine는 모음으로 시작하기 때문에 원래의 접두사 ji가 붙어서 i가 생략되어 CV를 이루었고, zuri의 경우에는 이미 CV의 모양을 갖추었기 때문에 ji라는 접두사가 통째로 떨어져 나갔다. 즉 접두사를 붙이지 않는다. 스와힐리어의 명사부류 중에서 5부류에 속하는 명사와 그에 따르는 형용사는 같은 접두사를 쓰지만 자음으로 시작하는 어간이면 그 접두사가 탈락한다.

　모든 언어는 어느 정도 다른 언어나 방언과 접촉하면서 발전한다. 스와힐리어는 오랜 기간 동안 인도어와 아랍어와 접촉했고 또 그보다는 짧은 기간이지만 수세기 동안 유럽어와도 접촉했다. 외국어를 빌려올 때 대부분의 경우에 원래 언어에 적응되는 과정에서 여러 가지 다른 방식으로 변화를 겪는다. 어느 언어에서 왔는지에 따라 새로운 언어 환경에 적응하는 데 시간이 걸리고 이 빌려온 말은 상당히 쉽게 구별된다. Zawawi (1979)에 따르면 스와힐리어의 문법 전반에 걸쳐 변화가 있고 또 차용어의 영향이 커졌기 때문에 단순히 이전의 잣대에 맞춘 문법 설명을 피하고 현대에 일어나는 현상에 대한 적극적인 수용의 자세로 언어를 기술하기를 주장하고 있다. 예를 들면, 스와힐리어에서 CVC음절은 예외적인 것으로 보아왔다. 그러나 점점 더 이러한 구조를 가진 어휘나 음절 사용이 늘어나기 때문에 이에 대한 처리가 달라져야 한다는 것이다. 예를 들면, 외래 이름인 Kasim은 Kasimu라고 발음해 왔고 표준으로 여겨 왔던 전통을 언제까지 유지할 것인지, 아니면 변화를 주어서 Kasim도 표준으로 볼 것인지에 대해 문법학자들이 결정을 하고 사용자들이 자유롭게 쓸 수 있도록 할 것인지에 대해 논쟁거리가 될 수 있다. 스와힐리어의 특징적인 음절 제약 때문에 많은 새로운 음절모양을 거절하거나 배척되고 있는 것이 사실이나 앞으로 자음군을 가진 음절도 생겨날 수 있기 때문이다. 예를 들면 task를 /tasiki/로 할 것인지 아니면 영어식 발음 그대로 /task/로 하거나 /taski/로 할 것인지 곧 문제가 될 것이다.

음절구조뿐만 아니라, 음소배열제약(Phonotactics)도 변화가 있다. shtaki '모함하다'의 경우에 스와힐리어나 영어에서 볼 수 없는 특별한 자음군 즉 /ʃt/를 볼 수 있는데 마치 독일어의 음소연속처럼 보인다. 이러한 것도 수용할 수 있는 음운론적 설명의 변화가 필요하다.

지금까지 스와힐리어의 음운론, 형태론, 역사언어학에서 항상 중요하게 여겨졌던 문제는 비음선행자음의 음절성 유무, 장모음의 음절 수 혹은 모라(Mora) 계수, 보상적 장음화(Compensatory Lengthening)의 유무, 새로 들어온 음절말 자음의 종성(Coda) 여부 등이었다. 이러한 문제는 스와힐리어의 강세부여, 문학의 시에 사용되는 음절계수, 말놀이에서 음절의 나눔이 어떻게 되는지 등으로 분석할 수 있고, 또 음절구성 혹은 어휘구성에 음소배열제약을 통해서도 살펴볼 수 있다. 음절계수는 또한 스와힐리어에서 특히 중요성이 있는 최소단어요건을 충족하기 위해 같은 음이 여러 가지로 재음절화하기 때문에 흥미로운 사실을 보여준다. 여기에서 이러한 여러 문제를 제시하고 해결 방안을 찾아본다.

4.2. 장음의 음절계수

세계 언어에서 장모음을 가진 CV:와 단모음을 가진 CV는 길이도 다르고 음운현상에서 다르게 취급될 때가 많다. 장모음을 가진 음절은 더 쉽게 강세가 부여되고, 단모음을 가진 음절과는 달리 CVC와 같이 종성이 있는 음절과 같이 취급되기도 한다. 또한 어떤 언어에서는 길이 단위인 모라 계수에 있어서도 장모음 음절은 2개로 계산된다. 동부반투어로서 말라위에서 쓰는 치체와(Chichewa)의 경우 단어의 끝에서 두 번째 음절에 장모음화가 일어나고, 장모음은 두 모라를 가진 무거운 단음절(Bimoraic Heavy Monosyllable)을 형성한다(Kanerva 1990: 40-41, Kulemeka 1993: 112-128). 또한 우간다에서 쓰는 루간다(Luganda)에서는 명사와 동사어간이 최소한 두 모라를 가져야 한다 (Hyman & Katamba 1990: 13-14). 이 언어에서는 두 모라를 가진 장모음이 한 모라를 가진 단모음으로부터 쉽게 파생되어 나온다. 두 가지 모두 똑같이 단음절을 형성한다. 스와힐리어에서도 단모음과 장모음은 분명히 대조적인 모습을 보이는데 위의 언어들과 어떻게 다른지 다음 자료를 통해 보고자 한다.

(1)　　　a. 단모음　　　뜻　　　　　　　b. 장모음　　　뜻

a. 단모음	뜻	b. 장모음	뜻
cha	'cl.5-Conn'	chaa	'바닷고기 이름'
kuja	'오다'	kujaa	'배고프다'
pa	'주다'	paa	'지붕'
za	'cl.10-Conn'	zaa	'아기 배다'
jiwe	'돌'	wee	'너 (단수)'
uti	'뼈대'	utii	'굴종'
cho	'cl.7-아무'	choo	'변기'
ko	'cl.17-아무'	koo	'목'
kiuza	'cl.7-그걸 팔다'	kuuza	'팔다'

여기에서 보면 장모음을 가진 어휘는 한 가지 형태소에서 온 것도 있고 두 가지 다른 형태소의 결합을 통해서 온 것도 있다. 단모음도 물론 접두사와 결합할 때 모음이 생략됨으로써 단모음만 남은 경우가 있어 두 형태소로 구성된 것도 있다. 위에서 (1a)은 음성적으로 짧고 (1b)는 음성적으로 길게 발음된다. 특히 모음 두 개로 철자된 장모음을 가진 음절의 경우 모음을 발음할 때나 들을 때 그 가운데 아무런 휴지, 정지, 연결점도 없고 어떤 음절 초성에 가끔 찾아볼 수 있는 후두음 /ʔ/도 들어가 있지 않다. 다시 말해

형태소 하나에서 왔거나 둘에서 왔거나 간에 같은 모음 연속과 장모음에는 아무런 음성적 구분이 없다. 또 어떤 경우는 단순히 마지막 모음을 길게 하여 장모음을 만든 경우도 있어 파생된 장모음이 되기도 한다. 예를 들면, 스와힐리어의 2인칭 단수 대명사 는 wewe이다. 이것을 감탄적으로 표현한 것은 wee이다. 이것뿐만 아니라 다른 인칭에도 발견된다. 그래서 스와힐리어의 장모음에 대한 논의는 이같이 모라가 둘인 모음이 같은 음절에 속하는가 아니면 두 가지 다른 연속된 음절에 속하는가에 대한 것이다.

4.2.1. 역사적 변천에 의한 장모음과 차용어의 장모음

단모음과 장모음의 대조와 관련하여 먼저 장모음의 기원을 찾아보는 방법이 있다. 오늘 날 스와힐리어에 (2)와 같은 변이와 변천이 있다.

(2)	변이형과 변화형			뜻
a.	garagara	~	gaagaa	'땅에 치다'
	mbala	~	mbaa	'사슴 이름'
	mbele	~	mbee	'앞'
	Usambala	~	Usambaa	'장소 이름'
a'.	mng'aro	~	mng'ao	'밝음'
	zira	~	zia	'싫어함'
b.	Proto-Bantu		Swahili	
	*jàdà	>	jaa	'배고픔'
	*jùdú	>	juu	'위에'
	*kàdà	>	kaa	'살다'
	*kòdò	>	koo	'목구멍'
b'.	*júbà	>	jua	'알다'
	*yédù	>	yeupe	'흰'

먼저 (2a)에서 보듯이 현재 스와힐리어에 두 가지가 이형태로 다 쓰이는 경우이다. 모음 사이의 자음유무에 따라 단모음으로 된 두 음절도 되고, 장모음으로 된 단음절도 된다.

두 가지 모두 사용되며, 화자에게 똑같은 운율을 준다. (2a')의 예들은 (2a)와 마찬가지로 두 모음 사이에 자음이 들어 있거나 없거나인데 차이점은 인접한 모음이 다른 것이다. 앞의 것들은 자음이 없을 경우 같은 모음의 연속인 반면, 뒤의 것들은 다른 모음의 연속이 된다. 특이한 것은 이러한 매개 자음 유무가 변이형으로 나타나는 경우 그 자음이 여기서 보듯이 보통 /d, l, r]이라는 것이다. 즉 유성자음이나 유음이 약화되어 생략되는 모습을 보인다. (2b)와 (2b')도 같은 현상에 대한 설명이지만 과거형이나 재구형은 스와힐리어에 있지 않고 현대어에서는 모음 연속의 구조만 보인다. 이같이 두 모음 사이에 있던 자음이 탈락함으로써 장모음과 같은 모양으로 바뀌는 현상은 스와힐리어와 인접어에서 흔히 찾아 볼 수 있다. 언어별 방언별 차이에 대해 Nurse & Hinnebusch (1993)의 부록을 참조할 수 있다.

이러한 역사적 변화, 즉 원래 두 음절에 있던 독립된 모음에서 왔기 때문에 이 연속된 모음이 여전히 두 음절의 두 모음이라고 단정할 수는 없다.[6] 다음의 예들은 최근에 영어에서 빌려온 어휘로 장모음에 대한 인식을 볼 수 있다.

(3)		어원	스와힐리어	오류형
	a.	cell	seli	
		pin	pini	
		log	logi	
	b.	cake	keki	*keeki
		chart	chati	*chaati
		rail	reli	*reeli
		team	timu	*tiimu
		court	koti	*kooti
		corner	kona	*koonaa
		movie	muvi	*muuvii

---

6) Mpiranya(1995)는 이것을 최소크기가 두 음절이라는 주요 근거로 삼았다.

	어원	스와힐리어	오류형
c.	bar	baa	
	key	kii	
	no	noo	

스와힐리어 화자들은 기본적으로 장모음을 인식하지 않는 것처럼 보인다. (3a)의 예들은 원래 영어에서 단모음이며 스와힐리어에 차용할 때도 마찬가지로 단모음이다. (3b)의 경우에는 영어에서 보통 장모음으로 혹은 무거운 중모음으로 여겨지는 경우로 긴장모음이거나 이완모음과 자음 /r/로 된 예들이다. 그런데 차용어로 만들 때는 (3a)와 같이 단모음으로 받아들인다. cake를 /keki/라고 하지 /keiki/라고 하지 않는다. 반면 (3c)에서는 무거운 긴장모음을 장모음으로 인식하여 모음을 이중으로 채택했다. 이것들은 스와힐리어의 최소단어요건인 두 음절 요건을 충족시키기 위해 늘인 것이다. 흥미로운 것은 기원이 되는 언어에서 장모음이더라도 필요에 따라 장모음으로나 단모음으로 바꾸어서 채택한다는 것이다. 여기에 예를 제시하지 않았지만, 혹시 어떤 다른 언어에서 단모음의 단음절 단어를 스와힐리어에 차용어로 들어간다면 어떻게 될 것인지 알아보면 더욱 분명할 것이다.

4.2.2. 보상적 장음화 유무와 자유변이

보상적 장음화는 Clements(1986)가 선도적으로 루간다를 활용하여 제시하였다. 치체와, 키케레웨(Kikerewe), 킬레가(Kilega), 키쿠유(Kikuyu 또는 Gikuyu) 등 많은 반투어(Bantu)에 이러한 현상이 있음이 밝혀졌다. 보상적 장음화는 모음축약이나 모음융합을 통해 잃어버린 모라를 보충하는 과정이다. 다음은 치체와, 키지타(Kijita), 루간다의 예들이다.

(4)　　기저형　　→ 보상적 장음화　　뜻　　　　　　　　　　출처

   a.　ku-athu　　→ kwa:tu　　　'우리의'　　　　　　Chichewa
　　　　　　　　　　　　　　　　　　　　　　　　　　　　(Hubbard 1995)

   b.　i-amá-gwa　→ ya:mágwa　　'넘어지다, cl.9'　　Kijita
　　　　　　　　　　　　　　　　　　　　　　　　　　　　(Downing 1991)

   c.　ka-oto　　→ ko:to　　　'아궁이'　　　　　　Luganda
　　　　　　　　　　　　　　　　　　　　　　　　　　　　(Clements 1986)

   d.　abakulu-aba-o　→ abakulwa:bo　'저 어르신들'　　Luganda
　　　　　　　　　　　　　　　　　　　　　　　　　　　　(Clements 1986)

   e.　ba-n-goba　→ ba:ngoba　　'저들이 나를 쫓아온다'　Luganda
　　　　　　　　　　　　　　　　　　　　　　　　　　　　(Clements 1986)

(4a)에서는 소유격 접두사 ku와 1인칭복수 소유격의 결합으로 생기는 활음화현상(Glide Formation)에서 모음 /u/가 가지고 있던 모라를 잃게 됨으로써 그 보상으로 복수형태소의 첫 모음 /a/가 한 모라를 보상받아서 길어졌다. 결국 원래의 모라 수가 결합한 새로운 형태소에도 그대로 남아있게 된다. (b)의 키지타에서도 마찬가지로 이번에는 명사부류 9번의 접두사인 /i/와 이어서 오는 동사어근의 첫 모음이 연결됨으로써 구개활음인 /y/가 되어 모라를 소실하게 된다. 이것을 보상하기 위해 앞서와 같이 모음에 모라가 두 개가 된다. (4c)의 경우는 앞선 음절의 모음이 생략됨으로써 그 보상으로 그 다음 모음이 모라를 보상받는 경우이고, (4d)는 (4a-b)와 마찬가지이다. (4e)는 첫 음절에 있던 자음 /n/이 가지고 있던 모라가 비음선행자음이 되는 과정에서 모라가 사라지게 되는데 이를 앞 음절이 보상받았다. 비음선행자음은 보통 음절의 초성이 되기 때문에 모라가 없다.

　스와힐리어에서는 흥미롭게도 이러한 현상이 없다. 다음 (5)의 예에서 보듯이 모음융합이 일어나도 길어지는 현상은 음운론적이 아니라 음성적이며 자유변이로 여겨진다.

	(5)	기저형		융합과 장음화	뜻
	a.	vi-omboni	→	vyombo(:)ni	'그릇 안에'
		mu-enzi-angu	→	mwenza(:)ngu	'동반자'
		ma-ingine	→	mengi(:)ne	'다른 것들'
	b.	ku-ote	→	ko(:)te	'곳곳에'
		ku-anza	→	kwa(:)nza	'먼저'
		ni-li-mu-ona	→	nilimwo(:)na	'그 사람을 봤다'

(5a)의 예는 첫 음절에서 고모음 /i/와 명사어근의 시작인 모음과의 연결에서 일어나는 활음화 과정이다. 여기서는 전혀 변이로도 장음화가 일어나지 않는다. 반면 자연스럽게 일어나는 자유변이는 끝에서 둘째 음절 즉 자동강세부여 장소이다. 끝에서 셋째 음절은 강세부여장소가 아니어서 음이 길어지지 않지만, 접사가 붙는 과정에서 생긴 모음의 소실 혹은 활음화 과정에서도 전혀 보상이 되지 않는다. (a)의 세 번째 예에서는 모음 두 개 즉 /a-i/가 /e/로 바뀌는 융합 과정에서도 장음화는 일어나지 않는다. 활음이 생기지 않음도 마찬가지다. (b)에서는 (a)와 같은 음운현상이지만 자유롭게 장음화가 생긴다. (a)에서도 같은 환경에서 같은 현상이 일어났다. 이것이 보상적 장음화가 아니라 자동강세부여 장소이기 때문이라고 할 수 있다. 이같이 보상적 장음화가 일어나지 않는 것을 볼 때 모음 두 개로 표기된 장음은 같은 음절에 있는 모음이 아니라는 좋은 증거가 된다. 다시 말해, 같은 음절에는 장음이 생기기가 어렵고 생긴 것은 자유변이이며 그것도 강세를 받는 끝에서 두 번째 음절에서만 관찰되기 때문이다. 다음 예들은 다소 규칙적으로 장음화가 일어나는 예들이다. 그 환경은 똑같이 비음선행자음 앞에서이다.

	(6)	단음		장음화	뜻
		kamba	~	ka:mba	'끈'
		anza	~	a:nza	'시작하다'
		upande	~	upa:nde	'옆'
		vunja	~	vu:nja	'깨다'
		jenga	~	je:nga	'짓다'

또한 이들은 모두 끝에서 두 번째 음절에 위치하고 있어 자동강세부여 위치이기도 하기 때문에 음운적 현상이 아니라 음성적 변이로 보인다. 이 음절 위치가 아닌 경우 즉 (5a)의 경우에는 비음선행자음 앞에서 여건상 보상적 장음화가 일어나야 하지만 일어나지 않았다는 것을 볼 때, 스와힐리어의 장음화는 끝에서 두 번째 음절에 국한된 것으로 볼 수밖에 없다. 그래서 (6)의 자료는 스와힐리어의 보상적 장음화를 제시하는 증거가 될 수 없다. 이것은 곧 스와힐리어에는 음소로서의 장음이 없다는 뜻이 된다.

(7) CVV > CV로 바뀐 언어 © Nurse & Hinnebusch 1993

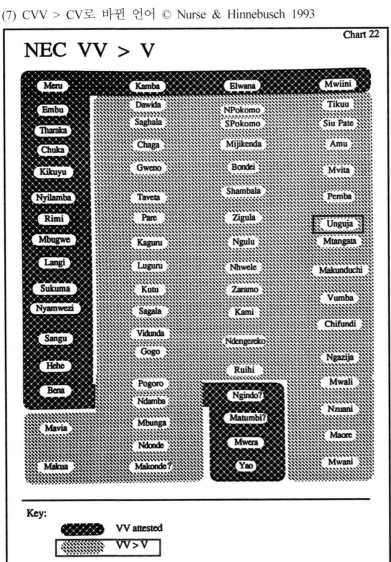

그림 (7)은 Nurse & Hinnebusch(1993) 부록의 Chart 22에 있는 장음의 변화를 보여주는 자료이다. 여기에서는 어떤 언어나 방언이 그런 변화를 겪었는지 잘 보여준다. 스와힐리어에 장음이 없는 현상은 역사적 변천에 이유가 있다. 여러 스와힐리어와 인접언어에서는 CVV라는 음절이 있지만 스와힐리어에서는 이것이 CV로 바뀌었다. 현대어에서 CVV로 보이는 것은 각각 다른 음절에 속한 모음 때문이다.

4.2.3. 운율 있는 시행의 음절계수

스와힐리어의 음절을 계수하는 쉬운 방법 중에 하나는 스와힐리어의 문학 중에서 시를 관찰하는 것이다. 스와힐리인들에게 시는 일상이며 흔히 공공 앞에서 낭송한다. 그러한 시 중에 샤이리(Shairi)라는 시형식이 있다. 이 시는 음절 개수를 맞추어야 하고 또 마지막 음절의 운율을 맞추어야 한다. 보통 한 시연(Stanza)은 64음절로 구성되어 있는데 8음절짜리 시행을 8행으로 배열하거나 16음절짜리를 4행으로 배열하는 방식이다. 8행으로 하는 시의 경우 마지막 음절의 운율은 ababbbc로 구성한다. 이러한 형식을 16음절짜리로 된 4행으로 배치하면 행 중간에 운율이 생기도록 배치된다. 이것을 관찰하면 자음이나 모음 등 어떤 음소가 어느 음절에 포함되는지 알 수 있다.

(8) 운율이 있는 시	영어 번역	한국어 번역
Kimya musikidharau	Do not despise silence.	침묵을 얕보지 마라.
tahadharini nasema	take care, I say	보라, 내가 말하노니,
Kitayavuta makuu	It will concern big matters	침묵은 큰일을 감당한다
ya gugumo na khasama	of grumbling and strife	불평과 다툼을.
Kivunde wendi maguu	for it to smash the legs of friends	친구를 깨우치게 하고
pasiwe wa kusimama	leaving no one standing.	아무도 계속하지 못하게.
Iwapo kimya si chema	If silence is not good	침묵이 좋지 않다면
na maneno hayafai.	then words are no good either.	말도 소용이 없으리니.

(Bhalo 1966: 18)

장모음이 같은 모음에 속한 한 개 모음이 아니라 각각의 다른 음절에 속하는 단모음이라는 것은 (8)의 시에서 보인 음절수와 운율을 보면 알 수 있다. 먼저 임의로 첫 행 Kimya musikidharau을 보면 어떻게 음절경계를 정해야 할지 대략 두 가지로 할 수 있다. Ki.mya. mu.si.ki.dha.ra.u로 하면 8음절이 나온다. 그러나 Ki.mya. mu.si.ki.dha.rau로 하면 7음절이 나온다. 여기서 mya는 CGC이고 dha는 CV이기 때문에 다른 방법이 없다. 그러므로 앞의 방식으로 해야 8음절을 만들 수 있다. 같은 방식으로 세 번째 행을 음절화하면 Ki.ta.ya.vu.ta. ma.ku.u로밖에 나눌 수가 없다. 즉 마지막에 오는 kuu를 ku.u로 앞의 rau를 ra.u로 나누듯이 똑같이 나누게 된다. 더욱이 시의 운율을 생각하면 더욱 분명하다. abababbc로 맞추기 위해서는 운을 맞추어야 하는데, 이 운은 모음만이 아니라 음절 하나를 가리킨다. 첫 행 끝의 u, 둘째 ma, 셋째 u 등으로 끝까지 ma, u, ma, ma, i로 되어 있다. 이같이 나누어질 때 운율을 형성할 수 있다. 그렇지 않고 장모음을 같은 음절로 보고 운을 찾는다면 첫 행의 rau, 둘째 행의 ma, 셋째 행의 kuu 등으로 끝까지 ma, guu, ma, ma, fai로 찾아낸다면 운율이 되지 않는다. 초성이 없이 운을 만든다고 해도 마찬가지다. 이러한 사실은, 장음은 같은 모음으로 된 것이든지 다른 모음으로 된 것이든지 간에 같은 음절이 아니라 다른 음절에 속한다는 주장을 뒷받침해 준다.

4.2.4. 강세부여에서의 증거

스와힐리어 강세부여는 장모음이 다른 음절에 속해 있다는 것을 더욱 분명히 증명해 준다. 겹자음과 장모음은 튼튼히 결속되어 있고 변형이 불가하다는 주장이 음운론 연구에서 꾸준히 제기되어 왔다(Kenstowicz & Pyle 1973, Hayes 1986, 1995: 50). Hayes에 따르면 강세를 부여 받는 단위는 음절보다 작은 단위가 될 수 없다고 하면서, 같은 음절의 한 부분은 다른 것과 음보(Foot)를 이루고 또 다른 부분은 인접한 다른 것과 음보를 이룰 수는 없다고 주장한다. 즉 음보가 음절을 나눌 수는 없다는 뜻이다. 다음의 스와힐리어의 예를 보면 마치 같은 음절의 모음을 나누어 강세를 받는 것처럼 보인다.

(9)	일반 강세	오류형	뜻
a.	baáda	*báada	'뒤'
		cf. baadáye	'그 뒤에'
	njoóni	*njóoni	'이리 오시오! (pl.)'
		cf. njóo	'이리 오시오! (sg.)'
	kuúza	*kúuza	'팔다'
	kiíni	*kíini	'내장'
b.	váa		'입다'
	káa		'앉다'
	kióo		'유리'
	endelée		'계속해야 돼'
c.	vuéni		'벗으세요! (pl.)'
	kaéni		'앉으세요! (pl.)'

(9a)의 경우 baada는 어떤 다른 결합을 통해서 온 것도 아니고 처음부터 기저형에서 (Underlyingly) 이런 모양이었다. 보상적 장음화나 강세 때문에 모음이 두 개가 생긴 것이 아니다. 그런데 baáda가 실재하는 형태로서 끝에서 두 번째 모음에 강세가 왔다. 반면 báada와 같이 끝에서 세 번째 모음에 오는 것은 옳은 발음이 아니다. 만약 baada에서 baa가 같은 한 음절을 구성한다면 실재하는 baáda는 잘못된 것이어야 한다. (b)의 경우에도 끝에서 두 번째 음절에 강세가 오는 현상을 잘 반영하고 있다고 한다면 이 형태들은 각각 2, 2, 3, 4 음절이어야 한다. (c)의 경우 두 가지 다른 모음의 연속이므로 같은 음절의 모음이라고 보기가 어렵다. 이들의 모양은 (a)의 모양과 똑같이 행동한다. 즉 둘 다 다른 음절에 속한 모음이라고 보아야 한다. 결국 baáda, kióo, kaéni 등에서 강세받는 모음은 그 형태는 다르나 모두 각각의 음절을 형성한다.

4.2.5. 현재시제 부정문 형식의 증거

또 다른 증거는 스와힐리어 현재시제의 부정문의 구조에서 찾을 수 있다. 현재시제 긍정문은 동사 마지막 모음이 보통 /a/인데 이것을 /i/로 바꾸는 것이 주요한 부분이다.

물론 현재시제 형태소도 생략하고 주격도 다른 모양의 새로운 형태소로 대체한다. (10a)
와 (10a')을 비교해 보면 차이점을 알 수 있다.

(10)	a.	Watu	hawa-	wa- na-	som-a.	'이분들은 책을 읽고 있다'
		sbj	Dem	3pl- pres-	Vr- fv	
	a'.	Watu	hawa	ha- wa-	som-i.	'이분들은 책을 읽지 않고 있다'
		sbj	Dem	neg- 3pl	Vr-neg.fv	
	b.	Vitabu	hivi	vi- na-	fa- a.	'이 책들은 꼭 맞다'
		sbj	Dem	cl.8- pres-	Vr- fv	
	b'.	Vitabu	hivi	ha- vi-	fa- i.	'이 책들은 꼭 맞지 않다'
		sbj	Dem	neg-cl.8-	Vr-neg.fv	
	c.	Watu	hawa	wa- na-	ku- f- a.	'이 사람들은 죽고 있다'
		sbj	Dem	cl.2- pres-	Vinf-Vr- fv	
	c'.	Watu	hawa	ha- wa-	f- i.	'이 사람들은 죽고 있지 않다'
		sbj	Dem	neg- cl.2-	Vr- neg.fv	

문장의 끝에 오는 동사어간 soma가 somi로 바뀌는 반면에, (b, b')을 보면 faa는 fai로
바뀐다. faa전체가 fii로 바뀌지 않는다. 앞서 나왔듯이 장모음의 결속력이라는 개념을
생각하면, 장모음이 한 음절에 있었다면 분리되어 하나는 fa 다른 하나는 i로 되지 않았
을 것이다. 이것을 (c, c')과 비교해 보면 분명해진다. 같은 음을 가진 fa가 fi로 되는
것이다. 만약 스와힐리어에서 장음이 항상 두 개의 별도의 음절에 구성된다면 각 음절에
모라(μ)가 항상 한 개뿐이므로 모라에 대한 관심을 두지 않아도 될 것이다. 음절로써
충분히 음운현상을 설명할 수 있기 때문이다.

　군이 장모음이든 다른 모음의 연속이든 간에 다른 음절을 구성하는 것을 모라를
표시하여 그림으로 그려본다면 다음 (11)과 같이 될 것이다. 모라의 개념을 군이 스와힐
리어에 도입하면, 각각의 다른 음절에 있던 모라가 마치 하나의 모음처럼 들리는 것을
표현하면 (11a)와 같이 되어 단음절에 모라가 두 개인 그림이 될 것이다. 그러나 부정문
이 될 경우 각각의 음절로 다시 분리해야 하는 번거로움이 생긴다. 차라리 (b)에서처럼
모라라는 개념을 도입하지 않고 음절 단위만 가지고도 충분히 부정문에서의 장음 음소
변화를 충분히 설명할 수 있기 때문에 이 두 번째 방식이 설명적 간결성이 있다.

(11) a.

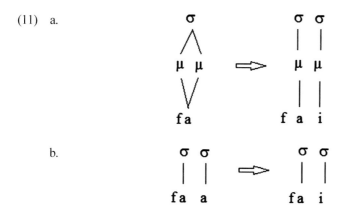

b.

4.2.6. 말놀이에서 찾은 증거

말놀이(Word Play) 또는 언어유희(Language Game)는 언어의 여러 음운현상 중에서 음절 성분 분석에 중요한 증거를 제시한다(Conklin 1982, 1985, McCarthy 1984, Vago 1985, Hombert 1986, Bagemihl 1989, Cowan & Leavitt 1992, Davis 1993). 형태소 앞에 음절을 추가하거나 뒤에 추가하는 간단한 말놀이로 스와힐리어 음절의 구조를 분석하는 데 도움을 줄 수 있다.

먼저 첫 번째 놀이로 cha를 각 음절 앞에 넣는 방식이다(Njogu 1994). kitabu 라는 단어를 가지고 하면 chaki chata chabu가 된다. 이같이 음절구조가 간단한 것은 별로 문제가 되지 않는다. 장모음이나 이중모음, 비음과 무성음이 받침으로 있을 경우, 여러 개의 자음이 있거나 같은 조음장소에서 일어나는 자음이 겹자음인지 단자음의 연속인지 등을 분석할 때 이 말놀이가 도움이 된다.

	(12)	어원	말놀이 단어	오류형	뜻
	a.	kitabu	cha<u>ki</u> cha<u>ta</u> cha<u>bu</u>		'책'
	b.	chai	cha<u>cha</u> chai	*cha<u>chai</u>	'음료 차'
	c.	kaa	cha<u>ka</u> chaa	*cha<u>kaa</u>	'게'
		paa	cha<u>pa</u> chaa	*cha<u>paa</u>	'지붕'
		baa	cha<u>ba</u> chaa	*cha<u>baa</u>	'재앙'
		baada	cha<u>ba</u> chaa chada	*cha<u>baa</u> chada	'뒤에'

(12b)의 경우에는 chacha chai로 분석됨으로 a와 i가 분리될 수 있다는 것을 보여준다. 즉 각각 다른 음절에 있다는 것이다. 똑같이 (c)에 있는 장모음 같은 표기도 결국 각각으로 분리되기 때문에 원래 각각의 음절에 속한다고 주장할 수 있게 된다. 만약 이러한 모음이 같은 음절에 있었다면 말놀이에서 (b)는 chachai가 되고, (c)는 chakaa chapaa가 되었을 것이고 음조가 맞지 않아 놀이가 되기도 어려울 것이다. 혹시 말놀이가 음절 놀이가 아니라 모라 놀이라고 주장할 수 있겠지만 그러한 경우는 아무 언어에서도 지금껏 찾아볼 수 없었고, 말놀이는 항상 음절을 끊어서 하는 것이 일반적이라는 주장을 받아들이고자 한다(Davis 1993, Vago 1985).

지금까지 장모음이 단음절의 두 모라로 구성되어 있는지 각각의 음절을 구성하는지에 대해 여러 가지 증거를 제시하였다. 지금까지 제시된 증거로는 모라라는 개념이 스와힐리어에 필요가 없고, 그기에 음절로써 모두 설명되며, 장모음은 음절 두 개가 연속해서 있는 것일 뿐이라는 것이 본서의 주장이다.

4.3. 음절성 비음

스와힐리어에 있어서 음절과 관련한 두 번째 문제는 초성에 있지 않는 비음이다. 이것이 종성인지 아니면 독자적인 음절을 이루는지에 대한 논의가 있어왔다(Polomé 1967, Bell 1978, Bentley 1992). 대체로 지금까지 이러한 비음은 음절성(혹은 성절성)이라고 주장되어 왔다.

(13)　　비음　　　　뜻　　　　　　　　비음　　　　　뜻

　　a.　vuvu<u>m</u>ka　'빨리 발달하다'　　msisim<u>k</u>o　'흥분된 느낌'

　　　　a<u>m</u>ka　　'잠깨다'　　　　　mtoto　　　'아이'

　　b.　<u>m</u>buzi　　'염소'　　　　　　<u>m</u>fupa　　'뼈'

　　　　<u>m</u>vulana　'남자'　　　　　　mpunga　　'벼'

　　c.　<u>m</u>vi　　　'흰머리'　　　　　nchi　　　'나라'

　　　　<u>m</u>bu　　　'모기'　　　　　　<u>n</u>ge　　　'전갈'

여기에서 (13a)의 예처럼 비음 /m/이 뒤에 오는 자음과 조음장소에 있어 서로 다른 (Non-Homorganic) 경우에는 음절이 있다고 여겨지며, (b)의 경우처럼 접두사 뒤에 우연히 어간이 같은 조음장소를 가진(Homorganic) 자음이 왔을 때도 마찬가지로 비음이 음절성이 있다. (c)의 경우에는 비음 N이 뒤의 자음에 동화된 모습인데 원래는 비음선행 자음으로 복합초성이어서 음절성이 없는 것이 정상이다. 그러나 이 예들은 그럴 경우 2음절요건을 맞출 수가 없다. 그래서 이 비음들에게는 특별히 음절이 부여되어 사용된다. 이들에 대한 음절성 여부는 스와힐리어 음성음운형태론에서 여러 가지 큰 문제와 관련이 있다.

　　이 외에도 같은 조음장소에서 일어나지 않는 비음-자음의 연속이 단어 첫머리에 나타나는데 스와힐리어에서 이 같은 연속을 초성으로 볼 수 없다. 또한 CVC 음절이 없음에도 불구하고 단어 중간이나 끝에 이런 받침이 있는 모양이 나타난다. 그래서 비음에 대한 음절성 연구는 다음에 논의되듯이 흥미로운 양상을 보인다. 이를 위해 이미 앞에서 사용한 증거방식을 다시 사용한다.

4.3.1. 시를 통해서 본 비음의 음절성

(14) 비음이 있는 시   영어 번역   한국어 번역

Ta.mma.ti ku.m̲.ra.dhi.ni	This is the end, forgive me	이것이 마지막이니 날 용서하게나.
ha.ya.no ni.lo.ta.m̲.ka	These things I have mentioned.	이전에 말한 것들인데.
pa.si.we mwe.nye u.nda.ni	Without bearing a grudge	악의없이 한 것이라
ha.wa ni.ta.la.u.mi.ka	Else I should be worthy of blame.	비난을 받더라도 말하리.
ki.lo ju.u hu.ja ti.ni	What is on high comes down low	올라갔던 것은 내려오기 마련이니
ku.i.na.ma.to hwe.nu.ka	Humility is exalted.	겸손은 드높아지리.
m̲.pa.nda nga.zi hu.shu.ka	Who climbs a ladder comes down	사다리를 오르는 자는 내려가기 마련이니
tu.si.ngi.e u.ji.nga.ni	Do not let us enter into folly.	어리석은 일에 빠지지 않기를.

(Bhalo 1996: 60)

(14)의 시에서 보듯이, 첫째 행에 있는 Ta.mma.ti ku.m̲.ra.dhi.ni는 8음절을 이루어야 한다. 그 다음 행의 ha.ya.no ni.lo.ta.m̲.ka도 마찬가지다. 두 행을 비교해 보면, 똑같이 m은 자체로서 한 음절을 이루는 것임을 알 수 있다. 첫 행의 mma는 두 음절이 아니라 한 음절을 이룸을 알 수 있다. 또한 셋째 행의 마지막 부분의 nda와 7행, 8행의 nda, nga, ngi, nga 등도 모두 같은 한 음절을 이룸을 알 수 있다. 비음선행자음의 경우 비음 부분이 따로 음절을 이루지는 못함을 보여준다.

4.3.2. 비음에 대한 강세부여로 본 증거

스와힐리어에서는 주요강세가 단어 끝에서 두 번째 음절에 온다. 이를 근거로 음절부여 방법을 보면 비음의 음절성 여부를 알 수 있다.[7]

---

7) 자음 위에 강세표시가 어려워 자음 바로 뒤에 표시한다.

(15)	비음의 강세	모음의 강세	끝 둘째 음절에서의 모음 장음화	뜻
a.	m´.pa			'그 사람한테 주다'
	n´.chi	N/A	N/A	'나라'
	ŋ´.ge			'전갈'
b.	a.m´.ka ~	ám.ka	*a:.m´.ka/*á:.m.ka	'그만두다'
	ta.m´.ka ~	tám.ka	*ta:.m´.ka/*tá:.m.ka	'발음하다'
	ni.li.m´.pa ~	ni.lím.pa	*ni.li:.m´.pa/*ni.lí:.m.pa	'그 사람한테 주었다'
c.	*ka.m´.ba	ká.mba ~	ká:mba	'줄, 끈'
	*a.n´.za	á.nza ~	á:nza	'시작하다'
	*u.pa.n´.de	u.pá.nde ~	upá:nde	'옆'
	*vu.n´.ja	vú.nja ~	vú:.nja	'깨다'
	*je.ŋg´.ga	jé.ŋga ~	jé:.ŋga	'짓다'
d.	N/A	Kú.la ~	Kú:.la	'먹어라!'
		hí.vi ~	hí:.vi	'이 길'

(15a)의 예에서 보듯이 m´pa, n´chi, ŋ´ge와 관련해서 두 음절을 만들어 강세를 부여하는 것을 알 수 있다. 세 개 다 동일 조음 위치를 가지고 있지만 최소 두 음절을 가져야 하는 요건을 충족하여 강세를 부여하기 위해 이와 같이 분절을 한다. 동일 조음 위치를 가진 비음도 유절성을 가질 때가 있다. (b)는 더욱 흥미롭다. 동일 조음 위치를 가지지 않는 비음과 자음의 연속에서는 비음이 음절성을 가지거나 가지지 않거나 자유변이로 나타난다는 점이다. (c)의 예들은 모두 비음과 연속한 자음이 같은 조음 위치에서 일어나는 경우로서 비음선행자음으로 비음에 음절성이 없음을 알 수 있다. 특히 이 경우에 이 소리 앞의 음절이 끝에서 둘째 음절이기에 강세가 온다. 특이한 것은 (b)에서는 두 가지 변이형이 모두 자체에 장음화가 일어나지 않는다는 것이다. 비음이 강세를 받거나 그 비음을 건너뛰어 모음에 강세가 받더라도 장음화가 일어나지 않는다는 것이다. 이와 달리 (c)에서는 끝에서 둘째 음절에 강세가 오는데 그 모음이 자유변이형으로 장음화가 일어날 수 있다는 것이다. 다시 말해 (b)와 (c)의 비음이 성질이 다르다는 것을 말해 준다. 동일조음(Homorganic)이 아닌 비음과 동일조음의 비음 즉 비음선행자음의 연속체와 다른 것이다. (d)의 경우는 (c)의 동일조음의 비음선행자음 앞에서와

똑같은 강세부여 방식을 따른다는 점에서 흥미롭다. 즉 (c)의 모음 위치나 (d)의 모음 위치는 똑같이 끝에서 둘째 음절이고, 그 다음에 오는 자음이 비음선행자음이거나 일반 자음이거나 똑같은 자음인데도 차이가 난다는 점이 주목할 만하다.

4.3.3. 말놀이에서의 비음

여기서도 앞서 소개한 cha를 활용한 말놀이에서 사용되는 방식을 보면, 비음의 양상을 추론할 수 있다. 다음 (16a)에서 amka와 msa에 있는 m이 각각 한 음절을 이루고 있으며, (b)의 nchi에서의 n도 마찬가지다. 비록 (a)와 (b)의 비음과 자음연속의 근원과 모양이 다르지만 여기에서는 둘 다 독립적인 음절을 이룬다. 반면 (c)에 있는 일반적인 비음 단자음은 자체로 음절성이 없어 이어 오는 모음과 함께 음절을 이룬다.

(16)	기저형	말놀이 단어	오류형 또는 참조형	뜻
a.	amka	chaa cham chaka	*cham chaka	'일어나다'
	vuvumka	chavu chavu cham chaka	*chavu chavum chaka	'빨리 바뀌다'
	mvulana	cham chavu chala chana	*chamvu chala chana	'남자'
	msa	cham chasa	*chamsa	'사람 이름'
b.	nchi	chan chachi	(cf. anza: chaa chanza)	'나라'
	nge	chang chage	(cf. wengi: chawe changi)	'전갈'
c.	nyumba	chanyu chamba		'집'
	neno	chane chano		'어휘'

4.4. 동일조음위치의 비음선행자음의 음절성

이미 앞에서 여러 번 다룬 문제로 동일조음 위치의 비음선행자음은 보통은 음절성을 가지지 않는다. 그러나 이따금 특수한 환경에서는 음절성을 가진다.

4.4.1. 시를 통해 본 음절성

(17)	음절화	영어 번역	한국어 번역
a.	wa.u.ngwa.na we.nye e.nzi,...	O freeman of power,	자유로운 힘을 가진,
	ndi.mi ki.ja.na m.fu.nzi,...	it is I, a youthful learner,	배우는 젊은 사람으로,
	na.wa.u.li.za wa.pe.nzi,...	I ask you, my dear friends,	내 동무들한테 묻노니,
		(Bhalo 1966: 136)	
b.	ku.se.ma me.ngi si ti.ja,...	Talking a lot is not a sign of wealth,	말 많은 것이 부유하단 뜻이 아니니,
	ni.na. wa.pe.ni [u.wan.ja],...	I am giving you a space,	내 그대에게 여유를 주노니,
	vi.pi ha.sa a.we m.ja,...	How a person should be a creature,	사람이 어떻게 피조물이 되는지를,
		(Kandoro 1978: 55)	

이미 앞의 예에서 나왔지만 단어 처음이든 중간이든 비음선행자음이 올 수 있다. (17a)에서 보듯이, 단어의 첫머리에 오는 ndi.mi, 가운데 오는 wa.u.ngwa.na, 끝 음절에 오는 m.fu.nzi 등에서 모두 같은 음절 위치에 있으며 초성으로 분류된다. 그러나 항상 그렇지만은 않았음을 (b)를 보면 알 수 있다. 운을 abababbc로 하는 시에서 첫 행의 마지막에 있는 운이 ja인데 이와 맞추기 위해 시의 3행, 5행의 운도 ja로 만들었다. 특히 (b)의 둘째 줄에 있는 시 3행 ni.na.wa.pe.ni. [u.wan.ja]를 보면 보통은 u.wa.nja로 분절되지만 여기서는 u.wan.ja로 분절하는 것을 보면, 두 음절이 안 되어 최소단어를 이루지 못하고 강세를 부여하지 못하는 것을 피하기 위해 동일조음의 비음선행자음이라도 분리하여 음절을 주는 것과 비슷한 형상으로 이해할 수 있다. 여기서는 음절을 자유롭게 나누었던 (15b)의 형태와 같다. 즉 a.mʹ.ka와 ám.ka에서와 비슷한 양상을 보인다.

4.4.2. 강세부여, 말놀이, 운율 있는 시에서의 비음

스와힐리어에 CVC음절이 없지만 겉으로 그렇게 보이는 예들이 있다. (18a)의 경우에 비음이 처음에 mʹ.sa처럼 오거나, ta.mʹ.ka처럼 중간에 나타나거나, se.m.se.m처럼 끝에 오는 경우가 있는데 모두 음절을 이룬다. 강세가 이를 증명한다. (b)도 마찬가지로 비음이 강세를 받아 음절을 이룬다.

(18)	강세부여	뜻
a.	ta.mˊ.ka	'발음하다'
	mˊ.sa	'사람 이름'
	m.góˊ. ngo	'등 뒤'
	m.zúˊ.ri	'좋다'
	che.m.chéˊ.mi	'샘'
	se.m.séˊ.m	'참깨'
	ka.síˊ.m	'사람 이름'
	na.mˊ.na	'종류'
b.	mˊ.pya	'새로운'
	nˊ.chi	'나라'
	mˊ.bu	'모기'
	nˊ.ge	'전갈'

말놀이에서도 마찬가지로 비음은 독자적인 음절을 이루는 경우와 그렇지 못한 경우가 있고, 시에서도 마찬가지다. 앞에서 나온 말놀이와 시에서의 음절의 분절과 계수에서 이미 비음에 대한 양상을 보았으므로 여기서 다시 다루지 않는다.

4.4.3. 중첩어의 경우

비음과 비음선행자음이 단일 음인지 여러 음의 복합형인지에 대해서는 중첩어를 형성하는 방법을 보면 한 가지 단서를 찾을 수 있다. 다음 예에서 보듯이 (19a)에서는 첫 음절을 반복하였고, (b)에서는 반복을 하여 두 음절짜리를 만들었고, (c)에서는 같은 단음절을 세 번 반복하였다.

(19)　　　중첩어　　　　　뜻

　　a.　babata　　　　　'가볍게 치다'

　　　　mbambara　　　'약초 뿌리 이름'

　　b.　jaja　　　　　　'데이지 식물'

　　　　njenje　　　　　'돈'

　　c.　pepepe　　　　　'아주 새하얀'

　　　　dedede　　　　　'북소리'

　　　　kukuku　　　　　'빨리 세게'

　　　　mbumbumbu　　'바보'

　　　　ndondondo　　　'물 떨어지는 소리'

　　　　ngongongo　　　'종소리'

여기에서 보듯이 모두 다 단자음이나 비음선행자음이나 똑같은 모양으로 음절을 이루어 반복됨을 알 수 있다. 이로써 비음선행자음은 음절의 초성을 이루고 비음 자체로는 음절을 이루지 못함을 알 수 있다.

4.4.4. 스와힐리어의 비음동화

스와힐리어에서 명사부류 9번에 해당하는 어휘는 그 앞에 비음이 접두사로 붙게 된다. 이때 그 비음은 원래 조음장소가 유동적이어서 명사어근의 조음 위치에 동화하게 된다. 모음이 올 경우 ny가 되기 때문에 기본형은 /ny/로 구개음으로 본다. 이에 대한 예는 다음과 같다. (20a, c)와 (b)는 음절경계가 다름을 알 수 있다. (b)는 최소단어 2음절을 맞추기 위해 재음절화했다.

(20)	기저형	비음선행자음	형태소	뜻
a.	N-boga	[mboga]	cl.9-vegetable	'채소'
	N-goma	[ngoma]	cl.9-drum	'북'
	N-zuri	[nzuri]	cl.9-good	'좋다'
	N-dogo	[ndogo]	cl.9-small	'작다'
b.	N-cha	[ncha]	cl.9-tip	'꼭대기'
	N-ta	[nta]	cl.9-wax	'밀랍'
	N-vi	[mvi]	cl.9-white hair	'흰머리'
c.	n-joo	[njoo]	me-come	'오세요!'
	n-bona	[mbona]	me-see	'여보세요!'

비음선행자음은 원래 동일 조음 위치가 아닌 자음과 연결될 때가 있다. 그 경우는 조음장소가 유동적인 비음이 뒤따라오는 자음 또는 활음의 위치에 동화되고 또 이따금 그 활음이나 유음에 영향을 주어 폐쇄음으로 바꾸기도 한다. 그래서 서로 동화되어 결국 동일조음의 비음선행자음이 된다. 이것을 자음강화현상(Hardening)이라고 한다. (21a)는 비음 N이나 ni가 이어서 오는 활음 /w/나 모음 /u, o/를 만날 때 /mb/로 강화되는 예들이고, (b)는 비음이 유음 /l, r/과 활음 /y/를 만날 때 같은 비음이 /nd/롤 강화되는 예들이다. (a)는 순음에서의 동화현상이며 (b)는 치조음과 경구개음에서의 동화현상이다. 자음강화 및 동화현상에 대한 비단선적 분석은 4.9에서 다시 제시된다.

(21)　　　　　비음선행자음　　　　참조　　　　　　　　뜻

　　a.　　mbili　　　　　　wawili　　　　　　‘둘’

　　　　　mbati　　　　　　uwati　　　　　　 ‘집짓는 기둥’

　　　　　mbwe　　　　　　< N-we　　　　　 ‘조약돌’ (mawe, jiwe ‘돌’)

　　　　　mbuai　　　　　　< N-uai　　　　　 ‘야생의, 거친 (ua ‘죽이다’)

　　　　　nduli　　　　　　kuua　　　　　　　‘도살꾼/죽이다’

　　　　　mboni　　　　　　kuona　　　　　　‘눈동자/보다’

　　　　　mbona　　　　　　n-(b)ona　　　　　‘여보세요/여기 보세요!’

　　　　　mbwene　　　　　< ni-me-(b)ona　　 ‘난 봤다’

　　　　　mbingu　　　　　uwingu　　　　　　‘하늘, 천당’

　　　　　m-bayuwayu　　　　　　　　　　　‘삼키다’

　　　　　biliwili　　　　　　　　　　　　　 ‘물고기 종류’

　　　　　mbwa　　　　　　< ni wa　　　　　 ‘-이 바로 -이다’

　　　　　mb(w)i　　　　　< N-wi　　　　　　‘바쁘다’

　　b.　　ndimi　　　　　　ulimi　　　　　　 ‘혀’

　　　　　(n)dume　　　　　N-lume　　　　　 ‘남자’

　　　　　　　　　　　　　(cf. mbuzi dume,　 ‘수염소, 황소’
　　　　　　　　　　　　　ng’ombe dume)

　　　　　ndoa　　　　　　oa <*loa　　　　　 ‘결혼하다’

　　　　　ndoto　　　　　　ota <*lota　　　　 ‘꿈’

　　　　　ndefu　　　　　　refu　　　　　　　‘크다’

　　　　　ndima　　　　　　ulima　　　　　　‘힘든 일’

　　　　　nda　　　　　　　ndi ya　　　　　　‘그것이야 말로 -이다’

　　　　　njema　　　　　　N-(y)ema　　　　　‘좋다’

4.4.5. 공명도연쇄원리와 음소배열제약

일반 언어이론에서 음소 간에 특히 조음방법에 있어 차이나는 음소는 공명도에서 차이
가 있다(Lamontgne 1993, Steriade 1987, 1988, Vennemann 1988, Zec 1988, 1995). 보통
다음과 같은 순서로 공명도가 높아진다고 한다.

폐쇄음 < 마찰음 < 비음 < 유음 < 활음 < 고모음 < 저모음

어휘를 구성할 때 음소배열제약이 있는데 보통 두 음소 간에 최소한의 공명도 차이를 유지해야 한다는 이론 즉 공명도연쇄원리(Sonority Sequencing Principle)를 말한다. 그리고 음절은 보통 그 안에서 음절의 정점, 즉 주로 모음으로 갈수록 공명도가 높아지고 그 정점에서 음절의 끝으로 즉 종성이 있다면 그쪽으로 갈수록 공명도가 낮아진다는 원리이다. 그래서 초성이나 종성이 여러 개가 있다면 그 안에서도 공명도가 차이가 생기게 되며, 될 수 있는 한 최대한의 공명도 차이가 생기는 것이 바람직한 음소배열이라고 본다. 비음선행자음의 경우 비음+폐쇄음 또는 비음+마찰음이기 때문에 이것이 두 개의 자음으로 여겨진다면 그 사이에 공명도의 차이가 있다고 여겨야 한다. 만약 이 두 소리 다음에 모음이 와서 NCV의 순서를 가진 음절이라면 NC로 갈수록 공명도가 높아져야 한다. 그러나 앞에 제시한 공명도 순서를 보면 비음이 폐쇄음이나 마찰음보다 높다. 즉 높은 공명도 다음에 낮은 공명도, 그 다음에 가장 공명도가 높은 모음이 오는 순서가 되어 음절을 구성하는 음소배열제약에 위배된다. 예를 들면, nda.ni라는 두 음절 짜리 어휘가 있다면 첫 음절에 /n+d+V/로 음소 세 개로 구성된 음절이라면 공명도 연속의 문제가 생기겠지만, /nd+V/라는 음소의 연결이라고 보면 아무런 문제가 생기지 않는다. 그러므로 보편적 문법이론에 맞고 여러 가지 기존 이론과 원리에도 일관성 있게 비음선행자음을 한 음소로 볼 수밖에 없을 것이다.

비음선행자음은 다른 단자음과 같이 활음이 이어서 올 수 있어서 스와힐리어의 음소배열제약을 잘 지킨다. NCyV, NCwV와 같은 음절을 가질 수 있다는 것은 마치 CyV, CwV와 같은 구조를 가지는 것과 같은 뜻이 된다. 즉 맨 앞의 N이 있거나 없거나 간에 활음 /w, y/가 오는데 아무런 문제가 없다. (22a)는 /y/ 앞에서의 일반자음의 위치이며, (b)는 /y/ 앞에서의 비음선행자음의 위치이다. (c)는 /w/ 앞에서의 일반자음의 배열로서 첫 음절에서와 둘째 음절에서의 모양이며, (d)는 비음선행자음이 첫 음절에 올 때와 둘째 음절에서 올 때의 모양을 보여주는 것이다. 반면, (e)는 조음위치가 다른 비음과 자음의 연속체가 활음 /w/ 앞에 나타날 경우의 모양을 보여준다. 보통 조음 위치가 다른 비음과 자음의 연속체는 각각 다른 음소이며 다른 음절에 위치한다고 여겨진다.

(22)　　　순음-y　　　　뜻

   a.　　jipya　　　　　'새롭다, cl.5'

        fyeka　　　　　'숲을 자르다'

        levya　　　　　'술취하게 하다'

        kimya　　　　　'조용하다'

        bya　　　　　　(못 찾음)

   b.　　mbya　　　　　(못 찾음)

        mvya　　　　　cf. m.vya.zi '부모'

   c.　　어두Cw　　　　뜻　　　　　　어중Cw　　　　뜻

어두Cw	뜻	어중Cw	뜻
pwani	'해변'	bebwa	'등에 지다'
twiga	'기린'	katwa	'잘리다, 베이다'
swaga	'소몰이'	piswa	'바보 같은 소리 하다'
chwa	'내려가다'	fichwa	'숨기다'
kwake	'자기 집에서'	pikwa	'요리되다'
gwama	'짜다'	kugwa	'넘어지다'
nwele	'머리카락'	kunwa	'술 먹다'

   d.　　어두.NCwV.　　　　　　어중.NCwV.

어두.NCwV.		어중.NCwV.	
mbweha	'승냥이'	dimbwi	'수영장'
ndweo	'궁지'	pendwa	'사랑받다'
ndwezi	'아픔'	vunjwa	'깨지다'
ngwea	'지치다'	jangwa	'사막'

   e.　　어두.m.CwV.　　　　　어중.m.CwV.

어두.m.CwV.		어중.m.CwV.	
mpweke	'혼자 지내는, cl.1'	chemshwa	'끓이다'
mswaki	'치솔, cl.3'	tamkwa	'발음되다'
mchwa	'개미, cl.1'		
mkwaju	'나무 종류, cl.3'		
mgwisho	'날치기, cl.3'		

4.5. 초성이 아닌 자음의 음절성

스와힐리어와 반투어의 이전 모양인 반투어 재구어(Proto-Bantu)에서는 기본적인 음절이 CV(V)이다. 그래서 초성의 존재는 중요하지만 종성은 없다. 그래서 초성이 없는 어근의 경우 접두사를 붙이거나 다른 필요한 형태소를 붙여 초성을 갖게 한다. 명사어근일 경우 명사접두사를 붙이거나 생략될 위치에도 생략하지 않고 유지한다. 형용사에서도 다른 곳에서는 다 사라졌지만 모음으로 시작하는 어근 앞에서는 역사적으로 남아있게 된다.

모든 언어는 적어도 어느 정도 다른 언어나 방언과 접촉한다. 스와힐리어는 오랫동안 아랍어와 다른 인도유럽어들과 접촉해 왔다. 대부분의 경우 빌려온 말은 스와힐리어 고유의 음운 원칙에 따라 조절되었다. 여러 다른 언어에서 빌려온 말들이 다른 방식으로 채택되었지만, 여전히 빌려온 말은 조금씩 차용어의 특징을 찾을 수가 있다. 음운적 요소로서 스와힐리어에 들어와 있으면서 차용어의 느낌을 주는 소리는 /r, θ, ð, ɣ/이다. 그리고 분명히 CVC와 같이 종성을 가진 음절이나 CCV와 같이 겹자음이 초성에 오는 것이다. 스와힐리어의 기본적이며 압도적인 음절은 CV이다. 그럼에도 불구하고 자음이 초성이 아닌 위치에 나타난다. 이것은 보통 차용어에서 온 것으로서 특이한 음절을 구성한다.

스와힐리어의 음절구조를 지키기 위해 차용어의 경우 모음을 추가하여 재음절화하는 경우가 많다. 특히 스와힐리어에서는 다섯 모음 중에서 /u, i, a/ 세 개를 사용하여 음절을 구성하게 한다.

(23)

	차용어	어원	뜻	출처언어
a.	timu	team	'팀'	English
	sababu	sabab	'이유'	Arabic
	stovu	stove	'스토브'	English
b.	sakafu	saqf	'평지붕'	Arabic
	silaha	sila:h	'무기'	Arabic
c.	kesi	case	'경우, 케이스'	English
	daktari	doctor	'의사'	English
	ujira	ujra	'급여'	Arabic
	samaki	samak	'물고기'	Arabic

(23a)의 경우, 원래 언어에서 마지막 자음이 /m, b, v, f/일 경우에 이 자음을 같은 순음성이 있는 /u/와 결합하여 새로운 음절을 이루게 하고, (b)와 같이 /q, h/일 경우에는 /a/를 채택하고, (c)에서는 그 외에 다른 자음일 경우에 /i/를 넣어 재음절화한다. 여기서도 모든 종성 자음을 재음절화하지는 않았다. (c)의 경우에 두 번째 예 doktari를 보면 첫 음절은 종성이 그대로 스와힐리어에 들어오게 된다. 이와 같이 스와힐리어에 대량으로 차용어가 들어옴에 따라 모든 어휘를 스와힐리어 음절 규칙에 동화시키지는 못하였다. 즉, 자음연속을 갈라놓지 못했다. 물론 이미 (a)의 세 번째 예 stovu에서는 초성의 경우에도 재음절화하지 않았다.

다음 영어에서 온 차용어 자료에서 보듯이 (24a)의 예들은 자음연속을 나누어서 모음을 삽입하였지만, (b)의 경우에는 그럴 여력이 없었다. 아마 친근하고 자주 쓰이며 오래된 파생어의 경우에는 스와힐리어 식으로 음절을 고쳤고, 그렇지 못한 것은 여전히 원래 언어에서의 구조를 유지하거나 완전히 스와힐리어의 음절구조에 동화되지 않았다.

(24)	차용어	어원	뜻
a.	kibuluu	blue	'푸름'
	kilabu	club	'클럽'
	pikeli	pickle	'피클'
	shitaki/shtaki	ishtaka (Arabic)	'불평'
b.	bloki	block	'블록'
	friza	freezer	'냉장고'
	glavu	glove	'장갑'
	gramu	gram	'그람'
	klachi	clutch	'클러치'
	plastiki	plastic	'플라스틱'
	projekta	projector	'프로젝터'
	stesheni	station	'정류장'
	transista	transistor	'트랜지스터'
	staha	istihya:a (Arabic)	'존경'

스와힐리어의 문학장르인 시형식에도 이러한 차용어의 음절 모양을 보이는 자음을 찾아볼 수 있다. 앞에서 분석한 방식대로 음절을 나누어 보면 (25)와 같다. 흥미로운 것은 비음이 아님에도 불구하고 (25a)에서는 자음 하나가 한 음절을 이루기도 하고, (b)에서는 겹자음이 초성에 와서 버젓이 사용되고 있다는 것이다. 이 겹자음은 앞 음절에 속한 것인지 뒤 음절에 속한 것인지 분명하지 않으며, 강세규칙으로도 지위를 구분할 수 없다. 겹자음이 앞 음절의 무게에 영향을 주지 않는다는 것은 스와힐리어에서 모라라는 개념이 불필요하다는 것을 다시 한 번 증명하는 것이다. 일반 언어이론에서는 겹자음은 마치 앞 음절의 종성처럼 기능하고 또 어휘의 첫 음절의 초성으로 올 때도 모라가 있는 경우가 있다.

(25)	음절과 강세	뜻	오류형
a.	m.fá.l.me	'임금'	*m.fál.me/*m.fa.ĺ.me
	m.pi.l.pí.li	'고추나무'	*m.pil.pí.li
	fú.r.sa	'사건'	*fúr.sa/*fu.ŕ.sa
	a.mé.d	'사람 이름'	*á.med
	a.h.mé.d	'사람 이름'	*áh.med
	wa.h.dá.hu	'선택'	*wah.dá.hu
	lá.b.da	'아마'	*láb.da/*la.b́.da/*lá.bda
	rá.s.mi	'공식적인'	*rás.mi/*ra.ś.mi
	ra.í.s	'대통령'	*rá.is
	ka.s.ká.zi	'북쪽'	*kas.ká.zi
	ma.s.kí.ni	'가난한 사람'	*mas.kí.ni
	ta.f.sí.ri	'번역'	*taf.sí.ri
	a.k.thá.ri	'많은'	*ak.thá.ri
b.	há.bba/háb.ba	'몇몇'	*há.b.ba/*ha.b́.ba
	rá.bbi/ráb.bi	'교사'	*rá.b.bi/*ra.b́.bi
	né.tti/nét.ti	'그물'	*né.t.ti/*ne.t́.ti
	há.tta/hát.ta	'심지어'	*há.t.ta/*ha.t́.ta
	há.ssa/hás.sa	'특별히'	*há.s.sa/*ha.ś.sa
	ta.mmá.ti/tam.má.ti	'끝'	*ta.m.má.ti
	kú.lla/kúl.la	'각각'	*kú.l.la/*ku.ĺ.la

음절 구성을 어떻게 하는지 보기 위해 또 다른 말놀이를 활용하려고 한다. 이번에는 ngV을 어떤 음절이나 해당 음소 다음에 놓았을 경우에 생기는 말놀이이다. (26)에서는 특히 비음과 달리 일반 자음이 어떤 모습을 보이는지 확인하고자 한다.

(26)　　　기저형　　　　말놀이 단어　　　　　　　　　뜻

　　a.　a.m̱.ka　　anga　　m̱ngu　　kanga　　　'깨어나다'

　　　　m̱.to.to　　m̱ngu　　tongo　　tongo　　　'어린이'

　　　　m̱.bu　　mngu　　bungu　　　　　　　　'모기'

　　b.　la.ḇ.da　　langa　　ḇungu　　danga　　　'아마'

　　　　a.me.ḏ　　anga　　menge　　ḏingi　　　'사람 이름'

　　　　ra.i.s̱　　ranga　　ingi　　s̱ingi　　　'대통령'

이 말놀이에서도 조음위치가 다른 비음과 자음의 연속, 위치가 같은 비음선행자음, 일반 자음 /b, d, s/ 등이 똑같이 한 음절을 이루는 것을 볼 수 있다. 그럼에도 불구하고 다음 (27)의 예에서 보듯이 이러한 마지막 일반 자음이 오는 경우에는 강세를 받지 않는 모순적인 양상을 보여준다.

(27)　　예외 강세　　　　뜻　　　　　　　오류형

　　　m.fá.l.me　　'임금'　　　　　*m.fa.l´.me

　　　fú.r.sa　　　'사건'　　　　　*fu.r´.sa

　　　lá.b.da　　　'아마'　　　　　*la.b´.da

　　　rá.s.mi　　　'공식적인'　　　*ra.s´.mi

다시 말해, 시 형식의 음절계수에서는 음절로 인정되었지만 /l, r, b, s/에 강세가 오지 않는다. 이 자음들이 음절을 이룸에도 불구하고 강세를 받지 않는 이유에 대해서 이 자음들이 충분히 공명성이 없기 때문으로 보인다. 앞에서 강세를 받는 자음은 모두 비음이었다. 그에 비해 이들 자음들은 공명성이 부족하다. 특히 바로 앞서는 모음이 분명히 공명성이 크기 때문에 끝에서 두 번째 음절이 아니라 세 번째 음절에 강세를 주는 경향을 보인다.

　　이와 같이 음절계수에서의 지위와 강세규칙에서의 음절적 지위가 다른 것은 다른 반투어에서도 찾아볼 수 있다. Hyman(1992)은 적어도 루간다, 치벰바(Chibemba), 루냠보(Runyambo), 하야(Haya) 등의 언어에서 모라의 구성이 성조를 부여할 때와, 강세를 부여할 때, 그리고 또 다른 음운현상이 일어날 때 약간씩 다른 모습을 취하는 것을

보여주었다. 예를 들면 치벰바에서 고성조가 한 음절씩 문장 끝으로 확장되는 현상이 있는데, 이것이 같은 모라를 가진 음소 중에 비음은 건너뛰는 현상이 있다.

4.6. 음절이론에 대한 결론

지금껏 스와힐리어의 음절에 대한 논의를 했다. 그 방법으로서 시, 말놀이, 강세부여규칙, 비음 뒤 자음강화현상, 공명도연쇄원리, 음소배열제약, 기본 음절 원칙, 차용어 음운론 등을 활용하였다. 일관성있게 장모음은 같은 음절에 있는 모라가 아니라 두 음절에 속한 각각의 모라이기에 모라라는 단위가 스와힐리어에는 필요하지 않다는 것을 보여주었다. 또한 비음 중에서 동일 조음되는 자음이 연이어 오는 경우가 아니면 초성이 아닌 위치에서는 음절성을 가진다. 그리고 동일조음위치인 비음선행자음은 음절성이 없어서 음절무게가 없이 초성으로 여겨져야 한다. 그 외에 일반 자음이 차용어에서 종성의 위치에 오는 경우가 있는데 대부분 스와힐리어화했지만 남아있는 것은 음절을 이룬다. 이 음절은 강세 받는 위치에 왔을 때 그 자체의 공명성이 부족하여 강세를 양보하고 그 앞 음절의 모음에 이양하는 경우가 많다. 이러한 여러 음절적 양상에도 불구하고, 스와힐리어의 아주 주된 형태론적 요건인 최소단어요건을 지키기 위해서는 같은 조음위치에서 발화되는 비음선행자음조차도 분리되어 두 가지 음소가 되어 각각의 음절에 속하게 되는 형상도 있다. 그러므로 복합적 구성을 가진 음소나 음절은 상황에 따라 변화할 수가 있다.

4.7. 모음축약

모음이 연속되는 경우 그 충돌을 회피하기(Hiatus) 위하여 모음을 삭제(Deletion)하거나 모음을 융합하는 현상(Coalescence)은 세계 언어에서 찾아볼 수 있는데, Casali(1996)의 연구에 잘 분석되어 있다. 우리말의 '거기에'가 '거게'처럼 모음이 삭제되거나 '사나이' 가 '사내'처럼 모음이 융합되는 현상 등과 같은 현상이 스와힐리어에도 많이 발견된다. 대부분 명사부류 접두사(Class Prefix)나 명사와의 일치를 위한 접두사(Concord)나 목적격 형태소와 연결되는 경우에 발생한다. 이 접두사나 형태소는 단음절로 Ca, Ci, Cu로 되어 있다. 먼저 앞 형태소가 /a/로 끝나는 경우를 보면 다음과 같다.

(28)　　　　기저형　　　　　모음축약　　　　뜻

    a.　　wa-ana　　→　　wana　　　　'아이'

    b.　　wa-ema　　→　　wema　　　　'좋은'

    c.　　wa-ingi　　→　　wengi　　　　'많은'

    d.　　wa-ote　　→　　wote　　　　'모든'

    e.　　wa-ume　　→　　waume　　　'남자'

이 예에서 보듯이 (28c)만 제외하고 모두 접두사의 모음이 탈락됨으로써 축약이 일어났다. (c)는 /a-i/ 연속이 /e/로 융합함으로써 한 모음으로 축약(Vowel Reduction)되었다. 모음 도표에서 저모음 /a/와 고모음 /i/의 중간 높이인 중모음 /e/로 결정되었다. 그런데 (d)나 (e)의 경우에도 저모음이면서 후설모음인 /a/와, 중모음이면서 후설모음인 /o/나, 고모음이면서 후설모음인 /u/와 연결될 경우 합의점을 찾지 않고 /a/가 탈락함으로써 모음축약이 일어난 데 대해서 이유를 규명하기는 어렵다. 다음은 접두사의 음절이 /i/로 끝나는 경우에서의 축약현상이다.

(29)　　　　기저형　　　　　모음축약　　　　뜻

    a.　　ji-ambo　　→　　jambo　　　　'일'

    b.　　ji-embe　　→　　jembe　　　　'괭이'

    c.　　ji-ina　　→　　jina　　　　'이름'

    d.　　ki-ote　　→　　chote　　　　'모두'

    e.　　ki-ura　　→　　chura　　　　'개구리'

여기에서는 (29a-c)까지는 단순히 /i/가 탈락하였고, (d-e)에서는 접두사 /ki/가 또 다른 모음 앞에서 /ky/와 같이 활음화되고 나서 구개음화(Palatalization)하여 /ch/가 된 경우이다. /ki-V/ → /kyV/ → /chV/로 됨으로써 모음 /i/의 활음화와 자음 /k/의 구개음화가 일어남으로써 결국 모음이 하나 축약되었다. 이 언어에서는 특별히 연구개음이 구개음화가 잘 된다. 그래서 같은 모양이지만 치조음을 가진 /li-ote/는 /lyote/가 되지 않고 /lote/가 된다. (29a-c)도 /ji-V/ → (/jyV/) → /jV/로 해석될 수 있다. 즉 가운데 것은 잉여적이다(Redundant). 모음이 바로 탈락했다고 할 수 도 있지만 이렇게 하면 (29d-e)의 예들과 한꺼번에 설명할 수 있다. 모두 모음축약되고 구개음화되었다고 할 수 있다.

다음 (30)의 예시는 고모음 /u/의 경우로 모두 활음화가 일어남으로써 모음이 하나 줄어든다. 모든 경우에 /mu/가 또 다른 모음을 만났을 때 /mw/로 바뀌었다.

(30)	입력형		모음축약	뜻
a.	mu-anzo	→	mwanzo	'시작'
b.	mu-eusi	→	mweusi	'검은'
c.	mu-ingine	→	mwingine	'다른'
d.	mu-ona	→	mwona	'보다'
e.	mu-ua	→	mwunguza	'불태우다'

여기서도 마찬가지로 모든 접두사 mu에 이어서 또 다른 모음이 왔을 때 첫 모음은 활음화함으로써 결과적으로 모음이 하나 줄어들게 되었다. 이 언어에서 모음이 연속해서 온다고 해서 항상 활음화가 되는 것은 아니다. 예를 들면, /ku-ote/ '아무 데나'는 /kwote/가 아니라 /kote/가 되기 때문에 /u/의 탈락이 일어나는 경우이다.

결론적으로 스와힐리어에서의 모음축약은 연속되는 두 개의 형태소 사이에서 일어나는 모음 충돌을 회피하는 방식으로, 모음이 탈락하거나 모음이 융합되어 하나가 되거나 활음화되어 모음이 하나로 축약되는 현상이 있다. 그러나 그 과정이나 현상이 대체적으로 규칙성이 있으나 획일적이지 않고 다양한 예외가 있다.

4.8. 보상적 장음화

세계 언어의 음운론에서 흔히 논의되는 보상적 장음화(Compensatory Lengthening)는 스와힐리어에서는 적용하기가 쉽지 않다. 앞서 논의한 모음의 탈락, 융합, 활음화를 통해 충분히 보상적 장음화가 예측됨에도 불구하고 음운론적으로 뚜렷하지 않다. 다른 반투어로 우간다에서 쓰이는 루간다(Luganda)의 경우를 예를 들면, 비음선행자음 현상에 동반되는 보상적 장음화를 Clements(1986)는 CV이론으로 다음과 같이 제시하였다.

(31)

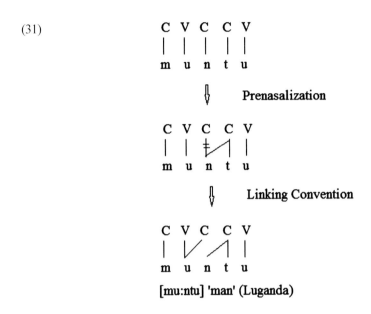

[mu:ntu] 'man' (Luganda)

CV이론으로 위의 현상을 간단히 설명할 수 있다. 즉 모든 분절음은 C나 V라는 시간자리(Timing Slot)를 차지하여 하나씩 기저부에서 연결되어(Linked) 있어서, 비음선행자음의 경우, 앞서는 비음이 원래 자음의 한 자리를 차지하고 있다가 그 지위를 상실하고, 뒤에 오는 자음과 함께 C 하나를 차지함으로써 빈자리가 생기게 된다. 이 빈 자리를 그 앞의 모음인 /u/가 자연스럽게 메우게 되어, 그 모음이 자리를 두 개 차지하게 됨으로써 장음화가 된다. 즉 비음 자음이 줄어든 자리에 모음이 대신 길어진다는 것으로 설명하는 것이다. 그러나 문제는 C나 V가 똑같이 시간을 차지하고 있다는 점과, 비음이 있던 C자리를 V자리의 /u/ 모음이 대신 차지한다는 것이 설득력이 부족하다.

이러한 CV이론의 약점을 보완하는 방법으로 제시된 이론이 모라 이론(Moraic Theory)이다. Hayes(1989)의 이론에 따르면, 모음과 겹자음은 모라를 가지고 또 받침으로 쓰이는 자음의 경우 모라를 가질 수 있다. 탄자니아에서 쓰이는 다른 반투어인 키지타(Kijita)에 대해서 Downing(1991)은 모라 이론으로 다음과 같이 변화를 설명하였다. oku-N-mira {to-me-swallow} '나를 삼키다'라는 구조의 기저형에서 보상적 장음화가 이루어지는 형태를 다음과 같이 전개하였다.

(32)

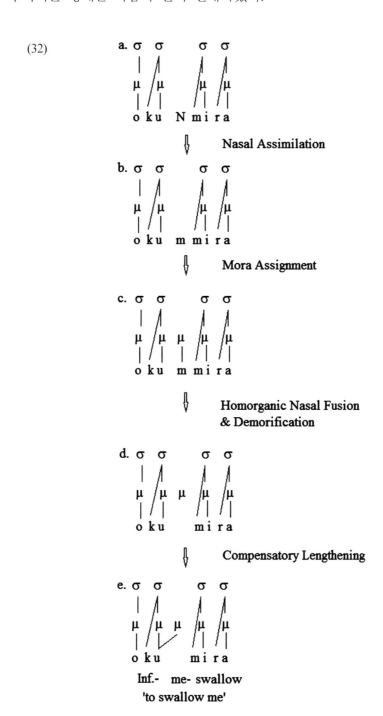

a. Nasal Assimilation

b. Mora Assignment

c. Homorganic Nasal Fusion & Demorification

d. Compensatory Lengthening

e. Inf.- me- swallow
'to swallow me'

먼저 (32a)에서 1인칭 목적격 형태소 N은 조음장소가 유동적인 자음으로 된 형태소이기에 기저형에서 모라가 없다. 그러나 이 자음은 뒤따르는 자음 /m/과 동화되어 겹자음이 되면 (b)와 같이 되어 모라를 받을 자격이 된다. 즉 겹자음은 모라를 받는다는 이론에 근거한다. 그러나 모라를 받은 (c)는 같은 자음이 하나로 융화(Fusion)되기 때문에 모라를 잃게 되어 (d)와 같이 된다. 겹자음이 사라지고 남은 모라는 앞에 있는 모음 /u/가 차지하여 (e)에서 보듯이 길어진다. 즉 자음이 잃은 모라를, 앞선 모음이 대신 차지하여 길이를 보상한다.

스와힐리어에서는 이러한 보상적 장음화 현상이 두드러지지 않는다. 그 첫째 이유로는 대부분의 보상적 장음화의 위치에 있는 비음선행자음 앞의 음절이 단어의 끝에서 둘째 음절(Penultimate)에 위치하여 강세를 받아 길어지게 된다. 또한 앞에 나온 예문에서 본 모음축약이나 탈락, 융합 등에서도 뚜렷한 장음화는 보이지 않지만 대부분 끝에서 둘째 음절에 위치하여 강세에 의한 장음화가 자연스럽게 생긴다. 그러나 무엇보다도 스와힐리어에서는 '모라'라는 개념보다 '음절'이라는 개념으로 충분히 길이를 보여줄 수 있다는 것이 중요한 이유이다.

4.9. 자음강화

스와힐리어에는 명사부류 접두사가 /n, m, ng/이 오고 이어서 활음 /w, y/, 유음 /l, r/, 또는 모음 /u, o/가 올 경우에, 뒤에 오는 이 소리들이 강화된 자음이 되어(Post-Nasal Hardening) 음의 지속성[+continuant]이 사라지고 비음선행자음 /nd, nj, ng, mb/가 되거나 /md/와 같은 연속이 만들어진다. 즉 폐쇄음이 된다.

(33)	기저형		자음강화	형태소	참조
a.	n-limi	→	ndimi	'cl.9, 혀'	cf. ulimi 'cl.11, 혀'
b.	n-lima	→	ndima	'cl.10, 힘든 일'	cf. ulima 'cl.11, 힘든 일'
c.	n-refu	→	ndefu	'cl.1, 크다'	cf. mrefu 'cl.1, 큰'
d.	n-oto	→	ndoto	'cl.11, 꿈'	cf. kuota '꿈꾸다'
e.	n-oa	→	ndoa	'cl.9, 결혼'	cf. o > *loa '결혼하다'
f.	n-uli	→	nduli	'cl.10, 죽이는 사람'	cf. kuua '죽이다'
g.	n-yema	→	njema	'cl.9, 좋은'	cf. 'nyema'는 못 찾음
			ngema (dial.)		
h.	n-ambi	→	ngambi	'cl.9, 서로 도움'	cf. ku-amba '이용하다'
i.	m-wingu	→	mbingu	'cl.9, 구름'	
j.	m-lomo	→	mdomo	'cl.3, 입'	
k.	m-wayuwayu	→	mbayuwayu	'cl.10, 삼키다'	
l.	m-wiliwili	→	mbiliwili	'cl.10, 물고기 이름'	
m.	m-oni	→	mboni	'cl.3, 눈동자'	cf. kuona '보다'
n	m-ovu	→	mbovu	'cl.3, 썩은'	cf. -ovu '나쁘다'
o.	n-uati	→	mbati	'cl.10, 막대기'	cf. uati 'cl.11, 장대'
p.	n-wili	→	mbili	'cl.9, 둘'	cf. wawili 'cl.2, 둘'

(33a-c)는 유음이 비음이 된 것을 보여주는 예들이고, (d-f)의 경우는 비음 다음에 모음이 온 경우인데도 선행하는 비음에 동화되어 비음선행폐쇄음으로 강화된 예들이다. 물론 (e)의 경우는 역사적으로 /l/이 존재했다는 증거를 찾을 수 있다. (g)는 비음 다음에 경구개 활음인 /y/가 올 경우에는 같은 조음위치에서 비음선행자음이 만들어지며, (h)는 모음 /a/가 후설저모음이므로 조음위치가 뒤로 가서 연구개 비음선행자음인 /ng/을 만들어낸다. (i)부터는 첫 자음이 /m/인 경우로서 처음부터 /m/인 경우와 /n/이 동화하여 /m/이 된 경우이다. (i-l)은 선행 비음이 양순음이라는 것만 다르고 (a-c)와 같은 현상이며, (m-n)도 (d-f)와 같이 모음이 올 때여서 비슷하다. (o-p)의 경우에는 비음 다음에 오는 모음이 후설고모음 /u/이거나 활음 /w/일 때 비음과의 상호영향으로 두 소리 다 동화현상이 일어난다. 위의 모든 예에서 비음 다음에 오는 소리가 강화되어 폐쇄음이 되어 비음선행자음이라는 분절음을 만들어낸다.

이러한 현상에 대해 두 가지 경우를 자질수형도(Feature Geometry)로 그리면 다음 (34)와 같다. 자질수형도가 도입된 동기는 자질에 대한 기존의 개념과 달리, 여러 자질들이 단순히 길게 나열되어 있는 것이 아니라 관련 있는 자질들이 따로 묶일 수 있고, 또 어떤 자질들은 다른 자질에 내포될 수 있다는 것을 시각적으로 보여주는 방법을 제시하려는 것이었다. 기존의 자질 개념에서는 자질들이 분류되지 않고 똑같은 일선상에 있고 같은 지위를 가진다고 보았으며 특정한 음운현상을 설명하기 위해서는 그 많은 자질들 중에 필요한 것을 빼어서 설명하게 되었다. 예를 들면, 조음장소에 관련한 자질과 성대의 유무성과 관련한 자질이 구분이나 묶음이 되지 않고 사용되었다. 그러나 자질수형도라는 개념에서는, 조음장소와 관련한 자질은 그것들끼리 한 묶음이 되고, 성대와 관련한 자질은 그런 자질끼리 한 묶음이 되어 있어서 서로 분리되어 있고 독립적이며 입체적인(비단선적인) 구조를 하고 있다는 것이다. 예를 들면, 자질수형도에서는 앞에 PL(Place) 자질을 그리고, 뒤에는 Lar(Laryngeal) 자질을 그려서 따로 보여줄 수 있다. 그 아래에 관련한 자질을 그려 넣음으로써 음운현상을 더 효과적으로 설명할 수 있다. 자질수형도에서 전제하는 것은 관련된 자질들끼리 구별된 가지에 달려 있고, 그 가지 아래 또는 위에 다른 자질군이 있을 수 있다는 개념이다. 즉 계층적 구조를 가지고 있다. 입체적이기 때문에 이전에 문제가 되었던 음운현상의 적용을 막는 선결치기나 교차현상(Line-Crossing)도 피할 수 있다. 즉 불투명성(Opaque)이라는 문제가 해결된다.

다음 (34)는 (33a)의 /n-limi/가 [ndimi] '혀'로 바뀌는 모양을 보여준다.

(34) a.

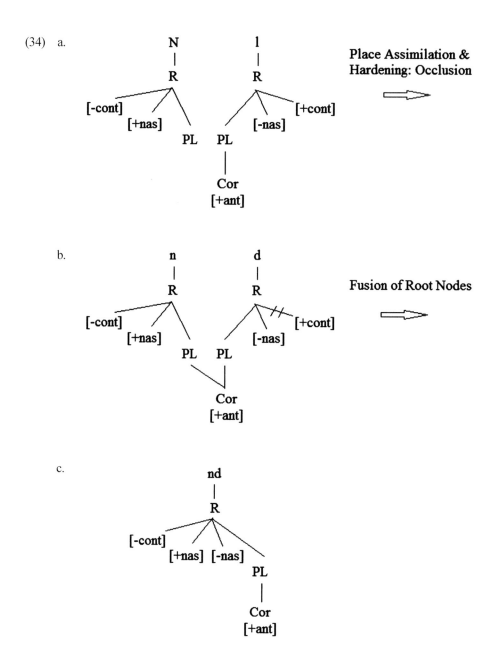

이 그림에서는 명사접두사 N의 주된 자질 성분은 [+nasal]과 [-continuant]이고 조음장소는 정해지지 않았다. 뒤따라오는 음 /l/의 특징은 [-nasal]과 [+continuant]이다. 조음장소는 설정성(Coronal)이면서 경구개 /ɟ/의 [-anterior]와 구별되는 치조음 /l/이므로 [+anterior]가 필요하다. 자질수형도에서는 입체적으로 구성되어 있다고 보기 때문에 그 순서를 임의로 배치할 수 있다. 그래서 서로 영향을 주고받는 [continuant]를 편의상

인접하게 배치하였다. 폐쇄성 비음 다음에 오는 유음 /l/은 공기 지속성을 유지하기가 어려워 폐쇄성으로 동화된다. 유성음이며 폐쇄음으로 /l/과 가장 가까운 스와힐리어의 음성은 /d/이다. /l/ → /d/로 되는 현상은 폐쇄음화가 되기 때문에 자음이 강화되었다 (Hardening)고 말하게 된다. 이 과정에서 선행비음과 이어서 오는 자음은 비음선행자음 이라는 단독 음소로 융화된다.

다음 그림 (35)는 앞의 (33p) /n-wili/가 [mbili] '둘'로 되는 과정을 보여준다. 여기서는 두 가지 변화가 있다. 하나는 비음 /n/의 조음위치 동화현상으로 비음의 조음위치가 치조에서 순음으로 바뀌는 것이고, 또 다른 하나는 활음 /w/가 폐쇄음 /b/로 바뀌어 상호동화(Reciprocal Assimilation)가 일어나는 현상이다. 언어보편적으로 또한 스와힐리어의 특성으로 치조음의 비음은 뒤따라오는 음이 순음이거나 구개음, 연구개음이거나 간에 조음위치가 동화되는 현상이 있다.

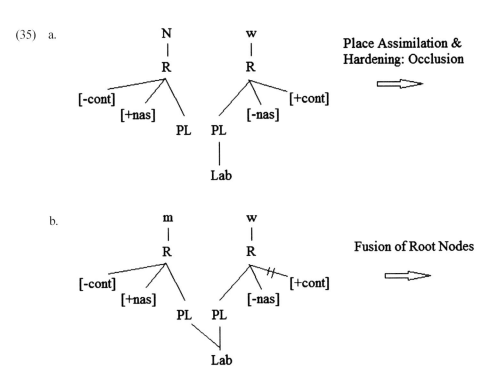

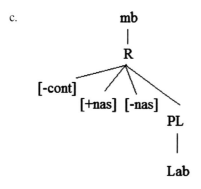

c.

그래서 그림 (35b)에서 PL 가지의 자질이, 첫 번째 음은 아직 조음 장소를 가지지 않고 두 번째 음은 [Lab]인데, 조음 장소가 정해지지 않은 비음은 뒤따르는 [Lab]에 동화되면서 그 자질을 공유하게 된다. 즉 순음동화(Labial Assimilation)이면서 역행동화(Regressive Assimilation)가 된다. 반면 두 번째 분절음의 변화를 보면, 원래 비자음이고 비폐쇄 활음인 /w/가 /n/에 있던 [-cont]와 연결됨으로써 폐쇄음이 된다. /w/가 [+cont] 자질만 변하고 모든 자질을 그대로 유지하면서 바뀔 수 있는 분절음은 [b]밖에 없다. 이러한 변화는 비음 뒤 자음강화현상으로 폐쇄음화(Occlusion) 현상이며 선행하는 음운에 영향을 받아 바뀐 것이므로 순행동화(Progressive Assimilation)이다. 그러므로 두 개의 분절음에 동시에 서로 영향을 끼쳐 변화를 가져왔으므로 상호동화이다. 동일 조음 위치에서 발화되는 비음선행자음은 결국 한 음소로 융화된다. 그래서 (c)와 같이 어근절점(Root Node)이 하나뿐인 복합단자음이 되는 것이다.

4.10. 마찰음화

스와힐리어에서 자음의 약화에는 크게 폐쇄음의 마찰음화, 비음선행자음의 비음 탈락과 폐쇄음 탈락이다. 먼저 자음의 마찰음화(Spirantization) 현상은 폐쇄음이 연속음이 되는 것으로, 무성이든 유성이든 파열음이 주로 전설고모음이나 전설활음 /y/ 앞에 올 때 일어난다. 반대로 폐쇄음이 아닌 활음이 전설고모음과 전설활음 /y/ 앞에서 마찰음이 되는 경우도 있다. 원래 전설고모음은 주로 7모음체계에서 초고모음 /i̧, u̧/이었다. 스와힐리어에서는 이 초고모음이 사라졌다.

(36)　　　　동사　　　　　뜻　　　　　　　　　　파생어　　　　　뜻

　　　a.　kuogopa　　'두렵다'　　　→　　kuogofya　　'두렵게 하다'

　　　　　kulipa　　　'지불하다'　　→　　mlifi　　　　'지불자'

　　　　　kuiba　　　'훔치다'　　　→　　mwivi/wevi　'도둑'

　　　b.　kupika　　　'요리하다'　　→　　mpishi　　　'요리사'

　　　　　kukoka　　　'굽다'　　　　→　　moshi　　　'연기'

　　　　　kukuta　　　'살찌다'　　　→　　mafuta　　　'고기 지방'

　　　　　kujenga　　'짓다'　　　　→　　mjenzi　　　'짓는 사람'

　　　c.　kupita　　　'지나가다'　　→　　kupisha　　'지나가도록 하다'

　　　　　kufuata　　'따르다'　　　→　　mfuasi　　　'따르는 사람'

　　　　　kufunda　　'배우다'　　　→　　kufunza　　'가르치다'

　　　　　kupenda　　'사랑하다'　　→　　mapenzi　　'연인들'

먼저 (36a)의 형태에서 동사어간이 /p, b/ 등 원순음으로 폐쇄음들이었는데, 사역형을
만들거나 명사형태를 만들 때 전설고모음 /i/나 전설활음 /y/ 앞에서 /f, v/로 바뀌었다.
(b)에서는 원래 형태가 /k, ng/를 가지고 있었는데 명사형에서는 /sh, f, nz/로 변화했다.
여기서 흥미로운 것은 /k/가 /f/로 바뀐 현상이다. (c)에서는 원래 형태들이 설정성[+cor]
을 가지고 있는 소리인 /t, nd/일 경우인데 /s, z/로 바뀌었다. 여기서 한 가지 주목할
만한 점은 순음과 설정음은 원래의 조음장소 자질 [+lab]나 [+cor]을 유지하면서 마찰음
[+cont]이 되는데, 연구개음은 원래의 [+velar]의 자질을 잃어버리고 /sh, f, nz/로 바뀌었
다는 점이다. 그 이유로는 원래 스와힐리어의 고유한 음소목록에 연구개마찰음 /x, ɣ/이
없었기 때문이다. 연구개마찰음이 없을 때에 작동한 문법에서 동사에서 사역형이 나오
거나 명사형이 생기는 과정에서, 없는 음소를 채택할 수 없기 때문에 어떤 경우는 가까
운 설정음으로 바뀌고, 어떤 경우는 [-cor]을 공유한 순음 /f/로 바뀌었다. 청각적으로
/k/는 조음적으로 가까운 /t/보다는 /p/에 가깝다는 것도 이유가 될 수 있다. 이는 (b)의
셋째 예인 kukuta → mafuta '고기 지방'에 대한 설명이 된다.

　　다음은 동사 형태에 있던 활음 /w/나 /o/가 마찰음으로 강화되어 /v/가 되는 현상이다.
자음강화현상이기도 하고 마찰음화현상이기도 하지만 앞의 설명과 분리하여 설명하고
자 한다.

(37)	a.	kule<u>w</u>a	'술 취하다'	→	mle<u>v</u>i	'술 취한 사람'
	b.	kuna<u>w</u>a	'손발을 씻다'	→	na<u>v</u>ya	'손발 씻게 하다'
	c.	kulo<u>w</u>a	'흠뻑 젖다'	→	lo<u>v</u>ya	'흠뻑 젖게 하다'
	d.	kutoa	'모자라다'	→	to<u>v</u>u	'부족함' cf. < towu

먼저 동사의 순음 활음인 /w/는 앞서 여러 현상들과 달리 조음장소가 바뀌지 않고 같은 위치에서 일어난다. 전통적으로 자음강화현상으로 보기도 하지만 마찰음화를 통해 새로운 형태가 드러나는 특징이 더 있다. 모음 사이에 있는 /w/보다는 /v/가 공명성이 더 떨어지지만 이렇게 함으로써 얻는 것은 주위의 모음 소리와의 공명도 차이를 증대하는 효과가 있다. 공명도연쇄원리(Sonority Sequencing Principle)에 따르면 음절은 음절의 핵으로 갈수록 공명도가 높아지도록 하며, 반대로 음절의 양쪽 가장자리로 갈수록 공명도가 낮아지는 방식으로 구성되는 원리가 있다. 특히 고모음 /i, u/나 활음 /y/ 앞에서 /w/가 잘 나타나지 않는 것은 둘 사이에 공명도의 차이가 적어 바람직한 공명도 차이를 형성하지 못하기 때문이다. 즉 /wyV/는 어휘의 어느 위치에서든지, /wi#, wu#, wo#/는 어휘의 마지막 음절에서 부적합한 음절이다. 반면 마찰음 v로 된 음절인 /vyV, vi, vu, vo/는 마지막 음절이든 아니든 항상 가능한 음절이다.

스와힐리어와 인접방언과 언어에서 일어나는 몇몇 마찰음화에 대해서는 다음 (38)과 같이 Nurse & Hinnebusch(1993)가 제시하였다. 언어별로 마찰음화의 정도가 차이나고 또한 특이한 종류도 보인다. 스와힐리어 표준방언은 오른쪽 끝에 네모로 표시한 Unguja 방언이다.

(38) 반투어의 마찰음화 @ Nurse & Hinnebusch 1993

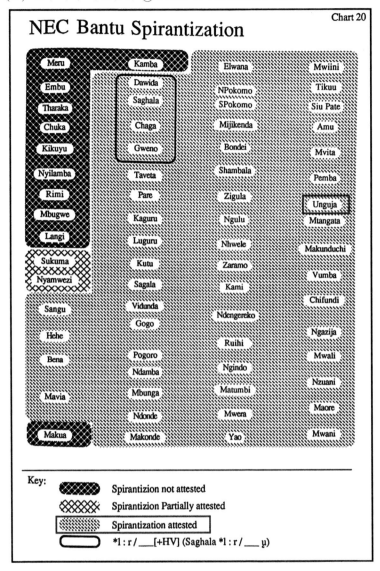

4.11. 무성자음 앞에서의 비음 탈락

스와힐리어와 인접 언어에서는 역사적으로 동일조음으로 일어나는 비음과 잇따라 오는 자음 사이에 여러 가지 음운현상이 있었다. 특히 다음 (39)에서 보듯이 비음 다음에 무성자음이 따라 올 때는 앞의 비음이 탈락하는 역사적 현상이 있었다. 스와힐리어에서 명사부류 9/10의 접두사는 둘 다 N이고, 명사부류 11의 접두사는 u이다. 명사부류 9/10과 11/10은 각각 짝을 이루어 단수와 복수를 만든다. 이 접두사 N은 명사에 따르는 형용사에도 같은 N을 필요로 한다. 그러나 이 N은 (39a)에서 보듯이 무성음 앞에서 역사적으로 탈락했다.

(39)	무성음 앞		실제 어휘	뜻	참조
a.	m̲pande	>	pande	'옆'	cl.9/10
	n̲tembo	>	tembo	'코끼리'	cl.9/10
	nkuku	>	kuku	'닭'	cl.9/10
	nfagio	>	fagio	'빗자루'	cl.9/10
	nchache	>	chache	'적은'	cl.9/10 Adj.
	n̲tatu	>	tatu	'셋'	cl.9/10 Adj.
b.	mb̲uzi	-		'염소'	cl.9/10
	ngumu	-		'어려운'	cl.9/10 Adj.
	nguo	-		'옷'	cl.9/10
c.	mpya	>	m̲.pya	'새로운'	cl.9/10 Adj.
	nchi	>	n̲.chi	'나라'	cl.9/10
	nswi	>	n̲.swi	'물고기 이름'	cl.9/10
	nta	>	n̲.ta	'밀랍'	cl.9/10

이 비음은 원래 자음 자음과 함께 복합자음 즉 비음선행자음(NC)을 구성하고 있고 음절에서 무게가 없다(Weightless). 즉 자체로서 모라나 음절을 이루지 못한다. 그래서 비음이 탈락했다. 이 탈락을 표시하는 흔적으로 음절 맨 앞에서 발음되는 폐쇄음들은 유기음화가 되었다. 즉 mpande '옆'이 pande가 되고 발음상으로는 [pʰande]가 되었다.

ntembo '코끼리'도 마찬가지로 [tʰembo]가 되었다. 음성적으로 유기성(Aspiration)이 있어 구분되는 발음이지만 표준 스와힐리어에서는 더 이상 이것이 무성무기음(Voiceless Unaspirated Consonants)과 음소적으로 변별되지 않는다. 반면, (b)의 예를 보면 같은 조음장소에서 발음되는 비음이라도 유성자음이 이어서 오면 그 비음은 탈락하지 않는다. mbuzi '염소'는 /m/이 같은 조음장소인 순음인 /b/ 앞에서 그대로 남아있다. 또한 흥미로운 것은 (c)의 예인데, 무성음 앞에서도 비음이 떨어지지 않고 오히려 독립된 음절을 이룬다. mpya '새로운'에서 형용사 어근 pya가 단음절이고 명사부류 9/10에 맞춘 형용사 비음 /m/이 떨어져 버리면 남는 형태소가 너무 작아 단어가 2음절도 되지 않는다. 그래서 이같이 단어가 2음절이 되지 못할 우려가 있을 경우 비음이 없어지지 않고 역사적으로 살아남았다. 이와 관련한 여러 현상과 분석방법은 6.4과 7.3에서 다시 다룬다.

Choti(2015)는 반투어에서 비음선행자음과 관련한 여러 가지 흥미로운 현상을 소개했는데, Kikonde, Kikuyu, Chiyao 등에서는 비음 다음에서 무성음이 유성음으로 바뀌고, Setswana, Kigalagari, Sesotho에서는 그 반대로 유성음이 무성음으로 바뀐다. Cilungu (또는 Ichirungu)에서는 '나'를 가리키는 비음 형태소가 무성음 앞에 오면 탈락되고 모음 /i/가 생긴다. 반면, Chiyao에서는 목적격 형태소인 비음이 /s/ 앞에서 탈락된다. 스와힐리어와 인접 반투어에서는 비음과 무성음과의 사이에 이와 같이 다양한 음운변화의 차이가 있다. Nurse & Hinnebusch(1993)도 이와 관련하여 (40)과 같은 언어지도를 제시하였다.

(40) 무성자음 앞 비음 탈락 © Nurse & Hinnebusch 1993

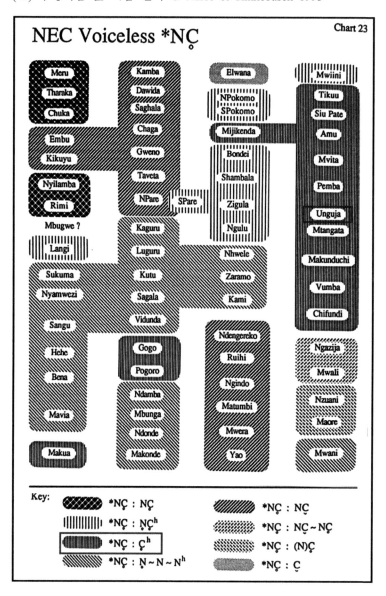

4.12. 비음선행자음의 약화

20세기 초에 Bantu어 학자인 Carl Meinhof(1932)가 반투어에서 발견되는 특별한 자음군 약화현상(Consonant Mutation)을 제안하였다. 그의 이름을 딴 이 마인호프의 법칙 (Meinhof's Law)은 반투어 자음 규칙에서 아주 중요한 규칙이 되었다. 이 규칙의 원리는, NC 연속체가 다음 음절에 또 다른 NC가 오거나 비음(N)이 오는 경우, 그 첫 NC는 경음 비음이 된다는 것이다. 이것을 공식화하면 NC → NN / _VNC ~ _VN이 된다. 여러 비음선행자음 중에 /mb/ 하나를 예를 들자면, mb → mm / _V {mb, nd, nj, ng, m, n, ny, ng'}으로 표기할 수 있다. Katamba & Hyman(1991)는 이 현상이 루간다에 뚜렷하고 특히 그 환경이 연구개 비음선행자음일 경우 두드러진다고 했다. 그 예로서, /emße:ngo/가 /emme:ngo/ '숫돌'이 된다. NC 연속체인 /mß/가 뒤에 따라오는 /ng/의 영향으로 /mm/으로 바뀌었다.

스와힐리어에서도 이와 같은 현상이 발견된다. 마인호프의 법칙은 오래 전에 일어난 현상이기 때문에, 관련된 형태소가 다른 어휘에 남아있지 않은 경우 원래 NC연속이었는지 단순한 N이었는지 분간하기 어렵다. 다음 도표의 자료들은 파편적으로나 다른 언어를 통해 재구된 관련 형태소를 참고하여 추론한 것들이다.8)

---

8) CB: Central Bantu, PSA: Proto-Sabaki

(41)	단어	뜻	출처	참조
a.	nembo	'문신'	kuremba '치장하다'	> ndembo
b.	mamba	'악어'	bamba (Shingazija)	> mbamba
c.	mimba	'태아'	CB*bimba	> mbimba
			PSΛ*vimba	
d.	nundu	'등 혹'	CB*dundu	> ndundu
e.	nungu	'고슴도치'	CB*dungu	
f.	mango	'흑멧돼지'	*mbango	
			*banga '송곳니'	
g.	ng'amba	'바다거북'	*ngaamba (Mwinii)	
h.	ng'ombe	'소'	ngombe (LP)	
i.	ng'ambo	'강 저편'		
j.	ng'onda	'말린 물고기'		
k.	ng'ongo	'야자수잎'	ugongo 'sg. 야자수잎'	

먼저 (41a)는 현재 남아있는 형태가 nembo인데 이는 '문신'이라는 뜻이고 이와 관련된 동사는 kuremba로서 '치장하다'의 뜻이다. 이 형태는 어근의 자음이 /r/이다. nembo와 같이 비음으로 시작하는 명사이면서 의미상 사물이나 일반 명사일 경우 명사부류 9/10에 속하기 때문에 명사표지 접두사는 N이라고 할 수 있다. 그럴 경우에 뒤에 있는 /r/과 만나면 /Nr/이 되는데, 이러한 자음군은 허용되지 않고 또 스와힐리어에 비음 후 자음강화현상이 있기에 같은 조음장소인 /nd/로 되어 중간단계의 형태가 되었을 것이다. 이 형태가 마인호프의 법칙에 따라 /nd/ → /nn/으로 되었는데 루간다와 달리 스와힐리어에는 비음에서 겹자음이 없다. 스와힐리어에서 mmea 같은 형태는 겹자음처럼 보이지만 두 소리는 분리된 음절에 속하는 두 개 다른 음이다. 스와힐리어에서 같은 음절에 있는 NN은 N으로 실현된다. 그래서 최종 형태인 오늘날의 nembo가 되는 것이다.

(b-c)는 /m+b/ → /mb/ → /mm/ → /m/으로 되는 경우인데 (b)는 다른 방언에서 원형을 찾았고, (c)는 같은 어족의 조어를 재구한 형태에서 유추한 것이다. 반면 (d)는 /n+d/ → /nd/ → /nn/ → /n/으로 되는 경우인데, 관련 조어의 재구형인 *dundu에서 왔음을 알 수 있다. (e-f)도 마찬가지 경우이고, (g)는 Mwiini라는 인접한 방언을 참조하였다. 특히 Mwiini의 ngamba와 스와힐리어의 ng'amba는 첫소리가 /ŋg/와 /ŋ/로 발음되고 두

가지 다른 음소들이며 스와힐리어 안에서도 두 가지가 다른 음소이다. (h) ng'ombe는 연구개 비음 /ŋ/만 있고 /g/가 없는데, 다른 여러 언어와 방언에서 ngombe로 나타나기 때문에 비음선행자음의 약화현상이 있었음을 쉽게 알 수 있다. (i-j)도 같은 현상이 일어난 형태라고 추론할 수 있는 어휘이다. (k)의 /ng'ongo/ 우리발음으로 [응옹고]라고 해야 하는데, 이것의 단수 형태인 ugongo가 있어서 쉽게 변화된 음운변화현상을 알아낼 수 있다. 명사부류 11/10은 단수는 /u/ 접두사를 가지고 있고, 복수는 N을 가진다.

마인호프의 법칙의 일종으로 볼 수 있는 콰냐마 법칙(Kwanyama Law)은 마인호프의 법칙에서와 달리, 첫 음절의 비음선행자음이 아니라 뒤쪽에 오는 것이 비음으로 바뀌는 것이다. 두 번째 오는 비음선행자음의 유성폐쇄음이 같이 초성을 이루는 비음과 같아지고, 더 나아가서 단순한 비음으로 바뀌기 때문에 결국 겹비음이 단순 비음으로 바뀌는 것이다. 곧 마인호프의 법칙과 같은 이화현상(Dissimilation)이나 바뀌는 대상이 역전되는 경우를 가리킨다. 이는 서남아프리카의 앙골라(Angola)와 나미비아(Namibia)에서 공용어로 쓰이는 콰냐마(Kwanyama 또는 Oshikwanyama)에 자주 나타난다. 또 코모로(Comoros) 섬에서 쓰이는 응가지자(Ngazija 또는 Shingazija)라는 말에도 비슷한 예가 있다(Meinhof 1984: 184, Bendor-Samuel 1989: 463).

(42)	Kwanyama	Bantu/Herero/Swahili	뜻
a.	ombaba	H. ombamba	'작은 고둥'
	ombuda	H. ombunda	'뒤'
	ondoda	B. *ondonda	'계단'
	ondado	B. ondando	'구입'
		B. *landa	'사다'
	ongadu	H. ongandu	'악어'
	onjebo	H.onjembo	'총'
	ongobe	H. ongombe	'짐승'
b.	Ngazija	cf. Bantu/Herero/Swahli	
	mpade	B. *mpande	'옆'
	mpade	B. *mpande	'쪽, 편'
	ongobe	Sw. ng'ombe	'소'
	nkobe	B. *nkombe	'숟가락'
	onyudo	B. *nyundo	'망치'
c.	Kwanyama	Wrong Form	
	ombinga	[x]ombiga	'옆'
	ondinge	[x]ondige	'동생들'

(42a)에서 보듯이 인접 언어인 헤레로(Herero 또는 Kiherero)나 반투어 재구어휘의 모양을 참조하면, 콰냐마에서는 NCV.NCV의 모양을 가진 경우 둘째 음절의 NC가 C로 바뀌는 현상을 볼 수 있다. 이때 첫 번째 NC는 /mb, nd, nj, ng/일 경우로 어느 것이든 상관이 없고, 두 번째 NC는 /mb, nd, nj /일 경우이다. (a)의 네 번째 예인 ondado의 경우에는 추가적인 설명이 필요하다. 먼저 '사다'의 뜻인 landa의 명사형 londo가 명사접두사인 /n/과 합쳐져서 on-londo가 된 다음에, 비음 다음에서의 자음강화현상으로 인해 먼저 ondando가 되고, 이것이 콰냐마 법칙으로 인해 다시 ondado가 되는 과정이다. 연속해서 오던 비음선행자음이 앞의 것만 남고 뒤의 것은 비음이 사라졌다.

(b)는 Ngazija의 예인데 여기서도 마찬가지 현상이 보인다. 아프리카 남서쪽의 Kwanyama어와 반대쪽, 즉 모잠비크 동쪽 바다에 있는 섬 Comoros에서 쓰이는 언어가 이렇게 닮은 현상을 보이는 것은 특이하며, 밀접한 친족관계가 있는지 독립적으로 발달

시킨 음운현상인지는 더 연구가 필요하다.

(c)는 두 번째 나오는 NC가 C로 바뀌지 않는 경우로서, 이때 첫 번째 NC는 /mb, nd, nj, ng/이고, 두 번째 NC는 /ng/일 경우이다. 즉 /ng/가 /g/로 바뀌어 ombiga, ondige로 되지는 않는다는 것이다. /ng/가 /mb, nd, nj/보다 더 보존성이 높은 이유가 무엇인지는 밝혀지지 않았다. 그래서 이 경우는 콰냐마 법칙의 예외라고 부른다.

스와힐리어에 나타나는 마인호프의 법칙과 그렇지 않은 콰냐마 법칙은 일종의 이화현상으로 이해할 수 있다. 같은 음성이 인접한 음절에서 반복해서 나타나는 현상을 회피하는 경우이다. 이와 같이 어떤 음운 규칙이 적용되는 대상(Target)과 일으키는 인자 혹은 요인(Trigger)이 인접해야 한다는 기준이 먼저 충족되어야 하는데, 이것을 Odden(1994)은 음절인접성기준(Syllable Adjacency Parameter)라고 하였다. 이러한 비음의 현상은 비음선행자음의 출처와 지위와 변화양상을 추론하거나 예측하는 데 도움이 된다.

4.13. 자음약화현상

또 다른 이화현상이면서 자음약화현상이 반투어에 있다. 돌의 법칙(Dahl's Law)은 두 음절에 연속해서 무성폐쇄음이 나타날 때는 앞의 음절의 유기성이 없어지고 유성음으로 바뀌는 현상이다. 이런 현상은 스와힐리어에는 나타나지 않지만 스와힐리어 자료가 정보를 제공하는 경우가 있다. 즉 스와힐리어와 인접 언어 또는 방언과의 차별성을 이러한 음운현상의 유무를 통해 비교하고 분류할 수 있다는 점에서 여기에 소개한다.

(43)	Kinyamwezi	Swahili	뜻
a.	b̲itʰa	p̲ita	'지나다'
b.	d̲atʰu	t̲atu	'셋'
c.	mugatʰe	mk̲ate	'빵'
	Kikuyu	기저형	뜻
d.	gikʰuyu [ɣ]	k̲ikuyu	'키쿠유 사람'
e.	gokʰama [ɣ]	k̲okama	'젖 주다'
f.	gotʰara [ɣ]	k̲otara	'헤아리다'
g.	k̲oruga [k]	k̲oruga	'요리하다'

(43a-c)는 탄자니아에서 쓰는 키냐무에지(Kinyamwezi)라는 언어에서 찾은 예들로서, 스와힐리어와 비교해 보면, 앞 음절의 자음이 /p, t, k/ 중에 어느 것이든, 뒤따라오는 무성유기폐쇄음과 달리하기 위한 방편으로 유기성과 무성성을 잃고 유성음화가 되어 /b, d, g/가 되었다. (d-f)에서도 마찬가지 현상이 일어나는데 이것은 케냐에서 쓰는 키쿠유에서 보이는 현상이다. 이 언어에서는 무성폐쇄음이 유성음화할 뿐만 아니라 마찰음화까지 발전한다. (g)는 연속된 음절에서 무성폐쇄음이 없어서 이런 현상이 일어나지 않은 경우이다. 돌의 법칙도 반투어의 중요한 음운현상 중에 하나이나 표준 스와힐리어에서는 일어나지 않는 현상이다.

4.14. 모음조화

스와힐리어는 루간다, 치쇼나(Chishona), 치체와 등의 다른 반투어처럼 5음절체계로 아주 간략화된 체계를 가지고 있다. 모음조화의 문제는 동사의 확장된 어간 안에서 고모음은 고모음끼리, 중모음은 중모음끼리 동화한다는 피상적인 기술보다 훨씬 더 복잡한 설명이 필요하다. 스와힐리어의 모음조화(Vowel Harmony)는 자질의 잉여성 (Redundancy)과 급진적 미명세성(Radical Underspecification), 저모음의 모음조화 투명성 (Transparency) 및 불투명성(Opaqueness)이라는 개념이 필요하다. 먼저 고모음과 저모음의 모음조화와 관련된 다음 예를 보자.

(44)　　　　Vr-(ext)-fv　　　　뜻

  a. pig-i-a   ‘누구를 위해 요리하다’

  b. chuku-li-a ‘누구를 위해 들고 가다’

  c. kat-az-a   ‘막다’

  d. anz-ish-a ‘시작하다’

  e. zui-a   ‘막다’

  f. anguk-a   ‘넘어지다’

위와 같이 중모음(Mid Vowel)이 아닌 고모음과 저모음 즉 /i, u, a/는 서로 자유롭게 올 수 있다. 반면에 중모음의 경우는 다음과 같은 분포를 보인다.

(45)　　　　Vr-(ext)-fv　　　　뜻

  a. pony-ok-a ‘미끄러져 나가다’

  b. log-o-a   ‘귀신을 쫓다’

  c. pok-e-a   ‘받다’

  d. pelek-a   ‘주다’

  e. pelek-e-a ‘부르러 보내다’

  f. teg-u-a   ‘올무를 놓다’

  g. lev-uk-a ‘정신 차리다’

  h. geuk-a   ‘돌아서다’

  i. kenu-a   ‘이를 드러내 보이다’

위에서 보듯이 CoCo, CeCe, CoCe는 가능하지만 CeCo는 스와힐리어에 불가능하다. 또한 인접어인 루간다, 치쇼나, 치체와에서도 똑같은 현상을 보인다. 이것이 스와힐리어와 인접 반투어의 모음조화의 설명에 가장 큰 문제였다. 이 문제를 해결하는 것이 스와힐리어와 동부반투어 모음조화의 관건이므로 이 문제를 중심으로 논의하고자 한다.

(46)   Luganda (Murphy 1972)   bembuka   '벗어나다'
   a.   jeemuka   '제출하다'
   b.   kenkula   '정보를 많이 받고 있다'
   c.   Chichewa (Scullen 1992)   yepula   '꼭대기를 다듬다'
   d.   pepuka   '가볍다'
   e.   sefuka   '물이 넘치다'
   f.   Chishona (Beckman 1994)   setuka   '뛰어넘다

이에 대한 설명으로 이전 전통적인 반투어 음운론 연구에서는 이를 예외적으로 보거나 동사어근 안에서 일어나는 모음 배열을 무시했다. 다시 말하면 어근 밖으로 확장될 때만 모음조화가 적용된다는 논리였다. 예를 들면, andik-i-a (Vr 'write'-ext 'for'-fv) vs. pelek-e-a (Vr 'send'-ext 'for'-fv) 등에서 확장형 형태소로 /i, e/가 정확히 사용되었다고 주장하였다. 또한 심지어 운율음운론에서도 이들을 예외로 보았다(Luganda: Katamba 1984; Chichewa: Scullen 1992; Chishona: Beckman 1994).

이렇게 보편성을 가진 중모음과 관련된 모음조화를 예외로 본다는 것은 설득력이 떨어진다. 그래서 여기서는 이러한 특별한 모양의 모음 연속에 대한 분석을 하고 이들이 예외적이 아님을 설명하고자 한다. 이렇게 함으로써 스와힐리어뿐만 아니라 5모음체계를 가진 다른 반투어에서 일어나는 현상을 한꺼번에 설명할 수 있는 장점이 있다.

먼저 스와힐리어의 5모음이 앞 음절과 다음 음절에서 일어날 수 있는 가능성 (Co-Occurrence)을 도표로 제시하면 다음과 같다. ✔표 된 부분은 일어날 수 있는 조건 이다.

(47)

V_n / V_{n+1}	i	e	a	o	u
a. i	✔		✔		✔
b. e		✔	✔		✔
c. a	✔		✔		✔
d. o		✔	✔	✔	
e. u	✔		✔		✔

먼저 세로로 개수를 헤아려 보면, 공교롭게도 /a, u, i, e, o/ 순으로 /5, 4, 3, 2, 1/의 가능성을 보이고 있다. 즉 /a/는 모든 모음 다음에 올 수 있고, /o/는 한 가지 모음 즉 /o/ 다음에서만 올 수 있다. 이와는 달리 가로로 보면 각각의 모음은 그 다음에 올 수 있는 모음은 똑같이 세 개씩 즉 /i/ 다음에 올 수 있는 것은 /i, u, a/이고, /e/ 다음에 올 수 있는 것은 /e, u, a/ 등등이다.

이를 설명하기 위해서는 자질에 대한 미명세 이론이 필요하다. 미명세 이론이란 어떤 분절음이 가지는 여러 자질들을 모두 표시해 주는 것이 아니라 다른 자질에 의해 예측 가능할 경우 생략하는 것을 말한다. 예를 들면, [+nasal]이라면 [+sonorant]라는 자질을 표시하지 않아도 되는 것이다. [+sonorant]는 당연히 [+nasal]은 아니지만 [+nasal]은 대부분의 언어에서 당연히 [+sonorant]이다. 비음은 모두 공명성이 있기 때문이다. [+nasal, -sonorant]는 있을 수 없다. 그런데 [+nasal]이면 당연히 [+voiced]인지는 언어에 따라 달라질 수 있다. 가끔 무성비음이 있기 때문이다. 이러한 이론은 자질최소화원리 (Feature Minimization Principle)라는 것으로서 Archangeli(1984)가 주장한 이론이다. 이 이론에서는 어떤 언어에 있는 여러 다른 음소를 구분하는 기술에 있어서 최소한의 자질로서 기술할 때 가장 잘 된 기술이라는 것이다. 기본적으로 잉여자질(Redundant Feature)뿐만 아니라, 규칙을 통해 미명세된 자질을 유추할 수 있을 때에도 그 자질을 명세하지 않는데 이 경우까지를 포함한다. 이것을 급진적 미명세라고 한다.

스와힐리어와 동부반투어의 모음조화를 설명할 때는 모음에 대한 급진적 미명세의 개념이 필요하다. 급진적 자질 미명세는 잉여적인 자질에 대해 표시를 하지 않을 뿐 아니라 다른 자질 표시를 유추하여 그 자질을 추론할 수 있는 경우에도 표시하지 않는 방식이다. 이는 단순 미명세 자질표시와 다르다. 다음 (48)과 같이 최소한의 자질표시로 도 다른 빈칸의 자질을 유추할 수 있다. 즉, [+low] → [-high], [ ] → [+high], [ ] → [-low], [ ] → [-round]로 규정할 경우 다음과 같이 표기할 수 있다.

(48)

	i	e	a	o	u
high		-		-	
low			+		
round				+	+

[+low] → [-high], [ ] → [+high], [ ] → [-low], [ ] → [-round]

이들에 대한 비단선적 자질표기를 그리면 다음과 같다.

(49)

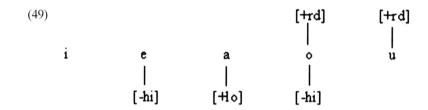

즉, 이 그림에서 /i/는 아무 자질도 표시되지 않았지만 [+hi, -lo, -rd]임을 알 수 있는 이유는, /e/에 [-hi]가 되어 있으므로 표기되지 않은 것은 [-hi]가 아니라는 뜻이 되며, 그렇다고 [+lo]가 되지 않은 것은 /a/만 [+lo]가 되어 있기 때문이다. 즉 표시가 없는 경우는 표시된 경우와 반대의 경우이기 때문이다. 같은 방식으로 /e/가 [-hi, -lo, -rd]임을 알 수 있다. 먼저 [-hi]가 되어 있지만 [+lo]가 되지 않는 것은 /a/에 [+lo]가 되어 있기 때문이다. 물론 [-rd]인 이유는 /o/와 /u/에 [+rd]가 되어 있기에 표기가 없는 것은 다 그 반대이기 때문이다. /a/도 같은 방식으로 [-hi, +lo, -rd]가 된다. 반면, /o/는 자질을 두 개를 표기해야만 [-hi, -lo, +rd]임을 드러낼 수 있다. [+rd]를 표기하지 않으면 /u/에 [+rd]가 있기에 [-rd]인 줄 오해할 수 있기 때문에 표시해야 하며, [-hi]도 /e/에 [-hi]가 있기에 표시하지 않으면 그 반대인 [+hi]로 오해될 수 있기 때문이다. /u/는 [+rd] 하나만 표시해도 같은 이유로 [+hi, -lo, +rd]가 된다.

이렇게 모든 자질을 명세하지 않고 급진적 미명세를 채택한 위의 그림에서 특히 /i, a, u/의 공통적인 특질은 [-hi]가 없는 음운이다. 이 [-hi] 자질이 없는 소리가 스와힐리어에서 중요한 역할을 한다는 것은, 차용어의 자국어화(Nativization) 과정에서 받침으로 끝나는 음절을 허용하지 않기 때문에 CV음절을 만들기 위한 매개모음으로 사용된다는 점에서도 알 수 있다.

(50)		모음첨가	차용어	어원	뜻 (출처)
	a.	/u/ after labial	timu	team	'팀' (English)
			sababu	sabab	'이유' (Arabic)
	b.	/a/ after laryngeal	sakafu	saqf	'평지붕' (Arabic)
			silaha	sila:h	'무기' (Arabic)
	c.	/i/ after others	ujira	ujra	'급여' (Arabic)
			samaki	samak	'물고기' (Arabic)

빌려온 말의 끝 음절이 자음으로 끝날 경우 CV음절을 만들기 위해 활용되는 모음은 /u, i, a/이다. 끝 자음이 [+rd]로 명세되어 있을 경우 /u/를 채택하고, 끝 자음이 [+lo]로 되어 있을 경우 /a/를 채택하며, 그 외의 경우 즉 아무 것도 명세되어 있지 않을 경우 /i/를 채택한다. 다시 말해 순음은 /u/, 후두음은 /a/, 그 외에 설음은 /i/를 취하여 재음절화 를 한다. 이것으로 볼 때 여기서 제안하는 급진적 미명세 이론에 의한 모음의 자질이 근거가 있고 앞으로의 논지에 활용되는 데 어려움이 없을 것이다.

　Beckman(1994)은 CeCo 대신에 CeCu가 나타나는 것을 예외라고 하였으며, Scullen (1992)도 예외적이거나 비조화적(Exceptional or Disharmonic)이라고 하였다. 그렇지만 실제로 스와힐리어에서는 오히려 CeCu가 가장 흔하고 규칙적인 음절연속이라고 할 수 있다. 특히 7모음체계를 가진 인접 언어를 분석하면 이를 더욱 분명히 뒷받침하는 증거를 얻을 수 있다. 즉 이 언어에서는 /i, e, ɛ, a, ɔ, o, u/의 모음체계를 가지고 있는데 여기서는 CɛCɔ가 아니라 CɛCo를 보편적으로 찾을 수 있다. 스와힐리어, 치쇼나, 루간다 등에서 이러한 7모음체계에서 5모음체계로 바뀌었다는 사실을 두고 볼 때, 5모음으로 바뀌기 이전부터 이미 저중모음(Lower-Mid) /e/는 고중모음(Higher-Mid)인 /o/와 조화를 이루고 있었다는 점은 아주 중요한 단서이다.

　차용어 재음절화에 사용되는 모음들의 급진적 미명세 자질을 보면 다음 (51)과 같다.

(51)	음절말 자음	순음	설음	후두음
[low]				+
[round]		+		
Syllabifying V		u	i	a

모음을 채택해서 새로운 음절을 만들어야 하는 경우 마지막 음소가 순음일 경우 [+round]를 가진 /u/를 채택하고, 마지막 음이 후두음일 경우 [+lo]를 가진 /a/를 채택한다. 반면 마지막 음이 설음(설첨, 설정, 설근)일 경우에는 급진적 미명세에서 [low], [round] 자질에 모두 표지가 없는 /i/를 채택한다. 앞에서 5모음의 비교에서 나온 자질 [high]는 /i, u, a/에 모두 미명세다. 이와 같은 자질을 활용하여 차용어를 재음절화(Syllabification)하여 자국어화하는 과정을 음절자질수형도로 그리면 다음과 같다. 이 그림에서 보면 급진적 미명세 이론에 따라 명세된 자질은 [+rd]와 [+lo]인데 자국어화하려는 외국어 어휘의 마지막 자음과 뒤이어 오는 모음과 공유하는 현상을 보여준다. 즉 공통적인 자질을 가진 모음을 재음절화에 채택한다.

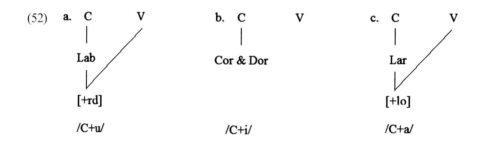

스와힐리어 이웃 언어이며 콩고민주공화국의 동부에서 쓰이는 킬레가(Kilega)는 7모음 체계를 가지고 있는데 모음조화가 스와힐리어와 비슷한 양상을 보인다. CɛCo가 자연스런 연속체로 쓰인다(Botne & Kisanga 1994).

(53) a. gɛloka   '싹이 나다'   gɛlola   '바뀌다'

     b. rɛpoka   '듬직하게 되다'   sɛlɛmoka   '미끄러지다'

모음 /e/가 특별히 유표적이지는 않다는 또 다른 증거가 있다. 즉, 단음절 동사에서 어말 모음을 제외하면 동사자체에 원래 모음이 없다. 그러므로 모든 단음절 동사는 /a/로 끝난다. 그러나 흥미롭게도 이러한 단음절 동사가 수동형이 되면 /iw/나 /ew/가 생겨난다. 이때 모음을 선택하는 근거가 없으며 심지어 두 가지 다가 나타나기도 한다. 이런 점에서 /i/나 /e/ 중 어느 것이 더 유표적이라고 말하기는 어렵다. 게다가 스와힐리어와 달리 루간다는 /i/를 채택하고, 치체와는 /e/를 택한다는 점에서 더욱 흥미롭다.

(54)		Swahili	Stem	Causative	Passive	Transitive	뜻
	a.	/i/	la	lia	liwa	lisha	'먹다'
			fa	fia	fiwa	fisha	'죽다'
	b.	/e/	nywa	nywea	nywewa		'마시다'
			wa	wia/wea			'되다'
		Luganda	Stem	Applicative	Causaive	Passive	
	c.	/i/	gwa	gwira	gwisa	gwibwa	'넘어지다'
			fa	fiira	fiisa	fiibwa	'죽다'
			nywa	nywera	nywesa	nywebwa	'마시다'
			kya	keera	keesa		'동트다'
		Chchewa	Stem	Extension			
	d.	/e/	dya	dyetsedwa			'먹히게 하다'
			mwa	mwedwa			'취하다'

결론적으로, 스와힐리어와 인접 언어에서의 5모음체계에서의 모음조화의 문제는 획일적으로 설명이 가능하다. 즉 모음조화는 동사어근 안에서와 어근 밖에서 즉 확장 어간에서도 일관성 있게 적용된다. 이는 차용어에서 사용되는 세 가지 모음의 특성을 통해서도 알 수 있었다. 그러므로 5모음체계에서 CeCo 대신에 CeCu가 나타나는 것은 당연한 것이며 결코 예외적이거나 비조화적인 현상이 아니다.

4.15. 모음조화에 대한 최적성이론 분석

생성음운론에서 음운규칙과 규칙순서에 의한 음운형태 연구에 새로운 도전이 있었다. McCarthy & Prince(1993b, 1995b)와 여러 연구자들은 형태론적인 여러 현상들이, 연쇄적이고 파생적이며 순서가 정해진 규칙에 의한 결과라기보다는 언어를 지배하고 있는 제약(Constraints)과 그 제약의 위계 또는 순위(Ranking)에 의해 결정된다는 이론을 제시하였다. 다시 말해, 어떤 언어의 문법에 있어 음운론과 형태론은 규칙이나 과정을 통해서 파생되어 나오는 것이 아니라 문법 그 자체가 제약의 집합이라고 보는 것이다. 즉 제약을 잘 준수한 음운과 형태가 가장 보편적이고 가장 빈도가 높고 가장 실현 가능한 모양이라고 보며, 이것이 곧 그 언어를 구성한다고 보는 시각이다. 이 이론에서는 실제로 사용되는 형태가 어떤 이유에서 자연스럽게 사용되며, 어떤 형태보다 더 많이 사용되며, 어떻게 방언간의 차이를 가져오는지 설명할 수도 있게 되었다.

스와힐리어 모음조화의 분석에 있어 지금까지 도입된 급진적 미명세 이론을 활용하여 최적성이론에 적용하면 설명적 간결성을 도모할 수 있다. 앞에서 제시한 급진적 미명세 자질로서 [-hi], [+lo], [+rd]를 스와힐리어 모음조화를 설명하는데 활용하고자 한다. 이 언어에서 일어나는 모음의 출현은 이 세 가지 자질에 의해 좌우된다. 다시 말해, 스와힐리어 모음조화는 동사에서 어떤 위치에 이 자질이 구조화되어 있는지 없는지에 달려 있다는 뜻이다. 그래서 이 모음조화를 설명하기 위해서는 세 가지 자질 연계 제약을 제안함으로써 일반적으로 인정되는 모음조화를 설명하면서도 기존에 겉으로 보기에 예외라고 여겨졌던 모음 발생 현상에 대한 문제도 해결하게 된다.

첫째, 문제가 되는 중모음(Mid Vowel)은 특징적으로 동사어근의 시작에 위치하게 된다. 다시 말해 모음조화는 동사어근의 첫음절부터 시작된다고 말할 수 있다. 그래서 [-hi]는 위치상으로 유표적이고, 만약 이 자질을 가진 중모음이 어근 첫 음절의 위치에서 나타나지 않는다면 그 모음의 [-hi] 자질은 앞 음절의 모음의 같은 자질에 다중으로 연결되어(Multi-Linked) 있어야 한다. 이것을 제약으로 만든다면 다음과 같은 제약이 될 것이다.

(i) Constraint ALIGN-L [-hi]: [-hi] 자질은 어근의 왼쪽 끝에 위치하도록 한다.

둘째, [-hi]의 특징은 이 자질이 이후에 오는 모음에 계속해서 연결되어 그 동사의 끝까지 계속되어 모음조화가 확장된다는 것이다. 이것을 제약으로 쓰면 다음과 같다.

(ii) Constraint ALIGN-R [-hi]: [-hi] 자질을 동사 오른쪽 끝까지 위치하도록 하라.

셋째, [-hi]를 오른쪽으로 확장해 가다가 어떤 특별히 표지된 자질을 가진 모음을 만나면 진행하지 못하고 정지하는 현상을 보여주는 제약이 필요하다. 다시 말해 모음조화는 다음 음절의 어떤 모음이 앞 음절의 모음과 공유하는 자질이 아닌 단독으로 자질을 보유하고 있을 때는 그 모음 앞에서 모음조화가 중단된다. 즉 다음과 같은 제약이 된다.

(iii) Constraint NO-LINK [-hi] with [F]: 중모음의 [-hi]는 동사어근의 첫 음절과 연결되지 않은 자질을 가진 어떤 모음과도 연결되지 못한다. 즉 [-hi]가 전진해 가지 못한다.

이같이 어떤 자질이 단독으로 표시되어 있느냐 다른 음절의 모음과 공유하도록 되어 있느냐에 따라 그 영향이 달라지는 것은 특별한 현상이 아니다. 왜냐하면 자질의 명세 정도와 구조는 자질수형도이론(Clements & Hume 1995)에 따르면 음운현상에 중요한 영향을 끼치기 때문이다. 가지를 벌인 또는 분지형 접점(Branching Node)을 가진 자질은 그렇지 않은 자질과 달리 행동할 수 있기 때문이다. 가지를 벌인 것은 앞서 언급한 것처럼 어근의 첫 음절로부터 자질을 공유하기 때문에 동사 분포상으로 자질이 많이 명세된 모음일수록 형태소에서 앞 음절에 올 경우가 훨씬 많다. 그래서 음절의 위치에 따라 모음의 발생빈도가 달라져 균형이 맞지 않는 것이 사실이다. Scullen(1992)은 이러한 분포적 불균형을 인접한 치체와에서 그 경향을 분명히 보여주었다. 비슷한 현상으로, 스와힐리어의 경우 단순히 찾아보기만 해도 CuCi가 CiCu보다 훨씬 더 많이 분포하고 있다. 그 이유는 /i/는 아무런 급진적 미명세 자질이 표시되지 않지만, 명세된 자질이 하나 있는 /u/는 어근의 첫 음절에 올 확률이 /i/보다 높다. 마찬가지로 CaCi가 CiCa보다 훨씬 많고, CoCe는 있으나 CeCo는 하나도 없다. 반면, CiCi, CeCe, CoCo, CaCu, CuCa 등은 첫음절이나 둘째 음절이 명세된 자질의 수가 0-2개로 같기 때문에 모두 허용되는 형태이다. 모음조화에 이상이 없는 모습이다.

이러한 세 가지 제약을 가지고 스와힐리어와 동부반투어에 공통적으로 일어나는 동사의 모음조화를 잘 설명할 수 있다. 첫 번째 제약인 ALIGN-L [-hi]는 이전에 모음조화의 예외 사항이라고 했던 것을 아주 잘 설명한다. 다음 (55)의 예는 모두 이 첫 번째 제약을 지키지 않아 허용되지 않은 것을 보여준다.9) 이 예들을 보면 [-hi]가 한결같이 음절의 처음에 있지 않다. 모두 둘째 음절에 배치되어 있는데 그래서 모두 부적합한 형태이다. CiCe, CiCo, CaCe, CaCo, CuCe, CuCo는 스와힐리어 동사에 나타나지 않는다. 즉 모음조화되지 않은 연속이기 때문이다. 반면, 참조로 제시한 CiCi, CiCu 등은 [-hi]와 관련된 문제가 없다.

(55) ALIGN-R [-hi]

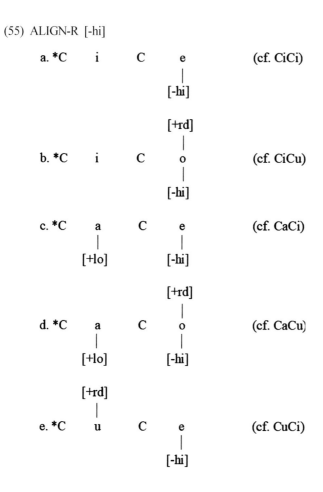

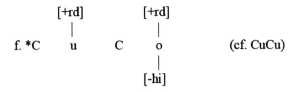

f. *C   u   C   o   (cf. CuCu)

모음조화를 지키는 옳은 형태가 되려면 ALIGN-R [-hi]을 또한 지켜야 한다. 다음 예에서 보면 (56a, c)는 이 제약을 지켰다. 다시 말해 [-hi]가 오른쪽 끝까지 연결되어 있다. 이 제약은 [-hi]가 표시되면 반드시 끝까지 진척되어야 한다는 것이다. (a)와 (c)에서는 첫 음절에서 시작하여 다음 음절까지 계속되어 있기 때문에 적합한 형태이고, (b)와 (d)에서는 [-hi]가 첫 음절에 나타나서 다음 음절로 연결되어 있지 않다. 그래서 이같이 제약을 어기게 되어 부적합한 모양이 되었다.

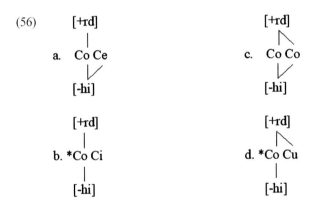

앞의 제약에서는 모든 [-hi]가 그 다음 음절로 연결되어야 한다고 했지만, 세 번째 제약 때문에 모든 [-hi]가 첫 음절의 모음과 연결되어야 하는 것은 아니다. 왼쪽에서 시작한 [-hi]가 어떤 자질이 명세된 모음을 만나면 연결되지 못한다. 그래서 이것을 연결방지모음(Link Blocker)이라고 한다.

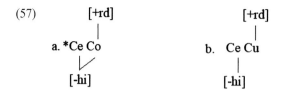

(57)의 구조에서 (a) CeCo는 부적합한 것이다. 그 이유는 첫 음절에 명시되어 있는 [-hi]가 그 다음 음절이 [+rd]가 되어 있는데도 연결했기 때문이다. ALIGN-L와 ALIGN-R를 다 지켰지만 NO-LINK를 지키지 않아서 부적합한 형태이다. 반면, (b) CeCu는 ALIGN-L 제약을 지켰고 ALIGN-R 제약을 지키려고 하니 다음 음절의 모음이 [+rd] 자질을 독립적으로 가지고 있기 때문에 [-hi] 자질을 연결시키지 않았다. 이것은 올바른 방식으로 여러 제약을 하나도 어기지 않았다. 특히 (57b)의 CeCu라는 적합한 형태는 스와힐리어 모음조화현상 설명에서 가장 중요한 문제에 대한 해답이 된다. 자질의 연결을 막는 [+rd] 때문에 첫음절의 [-hi] 자질이 영향을 끼치지 못했기 때문에 둘째 음절의 모음은 /o/가 아니라 /u/가 되어 스와힐리어에서 자연스레 발견되는 형태가 되었다. CeCo가 중모음의 연속이므로 올바른 형태인 것 같고, CeCu는 중모음과 고모음이 이어서 오기 때문에 전혀 조화롭지 못한 것 같지만, 실상은 이 두 번째 것이 자연스런 형태라는 것을 모음조화제약 중 특히 세 번째 제약으로 잘 설명된다. CeCu는 더 이상 예외나 부조화가 아니라 이 제약들로 쉽게 설명되는 규칙적인 형태라고 말할 수 있다.

다음 그림은 같은 모음이 연속될 때의 경우를 보여준다. (58a-c)는 [-hi] 자질이 없기 때문에 제약이 문제가 되지 않는다. 반면 그림 (d)의 경우 [-hi]가 있고 그것이 어근의 왼쪽부터 시작하였기에 첫 번째 제약을 지켰고 또 어휘의 끝까지 연결되어 있기 때문에 적합하다. 마침 끝까지 가는 길에 아무런 다른 자질이 명세되어 있지 않기 때문에 세 번째 제약도 적용할 필요가 없다. (e)의 경우 [-hi]가 왼쪽에서 시작하였는데 마침 [+rd]도 같은 음절에서 시작하여 오른쪽으로 연결을 계속하였다. 두 자질 모두 왼쪽 끝에서 오른쪽 끝까지 연결되어 있으므로 [-hi]와 관련된 세 가지 제약들이 무리없이 다 지켜졌다. 특히 세 번째 제약은 단일로 연결된(Singly-Linked) 다른 자질이 있으면 [-hi] 자질을 계속 오른쪽으로 연결시키지 말라고 했는데 이것을 지킬 필요가 없게 되었다. 오른쪽 음절들의 모음이 가진 자질이 독립적으로 가지지 않고 왼쪽의 모음과 공유하고 있기 때문에 [-hi]가 계속 연결되는데 방해받지 않기 때문이다. 여러 개에 연결된(Multi-Linked) 자질들 즉 [+rd], [+lo], [-hi]가 모든 예들에서 각각 공유하기 때문에 세 번째 제약에 구애받지 않는다.

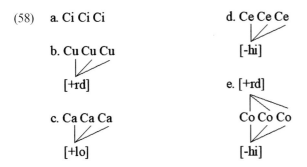

(58)
  a. Ci Ci Ci

  b. Cu Cu Cu
        [+rd]

  c. Ca Ca Ca
        [+lo]

  d. Ce Ce Ce
        [-hi]

  e. [+rd]
     Co Co Co
        [-hi]

다음 (59)의 예들은 스와힐리어 모음조화에서 저모음 /a/가 관련된 경우이다. 이 모음은 [+lo]가 명시되어 있어서 [-hi]를 방해하는 역할을 할 수 있다. [+lo]가 동사의 첫 음절에 있지 않을 경우에는 [-hi]가 이 자질과 연결할 수 없다.

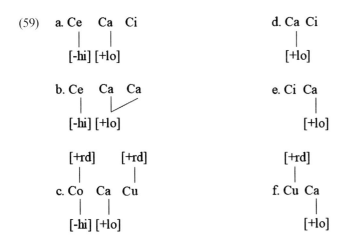

(59)
  a. Ce   Ca   Ci
     [-hi] [+lo]

  b. Ce   Ca   Ca
     [-hi] [+lo]

    [+rd]   [+rd]
  c. Co Ca Cu
    [-hi] [+lo]

  d. Ca Ci
    [+lo]

  e. Ci Ca
       [+lo]

    [+rd]
  f. Cu Ca
       [+lo]

그래서 (59a-c)는 적격인 형태가 된다. 이 그림에서 [-hi]와 [+lo]를 같은 높이에 배열한 것은 두 가지 자질이 같은 종류의 자질이고 두 가지 모두를 가질 수 없기 때문이다. 즉 [+rd]와는 다른 종류의 자질이다. 반면 (d-f)는 [-hi] 자질이 없기 때문에 제약에 구애받지 않고 적격인 동사가 된다. (59a-c)의 예에서 /e/와 둘째 음절의 /a/가 둘 다 [-hi]이기 때문에 연결하더라도 문제가 되지 않는다. /a/는 [-hi]이면서 [-lo]이기 때문이다. 다만

/a/에 [-hi]가 표시되지 않았기 때문이다. 그래서 첫음절에 있던 [-hi]가 /a/가 있는 다음 음절에 연결되어 있는 아래의 (60)의 그림처럼 그려도 틀린 것은 아니다. 앞의 (59a-c)의 그림을 다르게 그려보면 (60)과 같다. 이렇게 그려도 여전히 [-hi]가 /a/를 건너서 다음 음절까지는 미치지 못한다는 것을 이전의 그림들과 마찬가지로 잘 보여준다. 그러나 (59)의 그림으로도 충분하다.

(60) a. Ce Ca Ci
           └──╲──┘
          [-hi] [+lo]

       b. Ce Ca Ca
           └──╲──╲──
          [-hi] [+lo]

          [+rd]   [+rd]
            │   │
       c. Co Ca Cu
           └──╲──┘
          [-hi] [+lo]

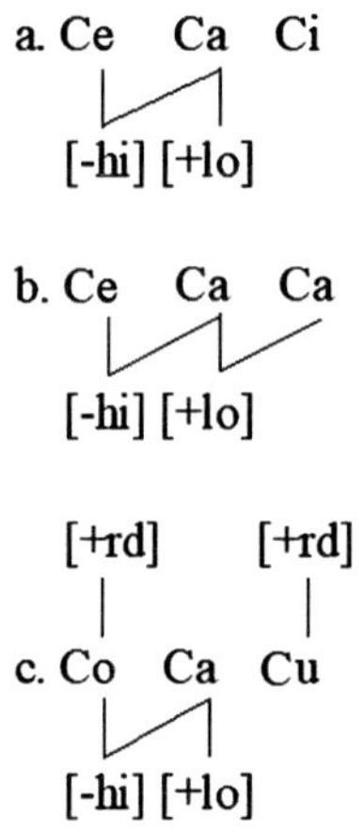

위와 같이 간략히 설명이 가능하지만 Beckman(1994)은 [-hi]가 /a/를 지나서 전파되지 않는 이유에 대해, 방해하는 다른 자질을 도입해서 설명하려고 했다. 즉 다음 그림의 (61a)에서 보인 것과 같이 저모음 /a/에 [Pharyngeal]이라는 자질이 있기 때문이라고 하였다.

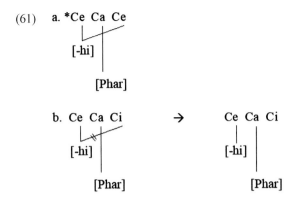

(61)   a. *Ce Ca Ce

           [-hi]

           [Phar]

    b. Ce Ca Ci   →   Ce Ca Ci

위의 (61a)는 /e/에 있는 [-hi]가 [Phar]이 가로막고 있어 건너서 연결되지 못하기 때문이라고 하였다. 그래서 (b)와 같이 선이 교차하지 않는 두 번째 모양이 적격이 된다고 주장한다. 그러나 이러한 문제 해결 방법은 CeCaCi형이 적격이라는 것과 CeCaCe형이 부적격이라는 것을 설명할 수 있지만, CeCuCi가 적격이고 CeCuCe가 부적격임을 설명할 수 없다. 왜냐하면 둘째 음절에 있는 [+rd]만 표지되는 /u/는 [Phar] 자질이 없음에도 불구하고 [-hi]의 전파를 방해하기 때문이다. Beckman의 설명으로는 /a/가 끼인 경우는 설명할 수 있지만 /u/가 끼인 구조는 설명할 수 없다는 문제가 있다. 그래서 실제로 생기지 않는 다음 그림의 (62a)형이나 실제로 쓰이는 (b)형이 모두 적격이어야 하는 문제가 생긴다. 둘 다 방해받는 자질이 없다.

(62)

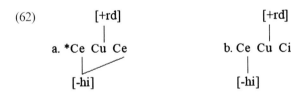

Beckman의 주장이 타당하려면 /a/, /u/가 들어간 모든 형태에서 [-hi]가 방해받아야 하는데 실제로는 그렇지 않기 때문에 이러한 분석은 문제가 있다고 보아야 할 것이다. 그래서 본서의 분석대로 [-hi]는 왼쪽에서 시작해야 하며, 오른쪽으로 파급되어 나가되, 만나는 음절의 모음에 아무런 독립적으로 명세된 자질이 표시되지 않아야 하고, 표시되어 있는 모음을 만나면 더 이상 나아가지 못한다고 함으로써 간단하고 효과적으로 설명할 수 있다.

여기서는 지금까지 제시한 세 가지 제약을 활용하여 최적성 분석을 하고자 한다.

지금까지 여러 구조에서 보았듯이 ALIGN-L [-hi]와 NO-LINK [hi] with [F]가 ALIGN-R [-hi]보다 더 무게가 있음을 알 수 있다.[10] 그리고 ALIGN-L [-hi]와 NO-LINK [F] 사이에는 우선순위가 없다. 그래서 그 사이에는 실선이 아닌 점선으로 표시하게 된다. 그래서 앞의 두 제약과 뒤의 한 제약이 충돌할 경우 앞선 제약을 지켜야 옳은 형태로 인정받는다는 뜻이다. 먼저 최적성 분석표 (63)을 보면, 경쟁하는 두 가지 후보(Candidates)가 있다. 이 후보들 중에 가장 적합한 형태가 실제로 스와힐리어에 사용된다. 별표는 제약을 어긴 표시이며 따옴표는 결정적 위반을 가리킨다. 결정적 위반 이후의 제약에 대해서는 음영을 넣어 더 이상 고려하지 않아도 된다는 뜻을 표시한다.

(63)		Candidate	ALIGH-LEFT [-hi]	NO-LINK [F]	ALIGH-RIGHT [-hi]
a.	[+rd] | Ce Co | / [-hi]			*!	
☞ b.	[+rd] | Ce Cu | [-hi]				*

후보자 중 (63a) CeCo는 앞쪽에 배치된 제약인 NO-LINK [F]를 위반했다. 다시 말해 [-hi]가 왼쪽에서 시작해야 한다는 제약도 지키고, 오른쪽으로 퍼져나가야 하는 제약도 지켰지만, 오른쪽 음절의 모음과 연결할 때 그 모음이 다른 급진적 명세 자질을 가질 경우는 중지해야 하는 제약을 지키지 않았다. 반면 후보 (b) CeCu는 앞의 두 제약을 지켰지만 [-hi]를 오른쪽으로 진행하라는 제약을 어겼다. 두 후보가 각각 제약 하나씩 어기었지만 제약간의 중요도 또는 순위가 높은 것을 덜 어기는 것이 중요하므로 CeCu가 CeCo보다 바람직한 모음조화이며 올바른 동사의 모양이 된다.

다음 최적성 분석표에는 세 가지 적합 경쟁 후보가 있다. 즉 CeCuCe, CeCoCe,

---

10) NO-LINK [-hi] with F를 앞으로 편의상 NO-LINK [F]로 쓴다.

CeCuCi 후보 중에서 어느 것이 최적형인지 경쟁을 한다. 여기서도 (64a) CeCuCe 후보는 첫 모음의 [-hi]는 왼쪽에 정렬되어 있지만 셋째 음절의 [-hi]는 왼쪽에 정렬되어 있지 않으므로 별표 하나를 받았다. (b) CeCoCe 후보는 NO-LINK [F]를 위반했다. 둘째 음절의 모음은 이미 [+rd]로 연결되어 있기에 여기에 다시 [-hi]가 연결되지는 못한다는 제약이다.

(64)

	Candidate	ALIGH-LEFT [-hi]	NO-LINK [F]	ALIGH-RIGHT [-hi]
a.	[+rd] | Ce Cu Ce | | [-hi] [-hi]	*!		
b.	[+rd] | Ce Co Ce | / / [-hi]		*!	
☞ c.	[+rd] | Ce Cu Ci | [-hi]			*

반면 (c)는 CeCuCi 후보로서 첫 두 제약 즉 왼쪽에서 시작하고 다른 모음이 어떤 명세된 자질을 가질 경우 연결하지 말라는 제약을 지켰다. 그렇지만 이 이유 때문에 오른쪽으로 더 이상 파급시키지 못하여 마지막 제약을 어겼다. 다만 이 마지막 제약은 앞선 두 제약에 비하여 중요성 혹은 순위가 낮기 때문에 다른 두 가지 후보보다는 적합성이 높다. 그래서 이 후보가 비록 한 가지 제약을 어겼지만 최적합한 후보가 되어 실제로 언어에서 사용되고 있다.

다음 표 (65)에서는 CoCi, CoCe처럼 첫음절에 /o/로 시작되는 형태의 최적성을 분석하고자 한다. 먼저 (65a) CoCi 후보는 [-hi]가 왼쪽에 정렬되어 있다는 점에서 첫 번째 제약을 지키고 있으며, 다음 음절의 모음과 자질을 공유하지 않아서 연결되지(Link) 않았기에 제약을 위반한 것이 아니지만, 마지막 제약 즉 오른쪽으로 연결하라는 제약을 위반했다.

(65)		Candidate	ALIGH-LEFT [-hi]	NO-LINK [F]	ALIGH-RIGHT [-hi]
a.		[+rd] | Co Ci | [-hi]			*!
☞ b.		[+rd] | Co Ce |　/ [-hi]			

반면, (b) CoCe는 [-hi]가 왼쪽에 붙어 있고, 오른쪽으로 퍼져나갔기 때문에 첫 번째와 세 번째 제약을 준수하였다. 두 번째 제약은 해당사항이 아니므로 즉 뒤따르는 모음이 어떤 자질도 없기에 제약을 적용하지 않을 뿐 아니라 적용한다 해도 위반하지 않았다. 그래서 두 가지 후보 중에서 두 번째 후보가 적형이 되어 스와힐리어에 사용되고 있다.

최적성 분석표 (66)에서는 CoCu, CoCo 사이의 경쟁관계를 보여준다. 먼저, (66a) CoCu는 [-hi]가 첫 음절에 있으므로 왼쪽에 정렬되어 있고 또 둘째 음절의 모음 /u/가 명세된 자질이 있기에 [-hi]가 연결되지 않아서 둘째 제약도 준수하고 있다. 그러나 오른쪽으로 끝까지 언결되지 못한 점 때문에 마지막 제약을 어기게 되었다. 반면, (b) CoCo는 세 가지 제약을 다 지킨 후보자가 되어 적격형이 된다. [-hi] 자질이 왼쪽에 있으면서도 오른쪽으로 전파되어서 첫째와 셋째 제약을 지키고, 또 둘째 제약에도 어긋나지 않게 되었다. 그 이유는 [-hi] 자질이 오른쪽으로 연결되지 못하는 조건은 그 모음의 명세 자질이 단독으로 연결되어 있을 때이다. 두 번째 모음 /o/의 [+rd]가 마침 앞 음절 모음의 [+rd]와 자질을 공유하고 있기 때문에 [-hi]는 이것과 연결될 수 있었다. 그래서 두 번째 제약도 준수하게 되었다.

(66)

	Candidate	ALIGH-LEFT [-hi]	NO-LINK [F]	ALIGH-RIGHT [-hi]
a.	[+rd] | \ Co Cu | [-hi]			*!
☞ b.	[+rd] | \ Co Co | / [-hi]			

다음 (67)은 CeCi와 CeCe 사이에 어느 것이 최적성인가를 판별할 수 있는 도표이다. 앞서와 마찬가지로 첫음절의 모음이 중모음일 경우인데 뒤따라오는 모음에 제한이 있다.

(67)

	Candidate	ALIGH-LEFT [-hi]	NO-LINK [F]	ALIGH-RIGHT [-hi]
a.	Ce Ci | [-hi]			*!
☞ b.	Ce Ce | / [-hi]			

여기서 (67a) CeCi는 [-hi]가 왼쪽에 붙어있어 첫 제약을 지키고, 어떤 자질을 홀로 가지고 있는 모음에는 연결하지 말라는 두 번째 제약은 해당 사항이 없기 때문에 적용되지 않아 위반하지 않았다. 그러나 [-hi]가 오른쪽으로 퍼져나가야 하지만 그러지 못하였다. 즉, 마지막 제약을 위반했다. 반면, (b) CeCe는 왼쪽에서 [-hi]가 시작했고 두 번째 모음에 연결된 것도 왼쪽에 연결되어 있어 첫 번째 제약을 잘 지켰으며, 오른쪽으로 연결하라는 마지막 제약도 준수하였다. 또한 홀로 연결된 명세자질을 가진 모음이 있을 경우 연결하지 말라는 제약이 있지만 해당사항이 없어 적용되지 않아 제약을 위반하지 않았다. 그래서 이것이 최적형이 되고 그래서 스와힐리어에서 실제로 사용되고 있다.

4.16. 모음조화 분석의 결론

스와힐리어와 동부반투어 동사의 모음조화는 모음 높이와 맞지 않는 중모음의 문제와 중모음이 동사 끝까지 파급되지 않는 문제를 가지고 있었는데 본 논의에서는 이 문제들을 해결하였다. 그 방법은 먼저 급진적 미명세 이론에 근거한 다섯 모음의 구별된 자질 명세를 활용하는 것이었다. 그 자질을 활용하여 세 가지 제약을 상정하여 그 제약 사이의 위계를 제시하여 제약 위반 여부와 위반 정도를 고려하여 실제 쓰이는 형태가 최적형으로 도출됨을 제시하였다. 이러한 방식으로 지금껏 가장 문제가 되어서 마치 예외적인 모양이라고 여겨왔던 CeCu 형태가 CeCo 형태에 비해 가장 적합한 모양이라는 것을 증명했고, 또 이 형태가 이 언어에서 가장 자연스런 형태로 사용됨을 알 수 있었다. 또한 CeCaCi, CeCuCi에서처럼 [-hi]가 첫 음절에만 있고 진전이 없는 형태도 모두 설명이 되었다. 이전의 연구에서는 불투명성이라는 용어로 따로 설명하려 했지만 본 논의에서는 이것을 상정하지 않고 앞의 방식으로 일괄적으로 설명할 수 있었다.

제5장 스와힐리어의 명사체계와 형태론

5.1. 명사부류

반투어와 스와힐리어의 전형적인 특징은 바로 명사가 20개로 엄격히 분류되고 그 분류에 따라 접두사(Class Prefix)가 붙어 다닌다는 것이다. 이 명사부류(Noun Class)는 다른 말로 유럽어에 있는 남성, 여성, 중성과 같은 어휘의 성(Lexical Gender)이라고 하기도 했는데 그런 분류와 전혀 상관없이 없다. 반투어의 명사부류는 주로 의미적인 근거에 의해 구분되는 분류방식이다. 명사부류의 특징은 명사의 부류에 따라 대명사, 형용사, 수사, 관사, 의문사, 지시사, 동사 주격, 소유격, 목적격까지 체계적인 일치(Concord System)를 표시하는 또 다른 접사가 동반한다는 것이다. 한 문장에서 부사 외에는 거의 모든 단어에 일관성 있는 표지를 한다고 해도 과언이 아니다. 다시 말해 어떤 명사가 사용되면 그와 관련된 일련의 어휘들이 모두 그 명사부류에 맞는 접사나 형태소를 채택해서 표시해 준다. 어떤 면에서 과잉적인 표지로 보이지만 이것이 오히려 어느 문장 성분이 어느 명사와 연결되어 있는지 쉽게 판단할 수 있게 하고 이해도 쉽게 하는 장점이 있다.

스와힐리어에 명사부류가 원래 몇 개가 있었는지는 분명하지 않지만 다른 언어와 비교하여 학자들마다 약간 다른 분류표를 제시한다. 스와힐리어의 명사는 이와 같이 전통적으로 20 가지로 분류되었다. 다음은 Meeussen(1967)이 제시한 것으로 스와힐리어가 7모음체계일 때를 상정하고 표기한 것으로 재구한 형태의 표기이다.

(1) Class	1	2	3	4	5	6	7	8	9	10
Prefix	mu	ba	mu	mi	į	ma	ki	bį	n	n
Class	11	12	13	14	15	16	17	18	19	24
Prefix	du	ka	tu	bu	ku	pa	ku	mu	pį	i

이 이후에 Givon(1970)과 Welmers(1973) 등이 약간 다른 번호와 짝을 제시했다. 반면에 최근에 Nurse & Hinnebusch(1993: 338)는 다음과 같이 북동해변가의 스와힐리어 방언 (NEC: Northeast Coast Bantu)들에 대한 명사부류 접두사를 재구(PNEC)하여 비교하였다. 여기서 표준 스와힐리어 방언은 네모로 묶은 표준방언(SD: Standard Dialect)으로 Unguja 지역을 중심으로 하는 언어이다.

(2)	PNEC	LP	MK	ND	SD	Com	Kaguru	Luguru	Zigula
1.	*u+mu-	o+mu-	m-	M-	m-	u+mu-	i+mu-	i+mu-	u+mu-
1a.	*Ø-			Ø-	Ø-	Ø-			
2.	*a+Wa-	a+wa-	a-	wa-	wa-	u+wa-	a+wa-	i+wa-	a+wa-
3.	*(g)u+mu-	o+mu-	m-	M-	m-	u+mu-	u+mu-	ɣu+mu-	u+mu-
4.	*i+mi-	e+mi-	mi-	mi-	mi-	i+mi-	i+mi-	i+mi-	i+mi-
5.	*li+į-	edi+Ø-	Ø-	i-	Ø-	li+Ø-	di+i-	li+Ø-	di+Ø-
5a.	*į+jį-	edi+dz-	dz-	i-/ij-	ɟ-	li+dz-	d+ij-	li+ts-	di+z-
6.	*(g)a+ma-	a+ma-	ma-	ma-	ma-	ya+ma-	a+ma-	ɣa+ma-	a+ma-
7.	*i+ki-	e+či/ki-	ki-	ki-	ki-	i+ši-	i+ki-	i+ki-	i+či-
8.	*į+vį-	e+vi-	vi-	zi-	vi-	i+zi-	i+fi-	i+pfi-	i+vi-
9.	*į+N-	e+N-	N-	N-	N-	i+N-	i+N-	i+N-	i+N-
10.	*zį+N-	e+N-	N-	N-	N-	zi+N-	si+N-	tsi+N-	zi+N-
11.	*u+lu-	o+yu-	lu-	u-	u-	u+u-	u+lu-	u+lu-	u+lu-
12.	*a+ka-	a+ka-	ka-	ka-	-	-	?	i+ka-	?a+ka-
14.	*u+Wu-	u-	u-	= 11	= 11	= 11	?+u	u+u-	?+u-
15.	*u+ku-	ku-	ku-	ku-	ku-	?+u-	?+ku-	u+ku-	?+ku-
16.	*a+pa-	(φa-)	(ha-)	(pa-)	(pa-)	(?+βa-)	?	i+ha	?+ha-
17.	*u+ku-	(ku-)	(ku-)	(ku-)	(ku-)	(?+h-)	?	u+ku-	?+ku-
18.	*u+mu-	(mu-)	(m-)	(M-)	(m-)	(?+mu-)	?	u+mu-	?+mu-

또한 Givon(1970), Welmers(1973), Creider & Denny(1975) 등은 보통 반투어에서 명사부류는 다음과 같은 기준에 의해 분류된다고 제안했다. 둘씩 짝을 지은 것은 단수/복수를 가리키고 셋이 묶인 것은 같은 종류들이다.

(3) 명사부류   대체적인 의미 기준

1/2   사람의 이름

3/4   사람 아닌 생명체 (비동물적인 것): 나무, 식물, 영혼, 자연현상(불, 연기, 강, 그 관련물), 나무로 만든 것 등

5/6   짝이 되는 물건이나 과일 등

6a   액체

7/8   공작물, 장애 있는 사람

9/10   동물, 특별한 사람들

11/10   길고 가는 물건

12/13   작은 것 지칭

14   추상명사

15   동사원형이나 동사의 명사형

15/6   짝을 진 신체부위

16/17/18   장소

19/13   작은 것 지칭

Givon은 이어서 이러한 명사부류는 크게 세 가지 과정에서 온 명사들로 구분된다고 하였다. 즉, 원래부터 그런 부류에 속한 것, 파생되어 나온 것, 방향(지향)을 가리키는 것으로 나누었다. 파생된 것으로 아주 흔한 스와힐리어의 예를 들어 설명하면 다음과 같다.

(4)   파생어   명사부류   뜻

a.   soma   Vs   '읽다'

b.   kusoma   cl.15   '읽는 일'

c.   somo/masamo   cl.5/6   '수업, 과제'

d.   usomoji   cl.14   '읽기'

e.   msomaji/wasomaji   cl.1/2   '읽어주는 사람'

동사의 어근 soma '읽다'가 있는데 거기서 부정사인 kusoma '읽는 일', '수업'이나 '과제'를 가리키는 somo와 복수형 masomo가 나오고, 추상명사인 usomoji가 나오며, '읽는 사람'인 msomaji와 wasomaji라는 단수 복수의 사람이 나온다. 여기서는 순서는 없지만

한 동사에서 여러 가지 파생명사가 나왔다는 것을 알 수 있다.

반면, Creider & Denny(1975)는 명사들을 모두 자질로 분류하려 하였다. 그래서 먼저 [+count]인지 [+mass]인지를 나누고, 공간을 차지하는 [+spatial configuration] 유형물과 그렇지 않은 것을 나누고, 유형물 중에서 헤아릴 수 있는 것은 다시 [+solid shape]을 가진 명사 3/4, 5/6과 [+outline shape]을 가진 명사 9/10, 11/10으로 분류하였다. 여기서 다시 긴 것과 그렇지 않은 둥글거나 튀어나오거나 굽은 것으로 나누었다. 또한 낱개 즉 [+unit]인지 집합체 즉 [+collection]인지 등을 또 다시 나누었다. 이러한 여러 가지 분류기준을 찾으려는 노력은 그만큼 스와힐리어의 명사부류 분류가 흥미롭다는 사실을 반영한 것이다.

스와힐리어에는 앞서 서술한 것과 같이 20개의 명사부류가 있었다고 추정되나 그 중 몇 개는 현재 쓰이지 않아 현재 16가지로 분류된다. 즉 다른 반투어와 비교하면 12와 13, 19와 24가 스와힐리어에는 사라졌다고 본다.[11] 또한 16개의 명사부류 중에서 1/2, 3/4, 5/6, 7/8, 9/10, 11/10은 짝을 이루어 단수와 복수를 표시하도록 사용된다. 16/17/18은 장소를 가리키는 명사로 분류된다. 이 명사부류는 또한 반투어와 스와힐리어를 비교하는데도 사용될 수 있어 참조번호로 부류를 표시하도록 되어 있다. 그래서 1부터 18번까지 있는데 그 중에 중복되는 것이 하나 있고, 역사적으로 스와힐리어에서 사라진 것이 있어서 번호는 18번까지 사용한다. 이러한 명사에 대한 분류는 다양한 사회문화를 반영한 어휘의 의미적 차이에 따른 분류였으나 현재는 문법적인 분류로 정착되었다. 이러한 분류는 새로운 어휘의 도입과 개념보다는 형식에 영향을 받은 유추 (Analogy) 등에 의해 조금씩 변화하고 있다. 그래서 반투어와 스와힐리어의 명사부류와 일치 체계에 대한 분석과 변화 양상은 아주 흥미롭고 변화무쌍한 형태론의 한 분야이다.

5.1.1. 명사부류 1/2

명사부류 1/2에 속하는 명사는 (5)에서 보는 것처럼 일반적인 사람을 가리키는 말이다. 1은 단수 명사이고, 2는 복수 명사를 가리킨다. 일반 사람이나 (5b)처럼 어떤 직종에

---

11) 반투어에서 보이는 명사부류가 다양해 번호가 20번이 넘는 것도 있고, 흔적은 있으나 활동성이 없는 것도 있어서 정확한 개수를 확정하기는 어렵습니다.

속한 사람을 가리키는 말도 모두 이 명사부류에 속한다. 또한 (c-d)처럼 특별한 사람이나 (e-f)처럼 어떤 나라 사람도 이 명사부류에 속한다.

(5)	명사부류 1	명사부류 2	뜻
a.	mtu	watu	'사람'
b.	mshoni	washoni	'양복장이'
c.	mwoga	waoga	'겁쟁이'
d.	mwevi	wevi	'도둑'
e.	MKorea	Wakorea	'한국인'
f.	Myahudi	Wayahudi	'이스라엘인'
g.	mume	waume	'남편'
h.	mudiri	wadiri	'공무원'
i.	muhariri	wahariri	'기자, 통신원'
j.	muumba~mwumba	waumba	'창조자'
k.	mbini	wabini	'대장장이'

1/2 명사부류에 속하는 단어는 (5a-b)처럼 모양이 단수는 m, 복수는 wa로 시작한다. 명사어근이 모음으로 시작하면 (c-d)처럼 mw와 w로 시작한다. mwoga에서는 mu-oga의 연속에서 온 것으로 활음화가 있었다. mwivi와 wevi를 비교해 보면 모음이 다른 것을 볼 수 있다. 복수형에서 wa-ivi의 연속에서 모음 /a+i/의 융합이 일어나서 /e/가 되었다. wa를 어떤 나라 백성을 표시할 때는 (e)에서 보듯이 영어에서처럼 대문자를 사용하기도 한다. 또한 (f-h)에 있는 것과 같이 몇 몇 명사는 mu/wa로 표시되는데 이것은 고어형이거나 다른 방언에서 사용하는 것이 정착한 것으로 보인다. 이전의 명사부류 1형의 접두사는 mu였고, (h) mudiri는 잔지바르(Zanzibar) 지역에서 쓰는 직명이다. 특히 mu는 (j)에서 보듯이 종종 m(w)와 교체되어 사용된다.

    발음과 음운론적인 면에서 특히 m은 (5a-b)에서 mtu, mshoni와 같이 비음 다음에 보통 자음이 오면 음절을 이룬다. 음절이 [m̩.tu], [m̩.sho.ni]와 같이 구성된다. 또한 (c) mwoga처럼 m이 활음 w 앞에서는 mwV가 한 음절을 이루어 m이 음절초성으로 사용되지만, (f) Myahudi에서 m이 다른 활음 y 앞에서는 독립된 음절을 이룬다. 즉 [mwo.ga]와

[m.ya.hu.di]가 된다. 음운론적으로 흥미로운 것은 (k) mbini이다. m이 우연히 같은 조음 장소에서 발음되는 b 앞에서 일어난다. 이 경우는 겉으로 보기에는 이 명사가 1/2형에 해당하는지 다음에 나올 9/10형에서 온 것인지 구분이 잘 되지 않는다. 9/10형에 속하는 예로 mbinu '둥글기', mbio '달리기' 등 모양이 같은 것이 많다. 그러나 사람이라는 의미가 있어 mbini는 1/2형으로 볼 수 있다. 그러나 음절은 9/10형에서 보는 형태와 다르다. 즉 [m.bi.ni]로 음절이 구성된다. 그러나 실제로 발음은 [mbi.ni]와 구별이 되지 않는다. 똑같이 명사부류 9/10에 속하는 mbu/mbu '모기'는 원래 mb가 비음선행자음으로 복합단자음으로 음절의 초성을 이룬다. 그러나 단음절이 허용되지 않기 때문에 [m.bu]로 재음절화한다.

사람을 가리키는 여러 명사들이 외형적으로 명사부류 1/2와 같은 모양을 가지고 있지 않아서 다른 명사부류에 속하는 경우가 많다. 이러한 명사들은 겉모양은 다르나 형용사나 수사, 지시사, 동사 주격, 목적격 등에서 명사부류 1/2와 같이 행동하거나 다르게 행동할 때가 있고, 여러 변이형이 허용될 수 있다. 이에 대해서는 다음 5.2의 명사부류와 격의 일치 체계에서 논의된다.

5.1.2. 명사부류 3/4

명사부류 3/4는 짝을 이루는데 3은 단수 명사이고, 4는 복수 명사를 가리킨다.

(6)		명사부류 3	명사부류 4	뜻
	a.	mboga	miboga	'바나나나무'
	b.	mnanasi	minanasi	'파인애플나무'
	c.	mtini	mitini	'무화과나무'
	d.	mwembe	miembe	'망고나무'
	e.	mnazi	minazi	'코코넛나무'
	f.	muhogo	mihogo	'카사바나무'
	g.	muhindi	mihindi	'옥수수나무'
	h.	mchicha	michicha	'시금치'
	i.	mmea	mimea	'식물'

여기에 속하는 명사로서 나무와 과일 나무, 식물을 가리키는 낱말이 두드러지게 많다. 학자들은 이러한 식물들이 사람이나 짐승만큼은 아니지만 생명이 있다고 보는 사회상을 반영하는 명사부류라고 본다. 특히 사람의 혼령이나 죽은 짐승도 이 명사부류에 소속되는 것으로 봐서 초기에 명사부류 구분이 다소 엄격할 때는 분명한 분류기준에 따라 분류되었을 것으로 보인다.

명사접두사의 모양과 발음에 대해 언급하자면, 3/4 명사부류에 속하는 단어는 (6a-c)처럼 단수는 m, 복수는 mi로 시작한다. 명사어근이 모음으로 시작하면 (d)처럼 mw와 mi로 시작한다. 명사부류 1과 명사부류 3은 접두사 모양이 m으로 같다. 또한 단수에는 (f-g)에서처럼 옛 형태소인 mu도 남아있다. 즉 muhogo, muhindi는 m이 아니라 mu로 시작한다. 그러나 이런 변이형도 점차 m처럼 될 것으로 보인다.

발음과 음운론적인 면에서 앞에서 명사부류 1/2의 설명에서 있듯이 똑같이 m은 [m.ti], [m.me.a], [m.do.mo], [m.bo.ga] 등에서 모두 독립된 음절을 이룬다. 또한 (d) mwembe에서는 m이 활음 w 앞에서는 mwV가 되어 한 음절을 이루어 m이 음절초성으로 사용되지만, myugwa '타로나무,' myeyusho '녹음, 용해'에서는 m이 다른 활음 y 앞에서는 독립된 음절을 이룬다. 즉 [m.yu.gwa]와 [m.ye.yu.sho]가 된다. 앞의 명사부류 1/2와 마찬가지로 음운론적으로 흥미로운 것은 (a)의 mboga인데 mb가 연속해서 나는 경우로, 이 명사가 3/4에 해당하는지, 1/2형에 해당하는지, 아니면 다음에 나올 9/10형에서 온 것인지 구분이 잘 되지 않는다. 1/2형의 사람이라는 의미가 아니고, 그 외에 주로 일반 사물을 가리키는 9/10의 의미가 아니고, 나무나 풀, 자연현상일 경우 3/4형으로 추측해 볼 수 있다. 발음에 있어서 [m.bo.ga]로 음절이 구성된다. 그러나 실제로 [mbo.ga]와 구별이 되지 않는다.

명사부류 3/4에 속하는 명사로서 나무나 식물 이름 다음으로 뚜렷이 드러나는 명사는 다음 도표 (7)에 있듯이 도구와 기물을 가리키는 말이다. 농사나 사냥, 전투에 쓰는 도구뿐만 아니라 가정 집기도 포함한다. 원래 도구들은 주로 나무로부터 만들어지기 때문에 같은 명사부류에 속한다.

(7)	명사부류 3	명사부류 4	뜻
a.	mfuko	mifuko	'가방'
b.	mkeka	mikeka	'돗자리'
c.	mkuki	mikuki	'창'
d.	mshale	mishale	'화살'
e.	msumari	misumari	'못'
f.	msumeno	misumeno	'톱'
g.	mswaki	miswaki	'칫솔'
h.	mtego	mitego	'덫'
i.	mundu	miundu	'큰 낫'

이 명사부류에는 또한 (8a)처럼 천기를 나타내는 말, (b) 자연물을 가리키는 말, (c) 자연현상이나 (d) 소리를 표현하는 말이 포함된다.

(8)	명사부류 3	명사부류 4	뜻
a.	mwaka	miaka	'해, 년'
	mwezi	miezi	'달, 월'
	mchana	michana	'낮'
b.	mlima	milima	'산'
	msitu	misitu	'숲'
	mfuo	mifuo	'밭고랑'
	mpaka	mipaka	'지역 경계'
	mraba	miraba	'네모, 사각형'
	mbiringo	mibiringo	'둥글기, 원형'
c.	mfo	mifo	'급류'
	mkondo	mikondo	'물결'
	moto	mioto	'불'
	mwali	miali	'빛, 불꽃'
	myeyusho	miyeyusho	'녹음, 용해'

d.	mluzi	miluzi	'휘파람 소리'
	mlio	milio	'외침'
	mnong'ono	minong'ono	'속삭임'
	mshindo	mishindo	'시끄러운 소리'

이뿐만 아니라 이 명사부류에는 (9)에서 보면, 사람의 '몸'이라는 말부터 시작하여 신체부위를 가리키는 말이 많이 포함되어 있는데, 짝을 이루지 않는 몸의 여러 부분에 대한 명칭이 있다. 짝을 이루는 부위는 보통 다음에 나오는 5/6 명사부류에 속한다. 몸을 가리키는 말과, 사람이나 동물 상관없이 신체부위를 가리키는 말이 여기 같은 3/4 부류에 속한다. 마지막에 있는 (j)의 사람의 뼈나 (k)의 생선가시가 다른 낱말이지만 똑같이 이 부류에 속한다.

(9)		명사부류 3	명사부류 4	뜻
	a.	mwili	miili	'몸'
	b.	mdomo	midomo	'입'
	c.	mgongo	migongo	'등'
	d.	mguu	miguu	'발'
	e.	mkia	mikia	'꼬리'
	f.	mkono	mikono	'손'
	g.	moyo	mioyo	'심장'
	h.	mshipa	mishipa	'근육, 혈관'
	i.	mtulinga	mitulinga	'쇄골'
	j.	mfupa	mifupa	'뼈'
	k.	mwiba	miiba	'생선가시'

행동이나 행위를 가리키거나 현재의 감정과 형편, 상황을 가리키는 말로 주로 동사에서 파생한 명사들도 이 명사부류에 많이 있다. 동사의 명사형이라고 볼 수 있다. 결과물이나 보거나 만질 수 있는 것은 다른 명사부류 예를 들면 5/6에 속해 있다는 점에서 3/4 부류가 가진 의미적 차이가 있다.

(10)	명사부류	단수	복수	뜻	동사 출처
a.	3/4	mwanzo	mianzo	'시작'	anza '시작하다'
b.	3/4	mchaguo	michaguo	'선거'	chagua '선출하다'
c.	3/4	mshangao	mishangao	'놀람'	shangaa '놀라다'
d.	3/4	msiba	misiba	'불운, 슬픔'	sibu '괴롭히다'
e.	3/4	mpindano	mipindano	'쥐남, 경련'	pindana '비틀다'
	5/6	pindu	mapindu	'뒤집힘'	pindua '뒤집다'
f.	3/4	mtanguo	mitanguo	'취소' (행위)	tangua '취소하다'
	5/6	tanguo	matanguo	'폐지' (결과)	tangua '취소하다'
g.	3/4	mtatizo	mitatizo	'얽힘' (상태)	tatiza '복잡하게 하다'
	5/6	tatizo	matatizo	'문제' (결과)	tatiza '복잡하게 하다'

(10a-d)를 보면 각각 관련된 동사에서 명사형으로 처음에는 접두사 m을 붙이고 끝에는 주로 o를 붙여 만든다. (d)의 경우 원래 동사가 a로 끝나지 않고 u로 끝났기 때문에 다른 모양으로 바꾸는 방법이 a를 붙이는 것이다. (e-g)의 경우는 같은 동사나 활용형에서 파생된 명사이지만 그 뜻과 소속된 명사부류가 다르다. (e) mpindano의 경우 '경련'을 가리키는 말은 pindana에서 파생되어 명사부류 3/4에 속해서 접두사가 m/mi가 붙었고, 약간 다른 뜻의 '뒤집힘'의 뜻으로 사용될 때는 다른 활용형이 쓰이고 명사부류 5/6에 속하게 된다. 그래서 (ji)/ma 접두사를 가지게 된다. (f-g)의 경우도 mtanguo와 mtatizo는 각각 행동을 나타내는 명사로 사용되면 3/4형이 되고, 그 결과나 결과물을 가리키는 말로 사용되면 5/6형이 된다. 즉 좀 더 가시적인 모양이면 5/6형이 되는데 3/4형은 그런 행위나 상태를 가리키는 명사부류다.

5.1.3. 명사부류 5/6

명사부류 5/6에 속하는 명사는 짝을 이루는 신체부위와, 나무에 달린 과일과 나뭇잎, '거대하다'는 뜻을 가진 명사들이 있다. 액체를 가리키는 말과 집합적인 명사와 상대적으로 오래 전에 들어온 차용어가 있다. 또한 외래 직함이나 직위명이나 친분관계를 지칭하는 말도 여기에 있다. 동사에서 파생된 명사들도 많다. 5는 단수, 6은 복수 명사이다. 먼저 짝을 이루는 신체부위와 관련한 명사를 소개하면서 겉모습과 형태에 대해 논의하고자 한다.

(11)　　　명사부류 5　　　명사부류 6　　　뜻

　　a.　　jicho　　　　　macho　　　　　'얼굴의 눈'

　　　　　jino　　　　　meno　　　　　'이/치아'

　　b.　　pua　　　　　mapua　　　　　'코'

　　　　　sikio　　　　　masikio　　　　　'귀'

　　　　　ini　　　　　maini　　　　　'간'

　　　　　pafu　　　　　mapafu　　　　　'허파'

먼저 명사접두사의 모양과 발음에 대해 언급하자면, 5/6 명사부류에 속하는 단어는 모양이 단수는 ji, li, Ø로, 복수는 ma로 시작한다. (11a)에서 단수형 jicho와 복수형 macho를 보면 ji와 ma가 명사접두사임을 알 수 있다. 그러나 두 번째 예를 보면, jino와 meno이다. 즉 ji와 me처럼 보이지만, 단수 jino는 /ji+ino/에서 왔고, 복수 meno는 /ma+ino/의 연속에서 모음의 융합 때문에 /e/로 바뀐 것이다. 즉, 어근이 모음으로 시작하면 j와 m을 택하고 여기에 붙었던 모음 /i, a/는 탈락하거나 다음 모음과 융합한다.

(11b)의 예를 보면 단수형에는 처음부터 명사접두사가 없고 복수형에만 ma가 있다. 그래서 단수형에는 접두사가 ji나 Ø라고 하였다. 이 외에 li도 있는데 현재 사용되는 명사가 있지만 그 li나 l이 탈락하고 ma나 m(w)가 붙은 복수형은 찾을 수가 없다. 다만 (12)의 예에서 보듯이 재구한 자료를 보면 li에서 왔음을 추측할 수 있다. 또한 현재 쓰이고 있는 동사 주격의 명사부류 접두사를 보면 li가 쓰였음을 알 수 있다. 목적격 대명사와 지시사에도 일치를 위해 li가 쓰이고 있다. 접두사 li도 명사부류 5의 접두사로서 유용하지는 않다. 다시 말해, 명사에 붙은 접사로 남은 것은 ji이고, 대명사와 지시사에서는 li가 남아있어 상호보완적으로 분포(Complementary Distribution)하고 있다.

(12)　　　명사부류 5　　　　　　　　참조　　　　　　　　　　　뜻

　　a.　*įlume (PNEC)　　　　　*mulume (cl.1)　　　　　'남자'

　　b.　*iluWa (CB *dùbà)　　　maua (cl.6)　　　　　　　'꽃'

　　c.　*ilomo (PNEC) '큰 입'　　*mulomo > mdomo (cl.3)　'입'

　　d.　lile　　　　　　　　　　yale (cl.6)　　　　　　　'거기'

　　어떤 명사의 뜻을 보통보다 아주 큰 의미로 사용할 때는 거대형 명사(Augmentative Noun)를 쓰는데 이때는 보통명사에 있는 접사를 떼고 나서 ji를 붙인다. 이때 복수형은 ma로 맞춘다. 그래서 원래 있던 보통명사와 새로 생긴 거대형 명사가 각각 단복수의 짝을 이룬다. 다음 도표 (13)에서 (a)의 mtoto의 경우 두 음절 이상이고 자음으로 시작하는 경우에는 접두사를 떼고 거대형을 만든다. 그래서 복수형에도 그냥 ma만 붙이면 된다. 반면, 단어의 크기가 최대 2음절이면 ji를 붙이거나 유지한다.

(13)　　　보통명사　　출처　　　명사부류 5　명사부류 6　뜻

　　a.　mtoto　　　cl.1/2　　toto　　　matoto　　　'아주 큰 아이'

　　b.　mtu　　　　cl.1/2　　jitu　　　majitu　　　'아주 큰 사람'

　　c.　mwivi　　　cl.1/2　　jivi　　　majivi　　　'큰 도둑'

　　d.　mguu　　　cl.3/4　　jiguu　　majiguu　　'큰 발'

　　e.　mji　　　　cl.3/4　　jiji　　　majiji　　　'대도시'

　　f.　mlio　　　　cl.3/4　　lio　　　malio　　　'울부짖음'

　　g.　moto　　　cl.3/4　　joto　　　majoto　　　'아주 뜨거움'

　　h.　nyoka　　　cl.9/10　　joka　　majoka　　'큰 뱀'

　　i.　mbwa　　　cl.9/10　　jibwa　　majibwa　　'큰 개'

(b) mtu '사람'을 '아주 큰 사람'의 뜻을 만들려면 m을 떼고 ji를 붙인다. 이렇게 생긴 명사의 복수형도 거기에 맞는 ma를 쓴다. 이때 새로 붙은 ji도 유지하여 maji가 되어 이중으로 접두사를 가진다. 이런 현상은 (d-i)의 예에서 보듯이 여러 명사부류에서 골고루 찾아볼 수 있다. 5/6은 거대형이 되는 명사부류이기에 바뀌기 전의 보통명사를 찾을 수 없고, 7/8은 이와 반대로 왜소형을 만드는데 쓰이기 때문에 여기서 사용할 수 없다.

다음 (14)는 액체를 가리키는 말과 또 집합체의 개념을 가진 명사들로서 단수형이
없이 명사부류 6만 있는 것들이다. 그렇지만 복수의 뜻은 아니다. 그래서 어떤 학자들은
이 명사들을 5/6으로 분류하지 않고 6a라는 독립된 명사부류에 넣기도 한다. (b)에 있는
'향내'를 가리키는 말과 '먼지'를 가리키는 말이 이 명사부류에 속한다. 또한 (c)는 추상
적인 개념을 가리키는 말이다.

(14)   명사부류 6   뜻   명사부류 6   뜻
  a.   maji   '물'   b.   manukato   '향내'
        maziwa   '우유'   mavumbi   '먼지'
        mawese   '야자 기름'   c.   maishi   '삶'
        manyunyu   '비 쏟아짐'   maridhawa   '풍부함'
        mafuta   '기름, 오일'   maana   '뜻'
        mate   '침, 타액'   mauti   '죽음'

과일나무가 주로 3/4부류에 있는 것과 달리 (15)에서처럼 그 과일은 5/6과 9/10에
많이 있다. 또한 나무에 속했던 나뭇잎도 5/6에 속한다. 어떤 과일은 9/10에 속하는데
9/10은 모든 명사에 열려있는 명사부류이기 때문에 특별한 의문은 생기지 않지만, 왜
어떤 과일은 5/6에 있는지에 대한 의문은 가질 만하다.

(15)   명사부류 5   명사부류 6   뜻
  a.   chungwa   machungwa   '오렌지'
  b.   embe   maembe   '망고'
  c.   liamu   maliamu   '레몬, 라임'
  d.   tunda   matunda   '과일'
  e.   nanasi   mananasi   '파인애플'
  f.   jani   majani   '나뭇잎'
  cf.   nazi (cl.9)   nazi (cl.10)   '코코넛'
          ndizi (cl.9)   ndizi (cl.10)   '바나나'
          tini (cl.9)   tini (cl.10)   '무화과'

이 명사부류에는 (16)에서 보듯이 차용어에서 온 어휘나 직함, 직책을 표시하는 명사들이 포함되어 있다.

(16)	명사부류 5	명사부류 6	출처	뜻
a.	gunia	magunia		'가방'
	juma	majuma		'일주일'
	duka	maduka		'가게'
b.	waziri	mawaziri		'고관'
	fundi	mafundi		'기술자'
	boi	maboi		'심부름꾼'
	Bwana	Mabwana	cf. wana (cl.2)	'주인님/신사분들'
	rafiki	marafiki	cf. rafiki (cl.10)	'친구'
	shangazi	mashangazi	cf. shangazi (cl.10)	'고모님'

특히 (16b)의 직책이나 호칭, 관계를 가리키는 말로 쓰일 때는 평소에 보통의 뜻으로 쓰일 때와 명사부류가 달라져서 복수형이 표시가 되기도 한다. 보통 bwana의 복수형은 wana로 1/2형이지만, 여기서는 Bwana로 대문자로 쓰고, 복수형도 Mabwana로 쓰며 뜻도 '신사 여러분'의 뜻이 된다. 빌려온 말은 주로 아랍어에서 왔으며 최근에는 영어에서 대량으로 들어오고 있다.[12]

여기서 흥미로운 사실은 차용어를 빌려올 때 관습적으로 ma를 복수로 사용하던 시대가 있었던 것으로 보이며, 다른 언어에서보다 비교적 일찍 스와힐리어에 들어온 아랍어 어휘들이 이런 형태를 많이 가지고 있다. 차용어로 받아들인 명사 중에 명사부류가 5/6형이 되어 ma를 복수로 채택하게 되는 이유에 대해서는 다음과 같이 추측할 수 있다. 스와힐리어 고유어는 단수와 복수에 이미 명사부류 접두사가 붙어서 사용된다. 1/2형에는 m/wa가 붙거나 7/8형이라면 ki/vi라는 독특한 접사가 붙어서 사용되고 있는 시점에, 접두사가 없는 낯선 차용어 명사가 언어에 들어온다면 기존에 스와힐리어에서 접두사 없이 사용되던 단수 명사부류 5형으로 수용될 수 있었을 것이다. 그러면 그

---

12) 일반적인 차용어의 종류와 출처는 5.4에 소개된다.

복수가 되기 위해서는 어쩔 수 없이 명사뷰류 6형의 ma가 붙어 사용될 수밖에 없었을 것으로 보인다. 차용어는 어두에 아무 것도 붙어있지 않기에 자유롭게 일단 5형으로 사용되다가 복수인 6형이 쓰이지만 단수보다는 덜 사용되었을 것으로 추측해 볼 수 있다. 차용어가 갑자기 명사부류 1형의 사람을 가리킨다고 m을 붙여 사용하거나, 7형의 ki라는 독특한 명사접두사를 붙여서 쓸 수는 없었을 것이다. 이 차용어는 당연히 접두사가 없는 부류에 속하게 되었을 것이다. 아마 이때쯤 이미 스와힐리어에서는 5형의 ji가 쇠퇴하고 있었을 가능성도 있다. 이러한 추측은 오늘날 많은 차용어가 명사부류 9/10으로 들어오는 이유로도 설명될 수 있다.

이 5/6 명사부류에는 동사에서 파생된 명사가 상당히 많다. 보통 파생어를 만들 때 동사의 끝 모음을 /i, o, u, e, a, ji/로 바꾼다. 몇 가지만 예를 들면 다음 (17)과 같으며 뜻이 약간씩 다르지만 구별이 어려운 경우도 있다.

(17)	보통명사 5	명사부류 6	출처	뜻
a.	neno	maneno	nena '말하다'	'낱말'
b.	shauri	mashauri	shauri '충고하다'	'충고'
c.	tokeo	matokeo	tokea '발생하다'	'결과'
d.	vazi	mavazi	vaa '입다'	'옷'
e.	zidio	mazidio	zidi '증가하다'	'증가'

5.1.4. 명사부류 7/8

명사부류 7/8에는 무생물인 일반 사물, 특별히 작은 사람과 사물을 가리키는 말과, 결함이 있는 사람이나 나쁜 습관을 가진 사람을 얕잡아 부르는 말이 많이 들어가 있다. 먼저 명사접두사의 모양과 발음에 대해 언급하자면, 7/8 명사부류에 속하는 단어는 단수는 ki, ch로, 복수는 vi, vy로 시작한다.

(18)   명사부류 7   명사부류 8   뜻 (작음)

a.   kitu   vitu   '물건'

b.   kinyozi   vinyozi   '이발사'

c.   kiongozi   viongozi   '지도자'

d.   kiazi   viazi   '감자'

e.   chakula   vyakula   '음식'

f.   chembe   vyembe   '화살촉, 창끝'

g.   choo   vyoo   '변기'

h.   chura   vyura   '개구리'

(18a)에서 단수형 kitu와 복수형 vitu를 보면 ki와 vi가 명사접두사임을 알 수 있다. 그러나 (e-h)를 보면 chakula/vyakula, chembe/vyembe, choo/vyoo, chura/vyura와 같이 ki/vi가 아니라 ch/vy가 쓰인다. 이것은 ki가 모음 /a, e, o, u/ 중에 하나와 만나면 k가 i 때문에 구개음화가 일어나서 ch가 된다. 마찬가지로 vi도 같은 환경에서 vy가 된다. 그러나 이런 현상이 항상 일어나는 것은 아니다. 역사적으로 구개음화가 활발히 일어난 시기에 있었던 명사들이 그 영향을 받아 변화하였고, 그 이후에 생긴 명사들은 그러한 구개음화가 일어나지 않은 채로 현재 쓰이고 있다. 그래서 같은 환경에서 음운변화가 일어난 것과 일어나지 않은 것 두 가지 다른 모습을 찾아볼 수 있다. (c-d)에서 보듯이 ki 다음에 o, a가 왔는데 cho, cha로 바뀌지 않고 그대로 있고 vi도 vy로 바뀌지 않았다.

다시 의미론적인 면에서 명사부류 7/8에 속하는 명사의 특징에 대해서 논의하자면, 이 부류에는 '신체적 결함이 있는 사람'을 부르는 명칭이 많이 있다. 차별적인 어휘이지만 아주 보편적인 단어이다. 명사부류 1/2의 m/wa로 쓰지 않고 얕잡아 볼 때 쓰는 말인데 흔히 질병명도 ki/vi류에 속한다.

(19)   명사부류 7   명사부류 8   뜻

    a.   kipofu   vipofu   '눈 못 보는 사람'

    b.   kiziwi   viziwi   '귀 안 들리는 사람'

    c.   kibeti   vibeti   '키 작은 사람'

    d.   kiziwi   viziwi   '말 못하는 사람'

    e.   chongo   viongo   '눈 한쪽 안 보이는 사람'

    f.   kiwete   viwete   '다리 저는 사람'

    g.   kikojozi   vikojozi   '오줌싸개'

    h.   kichomi   vichomi   '염증'

    i.   kikohozi   vikohozi   '기침'

    j.   kiseyeye   viseyese   '괴혈병'

위의 명사부류의 특징과 비슷한 관점에서, 다음 (20)의 도표에 나오는 표현은 '아주 작다'는 뜻을 가진 왜소형 명사들(Diminutive Noun)이다. 어떤 명사의 뜻을 보통보다 아주 작은 의미로 사용할 때는 왜소형 명사를 쓰는데 이때는 보통명사에 있는 접사를 떼고 나서 ki(+ji)를 붙인다. (20a)는 원래 접사 m을 떼고 바로 ki만 붙여서 만들었지만 나머지 모든 경우에는 kiji를 붙였다. 즉 이중 명사부류 접두사를 붙였다. 아주 특이한 경우라고 할 수 있다. 최소단어요건에 관한 앞으로의 논의에서 드물게 이중접사를 유지하는 경우가 있음을 볼 수 있다. 너무 짧은 형태를 가지고 있어서 화자들이 오랜 기간 그 형식을 유지하기 때문에 어떤 다른 접사를 붙이려 할 때, 기존의 접사를 떼지 않고 그 앞에 부가적으로 붙이는 습관이 생긴 경우이다. 여기서도 마찬가지로 왜소형 명사는 이중접사가 있고 또 복수형에도 똑같이 이중접사인 viji를 가지게 된다. 여기서도 보통명사도 단수와 복수를 가지고, 왜소형 명사도 단수와 복수를 가지되 각각 다른 접사를 가진다. 다음 도표에서 한 예를 보면 (20a) mtoto '아이'를 '아주 작은 아기'의 뜻을 만들려면 m을 떼고 ki를 붙인다. 이렇게 생긴 명사의 복수형도 거기에 맞는 vi를 쓴다. (b)도 마찬가지다. 그런데 이렇게 왜소형 접두사를 붙일 때 기존에 있던 ji도 유지하여 kiji가 되어 이중으로 접두사를 가지는 경우도 있는데 (c-h)의 예들이다. 특히 (h)의 경우는 nyumba에서 ny를 떼면 모음 앞이므로 j를 넣었는데 왜소형이 될 때 그 앞에 ki를 붙였다. 복수형에도 마찬가지 현상이 일어나며 여러 명사부류에서 골고루 찾아볼 수 있다.

(20)

	보통명사	출처	7	8	뜻
a.	mtoto	cl.1/2	kitoto	vitoto	'갓난 아기'
b.	mwana	cl.1/2	kijana	vijana	'청년'
c.	mji	cl.3/4	kijiji	vijiji	'작은 마을'
d.	mti	cl.3/4	kijiti	vijiti	'작은 마을'
e.	mto	cl.3/4	kijito	vijito	'개울'
f.	mwiko	cl.3/4	kijiko	vijiko	'차 숟가락'
g.	kitabu	cl.7/8	kijitabu	vijitabu	'쪽지 책'
h.	nyumba	cl.9/10	kijumba	vijumba	'작은 공간'

신체부위를 표현하는 명사들은 3/4에도 있었고, 5/6에도 짝을 이루는 부위가 있었는데 7/8에도 몇 개 찾아볼 수 있다. 몸 속에 있어 잘 보이지 않는 것을 가리키는 명사가 이 부류에 많이 쓰이는 것으로 보인다. 머리는 머릿속을 가리킬 수도 있을 것이다. 다음 중에서 (21d-e)같이 외형적으로 드러나지 않기 때문에 ki를 접두사로 받는 것으로 보인다. mkono/mikono '손'과 guu/miguu '발'은 명사 3/4형이지만 '팔꿈치'를 가리키는 kiko/viko는 7/8형이다. 팔꿈치가 팔보다는 덜 드러나 있다. (f) kilenge '태아', (g) kichogo '후두'도 마찬가지로 신체 밖에 드러나 있지 않다. 이 외에도 많은 신체부위와 장기 이름에 ki/vi가 붙어 있다.

(21)

	명사부류 7	명사부류 8	뜻
a.	kichwa	vichwa	'머리'
b.	kifua	vifua	'가슴, 가슴 답답함'
c.	kiini	viini	'내장'
d.	kiuno	viuno	'허리'
e.	kiko	viko	'팔꿈치'
f.	kilenge	vilenge	'배, 태아'
g.	kichogo	vichogo	'후두'

ki는 또한 '어떤 양태를 가지고', '어떤 근원에서 온'이라는 뜻의 부사나 형용사적

의미를 가진 명사로도 쓰인다. 일반 동사나 의성어나 의태어적 표현에 명사형 접사 ki를 붙여 이 부류의 명사를 만들었다. 이런 경우 문법상 명사이지만 부사나 형용사의 뜻을 가지며 복수형을 쓰지 않는다. 예를 들면, (22a)의 경우 ki를 사용하여 chakula cha kiafrika '아프리카식 음식'이나 (b)처럼 사용하여 desturi za kikorea '한국식 관습'과 같이 연결형 전치사 cha나 za를 써서 뜻을 표시하며 전치사구의 모양을 가진다. (c-e)은 의성어 의태어적인 표현을 명사로 만들었고 (f)는 동사에서 파생했다.

(22)		명사부류 7	명사부류 8	출처	뜻
	a.	kiafrika	없음	Afrika '아프리카'	'아프리카식'
	b.	kikorea	없음	Korea '한국'	'한국식'
	c.	kigeugeu	없음	geugeu '바뀌는'	'변덕'
	d.	kikaka	없음	kakakaka '바삐'	'바쁨'
	e.	kitefutefu	없음	tefutefu '흐느끼는'	'흐느낌'
	f.	kiangazi	없음	angaza '볕이 나다'	'여름'

5.1.5. 명사부류 9/10

명사부류 9/10에 속하는 명사는 일반적인 사물과 동물을 가리키는 말이 많다. 다른 부류에 속하지 않고 특징없는 많은 명사들이 여기에 속하며, 특히 새로 들어오는 차용어 대부분이 이 부류에 속한다. 그래서 기존에 다른 명사부류에 속하던 단어도 이 부류로 옮겨오는 경우도 있다. 특히 처음에는 분명한 이유가 있어 어떤 명사부류에 속했다가도 점점 화자들이 그 이유를 인식하지 못함에 따라 무의식적으로 일반적인 9/10형으로 사용하게 되는 경향이 두드러진다. 이는 유추(Analogy)에 의한 것으로 볼 수 있다. 9는 단수 명사이고, 10은 복수 명사를 가리킨다. 그러나 단수 복수가 명사 자체에는 접두사가 같다. 그러나 그에 따른 형용사, 지시사, 수사, 동사, 목적격 등에서는 구분된다.
  단수 복수 구분없이 명사 자체에는 대표음 N이 붙는데 이것이 다음절어에서 무성자음 앞에서는 탈락되어서 현재로서는 모음 앞과 유성음 앞에서만 나타난다. 그리고 아랍어 등에서 온 여러 차용어들은 첫 자음의 자질과 상관없이 이러한 N조차 받지 않는 경우가 많아서 마치 아무 접두사가 없는 것처럼 보일 때가 많다. 다음은 접두사가 있는 형태를 모아 보았다. 먼저 (23a-d)는 N이 네 군데 다른 조음 장소 즉, 양순, 치조, 경구개, 연구개에 있는 유성자음 앞에서 NC가 되어 복합자음 초성으로 발음되는 것이다. (e-h) 는 N이 똑같이 네 군데 다른 조음 장소에 있는 무성자음이나 유성자음 앞에서 N.C가 되어 비음 N이 독립된 음절로 발음되는 것을 보여준다. 여기서 모두 뒤에 오는 자음의 조음장소가 앞의 비음 N의 조음장소를 결정해 주는 역행동화(Regressive Assimilation)가 일어난다.

(23)	명사부류 9	명사부류 10	뜻
a.	mbo.go	mbo.go	'버팔로'
b.	nde.ge	nde.ge	'새'
c.	nji.a	nji.a	'길'
d.	ngu.o	ngu.o	'옷'
e.	m.bu	m.bu	'모기'
f.	n.ta	n.ta	'밀랍'
g.	n.chi	n.chi	'나라'
h.	n.ge	n.ge	'전갈'
i.	nyo.ka	nyo.ka	'뱀'
j.	ng'o.mbe	ng'o.mbe	'전갈'

특히 이 (23e-h)의 네 가지 명사는 원래 음절을 이루지 못하는 자실을 가졌지만, 스와힐리어의 최소단어는 2음절이어야 한다는 제약 때문에 비음이 음절을 가지게 되었다. 또한 마지막 두 가지 단어는 모음 앞에서의 비음 N의 양상을 보여준다. (i) nyoka의 경우 N-oka의 연속인데 N이 기저형에서 구개음 /ɲ/을 가지고 있다는 것을 증명하는 중요한 단서가 된다. 발음은 [ɲo.ka]이다. 마지막의 (j) ng'ombe의 발음은 [ŋo.mbe]인데 이것은 원래 [Nɲo.mbe]에서 초성의 두 비음이 동화되어 [ŋŋo.mbe]가 되었다가 현재와 같이 된 것으로 추측할 수 있다.

5.1.6. 명사부류 11/10

명사부류 11/10에 속하는 명사는 구체적인 길이나 크기가 있는 사물을 가리키는 명사로 구성되어 있다. 원래 lu가 명사부류 접사였는데 오늘날 u가 되었다. 길거나 큰 사물이 이 명사부류에 들어가 있다. 복수형은 9/10 명사부류의 10을 다시 쓴다. 모양에 있어 명사부류 11은 다음에 올 명사부류 14와 모양이 꼭 같고 일치를 위한 접사들도 똑같다. 모순되는 구성을 보이는 이유는 원래 두 가지 다른 명사부류가 있었는데 역사적으로 기능은 다르나 형식이 같아졌기 때문이다. 14형 명사 접사는 bu였다가 지금은 u이다. 다른 점은 11형은 단수로서 10형을 복수로 가지고 있고, 14는 복수가 없다는 것이다.

먼저 명사부류 안에 있는 명사들을 좀 더 구분해 보고자 한다. 다음 도표에서 보듯이 같은 11/10형의 명사에도 몇 가지로 나누어진다.

(24)		명사부류 11	명사부류 10	단수 뜻
	a.	utambi	tambi	'회초리'
	b.	ushanga	shanga	'구슬'
	c.	ukuta	kuta	'벽'
	d.	unywele	nywele	'머리칼'
	e.	uwati	mbati	'집안 기둥'
	f.	ulimi	ndimi	'혀'
	g.	wimbo	nyimbo	'노래'
	h.	ufa	nyufa	'쪼개짐'

명사부류 11에 속한 낱말은 모두 u를 가지고 있으며, 모양이 길거나 뾰족한 것을 말한다고 하였는데 (24a, d, e, h)가 해당하고, 일정 크기가 있다는 것은 (c) ukuta 정도인 것 같다. 여기서 형식을 관찰하면, 앞에서 언급한 대로 11의 명사 접사는 모든 명사에 성실히 붙어 있다. (g)의 경우 /u/와 /i/가 만나서 /wi/가 되는 활음화현상이 있다. 반면 복수형인 10이 되면 앞 절의 명사부류 9/10에서 다루었듯이 비음접사 N은 뒤따라오는 소리의 자질에 따라 조음장소와 음절성, 탈락 여부까지 여러 가지로 바뀐다. 11형의 복수인 10형은 (a-c)의 예에서 보면 무성자음 앞에서 N이 탈락했다. (d)의 경우 nywele

자체에 ny가 있어서 이 앞에 다시 N 즉 ny가 붙어도 효과가 같으므로 떨어져 나갔다고 할 수 있다. 반면 (e-f)의 경우 N-wati → mbati가 되고, N-limi → ndimi가 되었다. 이것이 소위 자음강화현상이다. (e)의 경우 비음의 비지속성[-continuant]이 뒤따라오는 유음 /w/에 영향을 끼쳐 폐쇄음 /b/가 되게 했다. 반면, /w/ 또는 /b/가 역행으로 N의 조음장소를 결정하여 /mb/가 되었다. 비슷한 방식으로 (f)의 경우 비음의 비지속성[-continuant]이 뒤따라오는 유음 /l/에 영향을 끼쳐 폐쇄음 /d/가 되게 했다. 여기서도 치조에 두 소리가 오고 공기흐름도 비지속성으로 바뀌는 동화를 겪었다.

5.1.7. 명사부류 12/13

스와힐리어에는 12/13은 원래 ka/tu였다고 하는데 현재 스와힐리어에서는 활동하지 않는 부류이다. kamwe라는 낱말 하나가 문장에서 부정의 뜻으로 쓰인다. 원래 mwe는 '하나'라는 뜻인데, kamwe는 '아무 것도, 하나도'라는 뜻으로 쓰인다. Sipendi kamwe라고 할 때 '하나도 안 좋아한다'의 뜻이다. '돌'이란 뜻의 jiwe/mawe가 있다. '여드름, 뾰루지'를 뜻하는 kawe/makawe가 있고 이것의 작은 표현인 kikawe/vikawe가 있으며, 이것과 또 다른 뜻의 kiwe/viwe가 있는데 '여드름, 뾰루지'에 대한 인식이나 표현이 다양함을 알 수 있다. 특히 kawe가 명사부류 12에서 온 것일 가능성이 있다. 비록 그 복수형은 makawe로 6형이지만 '작고 귀찮은 모양을 가진 여드름'을 가리키는 왜소형 표현일 수도 있다. 인접 언어에서는 이 부류가 사용된다. 루간다에서 이러한 접두사를 가지고 있는데 이 언어는 반투어 중에서 명사부류 보존성이 높다.

5.1.8. 명사부류 14

명사부류 14는 상태나 성질을 나타내는 추상적 의미를 가진 명사로 구성되어 있다.

(25)	명사부류 14	참조	뜻
a.	utoto	cf. mtoto (cl.1)	'어린 시절'
b.	ufalme	cf. mfalme (cl.1)	'왕국'
c.	uzuri	cf. mzuri (cl.1)	'아름다움'
d.	uombi	cf. omba '기도하다'	'중보, 중재'
e.	uwongo	cf. ongopa '거짓말하다'	'거짓'
f.	ugawaji	cf. gawa '나누다'	'나눔, 분배'
g.	ufunguo	cf. fungua '열다'	'열쇠'
h.	Uarabu	cf. Mwarabu '아랍인'	'아랍'
i.	Uhabeshi	cf. Abyssinia '왕국명'	'에티오피아'
j.	Ujerumani	cf. Marekani '미국'	'독일'

동사나 다른 품사에서 파생되어 온 추상명사도 있고, 초기에 들어온 나라이름도 여기에 포함된다. 어느 명사부류보다 소속되는 명사의 성분이 뚜렷이 구분된다. (25a-c)는 기존의 보통명사에 14형 접사 u를 붙여 만들었고, (d-e)는 동사에서 어미 모음을 떼고 명사형 어미를 붙였다. 반면 (f-g)는 동사에 i, o, ji 등을 붙여 추상적 개념이나 구체적인 물건을 가리키도록 한다. (h-j)의 경우 나라이름으로 상대적으로 접촉이 오래된 나라이름들인데 오래 되지 않은 나라이름인 Marekani '미국'의 경우 이러한 모양을 가지지 않았다.

5.1.9. 명사부류 15

명사부류 15는 동사의 부정사형(Infinitive)을 만드는 것으로서 동사 앞에 ku를 넣어 만든다. 뜻은 '-하기', '-하는 것'이다. 이것은 다른 명사처럼 문장의 주어로 쓰일 수 있고 동사의 목적어도 될 수 있으며 형용사 등의 꾸밈도 받을 수 있다.

(26)	명사부류 15	출처 동사	뜻
a.	kusoma	soma '읽다'	'공부하기'
b.	kusomesha	somesha '가르치다'	'가르치기'
c.	kuomba	omba '기도하다'	'기도'
d.	kukutano	kutana '만나다'	'만남'
e.	kwanza	anza '시작하다'	'시작'

5.1.10. 명사부류 16/17/18

이 명사부류는 접두사가 16/17/18의 순서로 pa, ku, mu이다. 그 뜻은 장소를 가리키는데 약간의 차이가 있다. 그러나 스와힐리어에는 장소를 가리키는 명사가 몇 개밖에 남아있지 않고, 또 명사 없이 쓰이는 형용사나 부사의 뜻을 가진 형태소가 있다. 다음 (27)은 장소와 관련된 명사와 또 그것과 일치를 보이는 단어들인데, 16형의 pa가 들어있는 어휘는 다음과 같이 몇 개밖에 없어 생산적이지 못하다.

(27)	명사 16	뜻	예문
a.	hapa	'바로 여기'	Hapa pana simba tatu. '여기 사자 세 마리가 있다'
b.	papa hapa	'바로 여기-강조'	Papa hapa pana simba tatu. '바로 여기 사자 세 마리가 있다'
c.	hapana	'아니오'	Unajua Kiswahili? '스와힐리어 아세요?' Hapana. Sijui. '아니오. 몰라요'
d.	pahali pale	'거기 그때'	Pahali pale palikuwa na simba tatu. '거기 그때 사자 세 마리가 있었다'
e.	pahali hapa	'여기'	Ninapenda pahali hapa. '나는 여기가 좋아요'
f.	pamoja	'함께'	Tulienda pamoja nao. '우리 그들과 함께 갔다'
g.	petu	'우리집'	Hapa petu. '이것이 우리집이다'

명사부류 17형 ku는 일반적으로 '무엇이 (어디에) 있다'는 뜻으로 쓰인다. 이 명사접두사는 앞에서 나온 동사 부정사형 명사부류인 15형 ku와 같고 문장 중에서 일치를 위한 형태소도 같다. 장소를 가리키는 17형 명사와 그 관련 단어도 오래 전에 굳은 것들이 (28)에서 보인 것처럼 몇 개가 있다.

(28)	명사부류 17	뜻	예문
a.	huku	'(여기, 거기)'	Huku kuna simba tatu. '사자 세 마리가 있다'
b.	kuku huku	'바로 거기-강조'	Kuku huku kulikuwa na simba tatu. '바로 거기 사자 세 마리가 있었다'
c.	hakuna	'없다'	Hakuna matata. '어려울 것 없어요'
d.	kule	'거기'	Kule kulikuwa na simba tatu. '거기 그때 사자 세 마리가 있었다'
e.	kulia	'오른쪽'	Mkono wa kulia. '오른 손 (밥 먹는 손)'
f.	kushoto	'왼쪽'	Nenda kushoto kwako. '왼쪽으로 가세요'
g.	kuume	'남성'	Jamaa ya kuumeni. '부계 쪽 친족'
h.	kwao	'자기 집'	Watu wote wamerudi kwao. '모두 자기 집으로 갔다'
	cf. makwao	'자기 집, pl.'	Watu wamerudi makwao? '사람들이 자기 집으로 돌아갔어요?'

다음은 명사부류 18에 해당하는 접사 mu를 가진 낱말의 모양과 용도를 보여주는 도표이다. '무엇의 안에'라는 뜻으로 쓰이는 형태소 mu로 된 것은 더욱 찾기가 어렵다.

(29)	명사뷰류 18	뜻	예문
a.	humu	'이 안에'	Humu mna simba tatu. '이 안에 사자 세 마리가 있다'
b.	mumu humu	'이 안에-강조'	Mumu humu mlikuwa na simba tatu. '바로 이 안에 사자 세 마리가 있었다'
c.	hamna	'안에 없다'	Hamna maji kisimani. '우물에 물이 없다'
d.	mle	'안에'	Mle mlikuwa na simba tatu. '거기 그 안에 사자 세 마리가 있었다'
e.	mahali humu	'장소—안'	Ninapenda mahali humu. '나는 이 안이 좋다'

5.2. 명사부류와 격의 일치

지금까지 스와힐리어의 명사들을 1-18까지의 유형으로 나누어지는 것을 보았다. 각각의 명사부류는 명사의 맨 앞에 붙은 접두사에 의해 주로 결정되는데, 명사를 수식하는 품사나 이어서 오는 동사구가 명사부류에 따른 표지에 의존하여 변화를 일으킨다. 즉 명사부류가 문장 전체의 모양에서 결정적인 역할을 한다. 또한 이 접두사와 여러 일치를 위한 형태소들은 문장에서 다양한 형태음운론적 현상을 일으켜 흥미로운 연구거리가 된다. 이미 앞에서 잠깐 제시한 여러 음운현상들 특히 자음과 모음의 여러 변화들은 명사부류 접두사나 그의 일치 과정에서 일어나는 현상들이다.

명사부류와 격의 일치는 인접 언어나 방언에서 조금씩 다른 양상을 보인다. 한 가지 예를 먼저 보고 스와힐리어의 겉모양을 소개하고자 한다.

(30) a.

Vitabu	hivi	vitau	vi-me-andik-w-a	na	Mwalimu	Moshi.
N	Dem	Adj	sbj-ppt-Vr-pass-fv	Conj	PN	PN
books	these	three	are written	by	Teacher	Moshi
책	이	셋	쓰였다	의해	선생님	모시

이 책 세 권은 모시선생님에 의해 쓰였다.

b.

Wanafunzi	hawa	wa-li-vi-nunu-a	vitabu	vyote.
N	Dem	sbj-pst-obj-Vr-fv	N	Adj
students	these	they them bought	books	all
학생들	이	샀다	책을	모든

이 학생들이 모든 책을 샀다.

위의 문장 (30a)에서 보듯이 문장의 주어이면서 명사인 Vitabu '책들'은 명사구 Vitabu hivi vitatu에 속한다. 이 부분만 보면 '이 책 세 권'인데 한국말과 어순이 상당히 다른 '명사-지시형용사-수사'의 순서로 명사구가 된다. 이 명사구에서 일정하게 붙은 접두사가 모두 명사부류 8에 해당하는 접두사인 'vi'이다. 뒤따르는 형용사 두 개에 붙은 'vi'는 명사구의 머리가 되는 Vitabu의 vi와 일치하게 하기 위해서 붙은 것이다. 게다가 이 주어인 명사구에 따르는 동사 접두사도 같이 'vi'를 가지고 있다. 7개 어휘 중에서 4개가 'vi'로 시작한다. 반면, 문장 (b)에서는 주어 Wanafunzi '학생들'이 명사부류 2에 해당하여 wa를 가지고 있다. 2형 명사는 수식어로서의 지시형용사는 hawa로 같은 모양의 wa가 있고, 이것이 동사구 wa-li-vi-nunua '그것들을 팔았다'의 주어가 된다. 이때 동사구 안의 vi는 목적어가 되는 vitabu vyote를 대신하는 목적격 형태소이다.

이같이 같은 부류에 속하는 명사는 같은 접두사나 일치를 위한 형태소를 가지기 때문에 발음상 흥미로운 음조를 만들어낸다. 마치 의성어나 의태어를 말할 때나 말놀이를 할 때와 같은 느낌을 주어 리듬감도 준다. 최대 20개의 부류 중에 16개만 활용되고 있지만 명사부류에 따른 형태소 때문에 말을 배우는 데 어려움을 가져오기보다는 오히려 비슷한 음운으로 기억에도 도움을 준다.

지금부터는 각 명사부류에 따라 어떤 일치 접두사가 사용되는지 도표를 통해 보여주고자 한다. 이 도표는 16가지의 명사부류가 명사 자체, 수식어인 지시형용사, 수사, 형용사 등에서 어떻게 차이가 나는지 일목요연하게 볼 수 있다. 명사부류와 일치를 위한 형태소는 같은 부류 안에서도 그 어휘를 구성하는 자음과 모음과 운율적 요소에 따라 약간씩 다른 모습을 보이기 때문에 설명이 필요한 부분이 있다. 차례대로 문장에서 먼저 나오거나 자주 나오는 순서로 제시하고자 한다.

5.2.1. 명사와 수사의 일치

(31)	a. 명사	뜻	b. 하나	c. 둘	d. 몇/얼마나
cl.			-moja	-wili	-ngapi
1	Mtu	사람	mmoja		-
2	Watu			wawili	wangapi
3	Mti	나무	mmoja		-
4	Miti			miwili	mingapi
5	Tunda	열매	moja		-
6	Matunda			mawili	mangapi
7	Kiti	의자	kimoja		-
8	Viti			viwili	vingapi
9	Ndizi	바나나	moja		-
10	Ndizi			mbili	ngapi
11	Ulimi	혀	mmoja		-
10	Ndimi			mbili	ngapi
14	Uhuru	독립	-	-	-
15	Kutaka	좋아하다	-	-	-
16	Mahali	장소 (가까이)	pamoja	-	pangapi
17	Mahali	장소 (떨어져)	-	-	-
18	Mahali	장소 (안에)	-	-	

명사를 수식하는 것으로 많이 쓰이는 것이 숫자이다. 이 숫자는 1은 단수인 명사부류에 쓸 수 있으나 복수나 다른 명사부류에는 쓰지 못한다. 반면 숫자 2부터는 단수에는 쓰지 못하고 복수에는 언제든지 쓸 수 있다. '몇 사람 있습니까?'는 Kuna watu <u>wangapi</u>?가 되고 '나무가 몇 그루 있습니까?'는 Kuna miti <u>mingapi</u>?가 된다. cl.14, 15 등에는 추상적인

의미나 동사부정사여서 잘 쓰이지 않는다. 숫자 1이라는 숫자는 기본형이 -moja인데 여기에 일치 표시를 할 때 특징적인 것은 cl.9/10에서는 탈락된다는 점이다. 그 이유는 비음 표지가 기존의 비음과 합쳐져서 구분이 없어진 것이다. 같은 비음이다. 형용사 중에서 기본형의 첫 자음이 무성자음으로 되어 있는 경우에는 약간 다른 음운론적 양상을 보이기 때문에 흥미롭다. 또한 숫자를 묻는 질문에 사용되는 ngapi는 초성이 연구개 비음이라 발음도 특이하지만 일치에 맞는 접두사가 필요하다. cl.9/10에서 비음이 조음장소를 동화시켜 일어났기 때문에 ngapi 앞에 비음이 탈락되었다고 보는 편이 낫다.

5.2.2. 유성 무성자음 형용사와 차용어의 일치

스와힐리어에는 생산적으로 활용되는 형용사가 40개 정도 있다. 그 중에 많이 쓰는 것 몇 개를 표본으로 보여주며 설명하고자 한다. 형용사에 명사가 결정하는 접사를 붙일 때, 그 형용사어간의 자음 혹은 모음 여부에 따라 모양이 달라진다. 곧 유성자음인지 무성자음인지에 따라, 비음의 종류에 따라 접두사의 행동이 달라진다. 유성음 앞에서는 비교적 일치가 지켜지기 위해 접두사가 남아있고, 무성음 앞에서는 탈락이나 변형이 자주 일어난다. 특히 mbaya가 많이 사용되는데 그 이유는, cl.1, 3, 14 모두 m-baya에서 왔고, cl.9/10은 n-baya에서 왔는데 모두 동일조음(Homorganic)현상으로 [mbaya]가 되기 때문이다. zuri '좋은'와 baya '나쁜'의 경우와 달리, 무성자음으로 시작하는 kubwa '큰'의 경우 접두사가 탈락한다. cl.9/10에서 접두사가 N인데 이것이 무성자음 앞에서 탈락된다. 또한 tayari '준비된'의 경우 차용어 형용사여서 아무 접두사도 붙지 않는다. 한편으로는 편리한 면이 있으나 접두사가 없어 앞에 나온 명사부류가 뭔지 예측할 수 없다.

(32)	a. 명사	b. 좋은	c. 나쁜	d. 큰 (무성자음 앞)	e. 준비된 (차용어)
cl.		-zuri	-baya	-kubwa	-tayari
1	Mtu	mzuri	mbaya	mkubwa	tayari
2	Watu	wazuri	wabaya	wakubwa	tayari
3	Mti	mzuri	mbaya	mkubwa	tayari
4	Miti	mizuri	mibaya	mikubwa	tayari
5	Tunda	zuri	baya	kubwa	tayari
6	Matunda	mazuri	mabaya	makubwa	tayari
7	Kiti	kizuri	kibaya	kikubwa	tayari
8	Viti	vizuri	vibaya	vikubwa	tayari
9	Ndizi	nzuri	mbaya	kubwa	tayari
10	Ndizi	nzuri	mbaya	kubwa	tayari
11	Ulimi	mzuri	mbaya	mkubwa	tayari
10	Ndimi	nzuri	mbaya	kubwa	tayari
14	Uhuru	mzuri	mbaya	mkubwa/u-	tayari
15	Kutaka	kuzuri	kubaya	kukubwa	tayari
16	Mahali	pazuri	pabaya	pakubwa	tayari
17	Mahali	kuzuri	kubaya	kukubwa	tayari
18	Mahali	muzuri	mubaya	mukubwa	tayari

각각의 다른 명사부류를 사용하여 위에 나온 네 가지 형용사를 활용하여 문장을 만들면 다음과 같다. cl.15. kuimba kuzuri '좋은 노래', cl.9. Ndizi mbaya imepotea '나쁜 바나나는 썩었다', cl.10. Ndizi kubwa ziliuzwa sokoni '큰 바나나들은 시장에서 팔렸다', cl.2. Watu tayari ni wachache '준비된 사람은 적다' 등과 같이 만들 수 있다.

5.2.3. 모음으로 시작하는 명사 수식어

모음으로 시작하는 명사 수식어는 명사접두사와 연결하는 과정에서 고모음은 모음과 만나 활음화가 일어날 때가 많고, 또 접두사에 있던 모음이 탈락하거나 융합하여 다른 모음으로 남게 된다. mweupe 'cl.1. 흰색의'는 mu-eupe에서 왔는데 mu가 mw로 바뀌었다. 또한, vyeupe 'cl.8. 흰색의'는 vi-eupe에서 왔는데 vi가 vy로 바뀌었다. chenye 'cl.7. 가진'은 ki-enye에서 왔는데 kie가 구개음화해서 che로 바뀌었다. 또 다른 형용사어간 -ingine '다른'과 -eupe '흰색의' 접두사는 주로 명사의 모양에서 따온 반면에, -enye '가진'의 접두사는 주격접사에서 따온 것으로 보인다.

(33)	a. 명사	b. 다른	c. 흰색의	d. 가진
cl.		-ingine	-eupe	-enye
1	Mtu	mwingine	mweupe	mwenye
2	Watu	wengine	weupe	wenye
3	Mti	mwingine	mweupe	wenye
4	Miti	mingine	myeupe	yenye
5	Tunda	jingine	jeupe	lenye
6	Matunda	mengine	meupe	yenye
7	Kiti	kingine	cheupe	chenye
8	Viti	vingine	vyeupe	vyenye
9	Ndizi	nyingine	nyeupe	yenye
10	Ndizi	nyingine	nyeupe	zenye
11	Ulimi	mwingine	mweupe	wenye
10	Ndimi	nyingine	nyeupe	zenye
14	Uhuru	mwingine	mweupe	wenye
15	Kutaka	kwingine	kweupe	kwenye
16	Mahali	pengine	peupe	penye
17	Mahali	kwingine	kweupe	kwenye
18	Mahali	mwingine	mweupe	mwenye

이 형용사를 활용하여 표현을 해보면 다음과 같다. Mtu mwenye kiti cheupe는 '흰 의자를 가진 사람'이 되는데 명사구의 머리가 되는 Mtu는 명사부류 1형이므로 거기에 맞는 '가진'의 표현은 mwenye가 된다. 마찬가지로 kiti '의자'는 7형이므로 거기에 맞는 cheupe(← ki-eupe)가 왔다. Miti yenye matunda mengine라고 하면 '다른 과일이 열린 나무들'이 되는데 Miti '나무'는 3형이고 그에 따라 yenye(← i-enye)가 오고, matunda

'과일'은 5형이라서 mengine(← ma-engine)가 되었다.

5.2.4. 주격, 목적격, 소유격의 일치

명사부류를 표시하는 명사접두사가 있듯이 이 명사부류를 주어로 삼는 동사구에 주격 표시 접두사가 있다. 동사구 안에는 목적격을 지칭하는 목적격 접사도 있을 수 있다. 또한 소유격의 표시는 의존형태소 두 개를 묶어 자립하는 형태소로 만들어 쓴다.

(34)	a. 명사	b. 주격 (이/가)	c. 주격 (에 있다) cl.17 -ko	d. 소유격 (나의) -angu	e. 목적격 (을/를)
1	Mtu	a	yuko	wangu	m
2	Watu	wa	wako	wangu	wa
3	Mti	u	wako	wangu	m
4	Miti	i	iko	yangu	mi
5	Tunda	li	liko	langu	li
6	Matunda	ya	yako	yangu	ya
7	Kiti	ki	kiko	change	ki
8	Viti	vi	viko	vyangu	vi
9	Ndizi	i	iko	yangu	i
10	Ndizi	zi	ziko	zangu	zi
11	Ulimi	u	uko	wangu	u
10	Ndizi	zi	ziko	zangu	zi
14	Uhuru	u	uko	wangu	u
15	Kutaka	ku	kuko	kwangu	ku
16	Pahali	pa	pako	pangu	pa
17	Mahali	ku	kuko	kwangu	ku
18	Mahali	muna-	muko	humu	mu

도표 (34)에서 보듯이 명사 cl.1의 접두사는 m이었지만, 동사구를 이끄는 (b)의 주격표지는 a이다. (b)에서 보듯이 명사의 접두사와 동사구의 주격 접두사는 모양이 다른 것이

많다. 같은 것은 cl.7/8, 11, 14, 15, 16/17/18이다. 또한 (c)에 있듯이 -ko나 같은 종류인 -po, -mo를 써서 '-에 있다'를 표현하기 위해 사용하는 주격표지도 대부분 (b)의 주격표지와 거의 비슷하다. (d)의 소유격도 자세히 보면 cl.1을 제외하고는 대부분 (b)의 주격 접두사를 활용한다. 그것이 모음이면 angu와 맞추어야 하기 때문에 활음화가 되어 /u-angu/, /i-angu/는 각각 wangu, yangu가 된다. 자음으로 시작하는 것은 그대로이다. 반면 목적격은 cl.5, 9, 10, 11만 빼고 명사의 접두사와 꼭 같다. 문장을 만들어 보면, Uhuru uko wapi?는 '독립이 어디 있어요?'가 되고, 대답은 Uko moyo wangu! '내 심장에 있어요!'가 될 것이다. '-에 있다'는 뜻의 동사는 uko가 되고, '나의'라는 뜻으로는 앞선 moyo가 명사부류 3형이므로 거기에 맞는 wangu가 쓰였다.

5.2.5. 대명사와 근칭, 원칭

일반대명사는 cl.1/2는 사람을 가리키는 명사부류이기 때문에 인칭대명사가 사용된다. 이미 앞에서 여러 번 나온 여섯 가지 인칭을 그대로 사용한다. 여기 도표 (35)에는 3인칭 단수와 복수를 cl.1/2에 넣었다. 다른 명사부류는 인칭이 아니기 때문에 각각의 대명사가 따로 있다. cl.2만 빼고 모두 같은 음절의 반복이다. 반면 (c)에 있는 두 번째 대명사의 경우 끝에 o를 붙여 더 친밀하거나 가까운 의미로 쓰인다. (d)의 경우 '-와 함께'의 뜻으로 na를 붙여 두 음절짜리 단어를 만든다. (e)에 있는 근칭지시사는 구조가 hV_V이며 모음도 같은 모음이다. 빈칸의 자음은 원래 명사부류 접두사에서 온 것이고 첫 모음은 복사해서 붙인 것이다. 즉 명사부류 접두사 앞에 hV를 추가한 형태다. (f)의 원칭지시사는 명사부류 접두사를 사용하되 끝에 le를 붙인다.

(35)	a. 명사	b. 일반 대명사	c. 근칭 대명사	d. 접속사- 약칭 na-	e. 근칭 지시사 hV_V	f. 원칭 지시사 _Vle
1	Mtu	yeye	yeye	naye	huyu	yule
2	Watu	wao	wao	nao	hawa	wale
3	Mti	uu	uo	nao	huu	ule
4	Miti	ii	iyo	nayo	hii	ile
5	Tunda	lili	lilo	nalo	hili	lile
6	Matunda	yaya	yayo	nayo	haya	yale
7	Kiti	kiki	kicho	nacho	hiki	kele
8	Viti	vivi	vivyo	navyo	hivi	vile
9	Ndizi	ii	iyo	nayo	hii	ile
10	Ndizi	zizi	zizo	nazo	hizi	zile
11	Ulimi	uu	uo	nao	huu	ule
10	Ndizi	zizi	zizo	nazo	hizi	zile
14	Uhuru	uu	uo	nao	huu	ule
15	Kutaka	kuku	kuko	nako	huku	kule
16	Pahali	papa	papo	napo	hapa	pale
17	Mahali	kuku	kuko	nako	huku	kule
18	Mahali	mumu	muo	namo	humu	mule

5.3. 중첩어 현상

어떤 언어의 형태론에서 흥미로운 부분 중에 하나가 중첩어(Reduplication)의 생성과 관련한 현상이다. 한국어는 중첩어가 아주 발달한 언어여서 의미있는 여러 연구가 있었다. 중첩어의 연구는 운율음운론과 형태론에 중요한 한 분야이다. 스와힐리어는 중첩어의 수가 아주 많다는 점과 또 그 중첩어의 생산과 용도가 다양하다는 점에서 흥미로운 언어이다. 의성어, 의태어뿐만 아니라 보통명사, 대명사, 부사, 형용사, 동사에 골고루 분포하여 흥미로운 현상을 보여주며, 보통의 현상처럼 전체 반복과 부분반복으로 중첩될 수 있지만 이 언어에서 다른 곳에서는 허용되지 않던 현상으로 음절의 일부만을 반복하는 등 주목할 만한 현상도 보여준다.

운율형태론(Prosodic Morphology)에서는 중첩어 현상을 접사나 어근, 어간의 접속을 단순히 음소의 결합으로 보지 않고 자체로서 존재하는 단위로 구성되어 있다고 본다. 즉, 그 단위는 음절이 되되 단음절이거나 중음절이거나 단순한 음절이거나 음보이거나 모두 단어가 될 수 있다. 반투어의 중첩어 현상은 여러 가지가 있으나 이에 대한 관심은 많이 없었다. 여기서는 McCarthy & Prince(1986)의 운율이론을 활용하여 중첩어를 설명하고자 한다. 특히 스와힐리어의 경우 다음절의 경우 보편적인 현상을 볼 수 있지만, 단음절 어휘의 중첩어에서는 흥미로운 현상이 있음을 볼 수 있다. 즉 앞 어근 혹은 어간만 중첩되지 않고 그 앞의 음절 하나를 더 가져와 중첩시키는 현상도 볼 수 있다. 이러한 현상은 스와힐리어의 기본 제약인 2음절어라는 최소단어요건이 원인임을 알 수 있다. 이러한 증거는 여러 품사에 걸친 중첩어를 살펴봄으로써 증거를 찾을 수 있다. 여기서 다루는 자료는 몇몇 스와힐리어 사전(Bakhressa 1992, Rechenbach 1967, Perrott 1965)과 다른 문헌과 잔지바르 출신 화자의 자료를 바탕으로 한 것이다.

먼저, 스와힐리어 동사에서 중첩어 현상은 흔히 찾아볼 수 있다. 그 의미는 반복, 지속, 강조, 약화, 무목적적 행동을 뜻하는 경우가 많다.

(36)	중첩어	기본형 뜻	중첩어 뜻
a.	kuja-kuja	오다 →	'자꾸 오다'
b.	uma-uma	물다 →	'물어뜯다'
c.	vunja-vunja	부수다 →	'산산이 부수다'
d.	cheke-cheka	웃다 →	'낄낄대다'
e.	kimbia-kimbia	달리다 →	'돌아다니다'
f.	nya-nyasa	방해하다 →	'성가시게 하다'

의미적으로 (36a)과 (f)는 '오는' 행동과 '귀찮게 하는' 행동을 반복하는 표현을 가리키며, (b)는 '무는' 행위를 지속하는 행동으로, (c)는 '부수는' 행위를 심하게 하는 강조의 뜻이 있으며, (d)는 '웃는' 행위를 약하게 조용히 하는 행위를 가리키며, (e)는 '달리는' 행동을 목적 없이 방향 없이 하는 것을 가리키게 된다.

5.3.1. 부분 중첩어

스와힐리어의 중첩어 현상에서는 접두형과 접미형 두 가지 과정 모두를 볼 수 있다. 또한 부분 반복과 전체 반복을 찾을 수 있다. 특히 행동을 실감 있게 표현하는 데 많이 쓰인다.

(37)	음절 중첩어	뜻	음절 중첩어	뜻
	ba-bata	'톡톡 치다'	bu-burushana	'소란'
	chu-chumia	'어디에 닿다'	di-dimisha	'강제로 줄이다'
	fa-fanuka	'깨끗해지다'	fu-fuka	'살아나다'
	go-gota	'톡톡치다'	gu-guna	'물어뜯다'
	gu-gumia	'들이키다'	ka-kamua	'힘들어하다'
	ki-kisa	'혼란스럽다'	ko-kota	'질질끌다'
	la-lamika	'불평하다'	mi-mina	'솟아나다'
	mo-monyoka	'침식하다'	mu-munya	'빨다'
	ng'a-ng'ania	'성가시게 하다'	nya-nyasa	'애먹이다'
	nye-nyekea	'겸손하다'	nyi-nyirika	'미끄러지다'
	nyo-nyoa	'잡아채다'	si-sitiza	'강요하다'
	su-surika	'이리저리 다니다'	te-tea	'나서서 말하다'
	te-temeka	'떨다'	tu-tuma	'구르릉거리다'
	tu-tusa	'더듬거리다'	vu-vumka	'빨리 좋아지다'
	zo-zota	'가볍게 치다'	zu-zua	'놀리다'

(37)의 예에서 보면 첫째 음절이 반복되었다. 놀랍게도 이들 중첩어들 중에 대부분은 중첩어 접두사가 없는 형태는 없다는 것이다. 다시 말해, babata는 있는데 bata는 없고, buburushana는 있지만 burushana는 없고, chuchumia는 있지만 chumia는 없다. 그렇지만 모두 첫 음절이 반복되어 있어, 원래 중첩되지 않은 어간이 있었던 것처럼 보인다. 원어민 화자도 이들 어휘에서 중첩의 의미나 의성어 의태어적 의미를 인지하고 있다는 것은 중첩되지 않은 의미가 따로 쓰였다는 뜻이 된다. 게다가 이러한 단어들은 모두

고유어이다. 이러한 부분적 중첩은 역사가 오래되어 중첩어가 아닌 형태는 사용이 중지된 것으로 볼 수 있다. 이들에 대한 운율형태론적 설명은 (38)과 같이 단계에 따라 진행되었다고 본다.

(38) 순서 ⇩   **a.**   **b.**

	a.	b.
어간 / Stem	σ σ ∧∧ gota	σ σ σ ∧ ∣ ∧ vumka

음절 두접 / Prefixing	σ + σ σ
	     ∧∧
	    gota
		σ + σ σ σ
		    ∧ ∣ ∧
		   vumka

음소 복사 / Phoneme Copying	σ + σ σ
	go ∧∧
	     gota
		σ + σ σ σ
		vu ∧ ∣ ∧
		   vumka

선연결 / Association	σ + σ σ ∧ ∧∧ go gota	σ + σ σ σ ∧ ∧ ∣ ∧ vu vumka
도출형 / Output	gogota	vuvumka

McCarthy & Prince(1986)가 제안했듯이 이러한 부분적 중첩을 위한 운율판형(Prosodic Template)은, 단순히 C, CV, CVC 등 음소의 연속이 아니라 자격 있는 운율 단위인 음절이다. 곧, 중첩의 판형은 이 경우에 한 음절로서 동사어간의 왼쪽에 붙어서 만들어진다. 즉 접사의 방향이 왼쪽에서 오른쪽이다. 그래서 먼저 음절이라는 판형이 먼저 붙고 나서 거기에 맞는 음소가 복사된다. 즉 go와 vu가 붙는다. 특히 vu가 붙고 vum이 붙지 않는 이유는 이 언어에서의 음절은 CV까지이며 CVC가 아니기 때문이다. 비음 다음에 오는 자음이 같은 조음장소가 아닌 mk같은 경우는 둘이 다른 음절에 속한다. 그래서 vumka는 음절이 vu.m.ka로 나누어진다. 또 사람을 가리키는 목적어의 경우 Nitampa kitabu의 경우 Ni.ta.m.pa로 분절된다. 독립된 음절을 이룰 뿐 아니라 끝에서 둘째 음절에 있는 강세도 가지게 된다. 스와힐리어의 어두 음절 중첩현상에서 예외적인

것이 있는데 그것은 모음으로 시작하는 음절의 경우이다. 모음으로 시작하는 음절의 경우 중첩을 위해 이따금 초성을 더하여 판형을 만들기도 한다.

5.3.2. 완전 중첩어

(39) a. Vinf-Vinf   뜻   어근

	뜻	어근
kuja-kuja	'자꾸 오다'	ja
kula-kula	'조금씩 먹다'	la
kunywa-kunywa	'조금씩 마시다'	nywa

b. objVs-objVs

	뜻	어근
mpe-mpe	'그 사람에게 조금씩 주다'	mpa
nipe-nipe	'내게 조금씩 주다'	nipa
kila-kila	'음식을 조금씩 먹다'	kila

c. Vs-Vs

	뜻	어근
geuka-geuka	'자주 바뀌다'	geuka
inuka-inuka	'조금씩 일어나다'	inuka
rudia-rudia	'자꾸 돌아가다'	rudia
uma-uma	'찌르고 찌르다'	uma
vunga-vunga	'많이 구기다'	vunga
yonga-yonga	'비틀거리다'	yonga
yua-yua	'이리저리 다니다'	yua

d. obj-Vs-Vs

	뜻	어근
ji-pinda-pinda	'많이 접히다'	jipinda
m-binya-binya	'여러 번 꼬집다'	mbunya
m-geuza-geuza	'사람을 돌리다'	mgeuza

도표 (39a)는 부정사 접두사와 단음절 동사어간이 중첩된 경우이며, (b)는 목적격조사와 단음절 동사어간이 중첩된 것인데, 이 두 가지 예에서는 동사어간뿐만 아니라 앞서 오는 음절도 중첩에 포함된다. (c)는 두 음절 이상의 동사어간이 중첩된 것이다. (d)도 두 음절 이상이 되는 동사어간이 중첩되지만 앞서 오는 목적격 접두사는 반복되지

않는다. (d)의 경우 접두사인 목적격 접사가 복사되어 중첩되지 않은 점에 대해서는 예외운소(Extra-Prosodic)로 보아 중첩현상이 일어날 때 보이지 않는 음절로 여겨야 할 것이다.

(39a-b)의 예를 가지고 중첩어가 만들어지는 과정을 그림으로 설명하면 (40)과 같다. (40a-b)는 왼쪽에 중첩을 위해 2음절짜리 중첩어 판형을 붙이고 나서(Prefixing) 거기에 맞는 음소를 기본형에서 복사해(Copying) 온다. 이때 중첩어의 기본형은 동사어근이 아니라 ku나 m이라는 다른 연접된 형태소를 포함한 것이다. 중첩어 판형은 최소 2음절이 되어야 하기 때문에 다른 접사를 포함함으로써 크기를 늘였다.

(40)

순서 ⇩	a.	b.
어간 Stem	σ σ ∧∧ kuja	σ σ l∧ mpe
음절 두접 Prefixing	σ σ +　　σ σ 　　　　　∧∧ 　　　　　kuja	σ σ +　　σ σ 　　　　　l∧ 　　　　　mpe
음소 복사 Phoneme Copying	σ σ +　　σ σ kuja　　　∧∧ 　　　　　kuja	σ σ +　　σ σ mpe　　　l∧ 　　　　　mpe
선연결 Association	σ σ +　　σ σ ∧∧　　　∧∧ kuja　　　kuja	σ σ +　　σ σ l∧　　　l∧ mpe　　　mpe
도출형 Output	kujakuja	mpempe

(39c-d)의 예를 가지고 중첩어를 만드는 과정을 그림으로 설명하면 (41)과 같다. (41a)의 경우 3음절짜리 중첩어 기본형이기 때문에 그대로 왼쪽에 중첩어 판형으로 접사화되고 거기에 맞는 음소가 그대로 복사되어 geukagauka가 되었다. 그러나 (41b) mbinyabinya는 (40)의 경우와 달리 기본형이 3음절이고 그 앞에 접사가 더 있을 때는 접두사가 복사되지 않았다. 여기서 운율적 예외성을 도입해야 설명이 가능하다. 이 목적격 표지는 보이지 않는 요소로서 중첩되지 않는다. 다시 말해, 보이는 부분만 복사

되어 보이는 부분의 왼쪽에 복사되어 mbinyambinya가 아니라 mbinyabinya가 되었다.

(41) 순서 ⇩ a. b.

어간
Stem

| | σσσ | σ+ | σσ |
| | geuka | m | binya |

음절 두접
Prefixing

| σσσ+ | σσσ | σ+ | σσ+ | σσ |
| | geuka | m | | binya |

음소 복사
Phoneme Copying

| σσσ+ | σσσ | σ+ | σσ+ | σσ |
| geuka | geuka | m | binya | binya |

선연결
Association

| σσσ+ | σσσ | σ+ | σσ+ | σσ |
| geuka | geuka | m | binya | binya |

도출형
Output

geukageuka   mbinyabinya

5.3.3. 기타 중첩어

다음의 경우는 또 다른 전체 반복에 의한 중첩어 형성 방법을 보여주는 자료이다.

(42) 중첩어 뜻
te-temeka-te-temeka '계속 떨다'
ba-baika-ba-baika '말을 많이 더듬다'
di-dima-di-dima '계속 가라앉다'
nya-nyasa-nya-nyasa '계속 귀찮게 굴다'

위의 자료들은 두 가지의 과정을 거쳐 도출되는 중첩어라고 할 수 있다.

(43)   제 1 과정 순서 ⇩

어간
Stem   σ σ σ
                                            ∧ ∧ ∧
                                            temeka

음절 두접   σ +   σ σ σ
Prefixing   ∧ ∧ ∧
                                            temeka

음소 복사   σ +   σ σ σ
                                            ∧ ∧ ∧
Phoneme Copying   temeka   temeka

선 연결   σ +   σ σ σ
                    ∧   ∧ ∧ ∧
Association   temeka   temeka

도출형
Output   tetemeka

제 2 과정 순서 ⇩

어간   σ σ σ σ
                                            ∧ ∧ ∧ ∧
Stem   tetemeka

음절 두접 Prefixing   σ σ σ σ +   σ σ σ σ
                                            ∧ ∧ ∧ ∧
Full Reduplication   tetemeka

음소 복사   σ σ σ σ +   σ σ σ σ
                                            ∧ ∧ ∧ ∧
Phoneme Copying   tetemeka   tetemeka

선 연결   σ σ σ σ +   σ σ σ σ
                    ∧ ∧ ∧ ∧   ∧ ∧ ∧ ∧
Association   tetemeka   tetemeka

도출형
Output   tetemekatetemeka

(43)은 앞의 (42)에서 본 전체 반복에 의한 중첩어 형성 방법과 이어서 오는 접미형 전체 중복 방법을 혼합한 방식으로 만들어진 중첩어다. 먼저 제1과정에서 접두형을

만들어 tetemeka와 같은 형을 만들고 제2과정에서 이것을 전체 반복하여 뒤에 놓는 방식으로 tetemeka-tetemeka가 만들어진다. 만약 그 순서가 바뀌어 동사어간이 먼저 중첩되고 그 이후에 맨 앞 음절이 반복된다면 te-temeka-temeka라는 모양이 도출될 것이다. 그러나 이런 형은 올바른 형태가 아니다. 이미 (37)에서 언급했지만, 중첩된 첫음절은 붙어있는지 오래된 단어로 보이며 오히려 첫음절이 중첩되지 않은 기본형은 찾아보기가 어렵다.

스와힐리어의 중첩어 현상은 여타 언어의 운율형태론에서 활용되는 용어들 특히 접두, 접미, 왼쪽에서 오른쪽으로의 연결, 규칙적용순서, 예외운율요소 등등 많은 용어들이 활용되는 언어현상이다. 특히 스와힐리어에서는 다른 언어에서와 달리, 2음절어 요건을 맞추기 위해 다양한 현상이 일어나는데 중첩어에서도 예외없이 이러한 현상이 적용되는 것을 볼 수 있다. 다음과 같이 더 많은 중첩어에서의 두 음절 현상을 찾을 수 있다. 먼저, 많은 보통명사들이 두 음절로 되어 있고 또 그것을 반복하여 중첩어를 만들어낸다는 점이다.

(44)	중첩어	뜻	중첩어	뜻
	bui-bui	'거미'	ma-rufu-rufu	'붙다'
	cheke-cheke	'체로 치다'	ma-rupu-rupu	'이득'
	chepe-chepe	'습기차다'	ma-yungi-yungi	'수선화'
	dege-dege	'쥐나다'	ma-zeru-zeru	'흰'
	joto-joto	'온기'	ma-zimbwe-zimbwe	'어두움'
	maji-maji	'젖은'	ma-zinga-zinga	'한 바퀴 돌기'
	pili-pili	'후추'	ma-zugezuge	'바보'
	wasi-wasi	'걱정'	u-moto-moto	'열기'
	ki-ji-ji	'마을'	u-vugu-vugu	'미지근함'
	ki-pindu-pindu	'콜레라'	vi-gele-gele	'환호'

또한 접두방식으로 부분적으로 반복함으로써도 (45)에서와 같이 같은 음절을 두 번씩 반복하게 되는 현상이 생겨난다.

(45) 중첩어　　　　　　뜻　　　　　　　중첩어　　　　　　　뜻

중첩어	뜻	중첩어	뜻
cha-chari	'안절부절 못함'	m-si-simko	'흥분된 마음'
do-doki	'수세미'	m-go-goro	'방해물'
m-mo-monyoko	'흙 부식'	u-nye-nyekevu	'겸손한 사람'
		vi-cho-choro	'좁은 통로'

어말 음절 중첩어는 고유어휘에서는 찾기 어렵고 대부분 빌려온 말이다. 다음 중 첫 네 개는 아랍어에서 온 단어이고 마지막 kelele는 고유어이나 의성어이다.

(46) 중첩어　　　　　　뜻

중첩어	뜻
dalili	'표시'
harara	'몸 열기'
hariri	'명주'
kuzatiti	'준비'
kelele	'소리침'

특히 다음 (47)과 같은 단어는 단음절을 반복하여 두 음절 최소단어를 만든 경우로서 세계 언어에서 유래를 찾기 힘들 정도로 많은 일반어휘가 있다. 먼저 명사를 소개하면 다음과 같다. 가족, 사람, 짐승, 물고기, 나무, 풀 등 무엇이든 두 음절짜리 중첩어가 있다.

(47) 중첩어　　　　뜻　　　　　　　중첩어　　　　　뜻

중첩어	뜻	중첩어	뜻
baba	'아버지'	lulu	'진주'
bibi	'여자'	mama	'어머니'
bubu	'벙어리'	nyanya	'할머니, 토마토'
cheche	'번쩍임'	papa	'상어'
chuchu	'젖꼭지'	popo	'박쥐'
dada	'누이'	susu	'선반'
gogo	'통나무'	tete	'갈대'
gugu	'잡초'	yaya	'유모'

일반어휘뿐만 아니라 대명사도 (48)에 보듯이 3인칭 복수만 빼고 모두 같은 단음절의 반복으로 만들어졌다. 게다가 친근한 표현 혹은 약화된 표현도 두 음절이다. 자음을 없애고 끝에 e를 붙여서 만들었다.

(48)

	대명사	뜻	대명사	뜻
1인칭	mimi	'나'	sisi	'우리'
	mie		sie	
2인칭	wewe	'너/당신'	nyinyi	'너희/당신'
	wee		nyie	
3인칭	yeye	'그/그녀'	(wao)	'그들'

형용사도 (49)에서 보듯이 어근을 중첩하여 만든 것이 많으며, 명사부류 9/10에 일치하는 것이 많다. n이 붙기 전에 중첩이 먼저 일어난 경우인 (a-e)와, 먼저 붙여서 중첩이 나중에 일어난 경우인 (f-i)와, 무성음이라서 아무것도 붙지 않은 채로 중첩이 일어난 (j) 등으로 구분된다.

(49)

	중첩어	뜻
a.	n-geu-geu	'자꾸'
b.	n-goi-goi	'불필요한'
c.	n-keje-keje	'느슨한'
d.	n-teke-teke	'부드러운'
e.	n-nyuzi-nyuzi	'섬유의'
f.	n-dogo-n-dogo	'작은'
g.	ny-ekundu-ny-ekundu	'불그스름한'
h.	n-zito-n-zito	'무거운'
i.	mbali-mbali	'다양한'
j.	sawa-sawa	'같은'

부사도 두 음절짜리의 반복이 많다. 다음 도표 (50)을 보면 언뜻 접미사 반복 같이 보이지만 기본형 또는 어근이 뒷부분임을 알 수 있다. 그러므로 접두사 중첩어이다.

기본어근의 둘째 음절을 중첩하여 기본어근 앞에 놓음으로써 4음절짜리 중첩어가 되게 하였다. 이렇게 하여 재미있는 말놀이같이 들리는 중첩어가 생겼다.

(50)   기저형   중첩   뜻
   a.   hapa   papa-hapa   '바로 여기'
   b.   huku   kuku-huku   '바로 저기'
   c.   humu   mumu-humu   '바로 여기 안에'
   d.   hivi   vivi-hivi   '같은 방식으로'

부사 중에서 완전히 똑같은 것을 반복한 것으로 접미사 반복을 볼 수 있다. (51)에 보면 (a)는 2음절짜리 어근을 반복했고, (b)는 3-5음절짜리의 반복이다. 반면, (c)는 단음절을 세 번 반복한 것인데 이것은 다소 감탄사의 느낌이 든다. 부사는 명사나 주어와 아무런 일치나 표시가 필요없다. 문장에서의 일치가 필요 없기에 접두사가 붙지 않아 단순 반복으로만 되어 있다.

(51)   완전 중첩어   뜻
   a.   gubi-gubi   '머리부터 발끝까지'
         hapo-hapo   '바로 여기'
         hivyo-hivyo   '이 길로'
         kati-kati   '가운데'
         kaka-kaka   '급하게'
         vile-vile   '똑같이'
         kote-kote   '곳곳에'
         kule-kule   '바로 거기'
         mbio-mbio   '급하게'
         moja-moja   '하나씩'
         ovyo-ovyo   '어설프게'
         vuru-vuru   '소용돌이치는'

	완전 중첩어	뜻
b.	kidogo-kidogo	'조금씩'
	sehemu-sehemu	'부분별로'
	vurugu-vurugu	'혼란스런'
	vipande-vipande	'조각조각'
	nakadhalika-nakadhalika	'등등'
c.	ki-ki-ki	'확실히'

이와 같이 스와힐리어에는 다양한 종류의 중첩어가 있어 언어에 풍부함을 더하여 준다. 반복되는 음절의 수에 제한이 없으므로 첫 음절만 반복하는 것과, 두 음절 전체를 반복하는 중첩어가 주류를 이루고 있다. 어근중첩어는 모든 품사에서 골고루 발견되고 가끔 끝 음절이 반복되는 경우도 있다. 중첩어의 이론으로, 먼저 반복될 판형이 먼저 선택되어 접두화되고, 음소를 복사한 후 음절표시와 음소가 연결되는 과정을 거친다. 명사부류나 일치를 위한 접두사가 붙기 전에 (일부) 어간이 먼저 복사되는 경우도 있고 접두사가 먼저 붙고 난 후 접두사와 어간 일부를 복사하는 경우도 있어 중첩어의 시기도 알 수 있다. 흔히 접두사가 고정적으로 쓰이는 것은 아마 접두사가 먼저 복사되었을 것이다.

5.4. 차용어의 종류와 변이형

제1장에서 서술하였듯이 스와힐리어는 외국의 문화에 지속적으로 노출되어 언어의 영향을 많이 받았다. 차용어의 역사는 오래되었기 때문에 스와힐리어의 중요한 구성요소가 되었고 또 이 차용어들은 스와힐리어의 여러 언어현상 특히 이 장에서 다루고자 하는 파생어 등 일반적인 스와힐리어 형태론을 겪고 있기 때문에 여기서 소개하고자 한다. 여기서는 스와힐리어에 도입된 여러 차용어를 대체적으로 오래된 순서부터 제시해 보고자 한다. 언어마다 차용어의 양이 크게 차이가 있어 몇 가지씩만 제시하고자 한다.

5.4.1. 인도어에서 온 어휘

인도와의 접촉은 2천년 이상 계속되어 와서 생활 전반에 영향을 끼쳤고 또한 스와힐리어에 어휘가 많이 들어왔다. 특히 영국 지배 아래 있던 기간에 무역이 성행했는데 이때 은행 금전관련 용어와 음식, 용기 등에 관한 용어가 많이 들어왔다.

(52) 스와힐리어 뜻
 a. bima '보험'
 b. hundi '수표'
 c. laki '십만'
 d. debe '큰 깡통'
 e. embe '망고'
 f. jebu '여성 턱밑 장식품'
 g. lipu '석고, 스터코'
 h. stafeli '계피'

5.4.2. 페르시아어에서 온 어휘

페르시아어에서 빌려온 말은 상업적 관계에서 온 말로 항해를 해 와서 음식이나 물품을 소개했을 것으로 보인다. 다양한 생활용품 이름이 들어왔다.

(53)	스와힐리어	뜻
a.	darubini	'망원경'
b.	sanjari	'배 선단'
c.	simu	'전보, 전화'
d.	birinzi	'밥접시'
e.	dari	'다락'
f.	dara	'손대다, 느끼다'
g.	gubiti	'막대사탕'
h.	pamba	'목화'
i.	seredani	'숯 담는 통'
j.	siki	'식초'
k.	haragwe	'콩'
l.	gurudumu	'바퀴'

5.4.3. 아랍어에서 온 어휘

아랍어에서 빌려온 말은 스와힐리어에 너무 많아서 마치 한국어에 한자말이 있는 것이나, 영어에 불어에서 온 말이 있는 것과 비슷한 범위와 양이 있다고 해도 지나친 말이 아니다. 이렇게 많이 빌려왔기 때문에 스와힐리어의 음성, 음운, 형태론의 모든 분야에 영향을 끼쳤다. 특히 스와힐리어에 들어온 아랍어 어휘에 대한 사선이 따로 출판되있다. 또한 Nurse & Hinnebusch(1993: 353-354, 556)에서는 아랍어 차용어의 적응 과정과 종류 및 최근 변화에 대해 분석하였다. Bosha(1993: 31-32)는 아랍어에서 들어온 어휘사전과 함께 분야별로 아랍어가 스와힐리어에 채택된 비율을 제시하였다.[13] 상업 경제 분야에서는 72.17%로 최고로 기록되었고, 시작(Poetry)과 관련해서는 70%, 교육연구평가 63%, 도서제본 61%, 목회, 기관, 부서 58%, 우편 56%, 행정 56% 심리학 53% 등 높은 비율을

---

13) Rehenbach(1967)의 사전에는 아랍어 차용어에 대해 모두 별표로 표시를 해 두어 참조하기에 편리하고, Bosha(1993)는 추가로 아랍어의 구체적인 어원을 제공하고 있는데, 이 사전은 스와힐리어–아랍어–영어 뜻풀이와 아랍어 철자, 용법, 영어식 표기, 스와힐리어 용법도 보여준다.

차지하고 있으나 농업에는 16%, 축산에는 14%를 차지한다고 하였다. 평균은 44.3%라는 통계를 제시했다. 특히 잔지바르의 경우 발음이나 표현에 있어서 아랍어를 최대한 반영하여 스와힐리어로 바꾸려는 태도가 뚜렷하다. 몇 가지 예를 살펴보면 다음 도표와 같다. 특히 아랍어에서 들어온 말들에 대한 어원을 보여주는 Bosha의 자료가 있어 어원을 같이 제시한다. (54a-b)의 기본동사나 명사나 (c-d)의 일상 물품명으로부터 (e)의 학문적인 용어, (f)의 감탄사와 (g)의 부사까지 품사 전반에 걸쳐 빌려왔다.

(54)		스와힐리어	어원	뜻
	a.	rudi	radda '돌려주다'	'돌아가다'
	b.	safari	safar '여행'	'여행'
	c.	kofia	ku:fiya '명주로 짠 머리 싸개'	'모자'
	d.	kitabu	kitab '쓰다'	'책'
	e.	hesabu	ha:sab '헤아리다'	'수학'
	f.	la!	la '아니오!'	'아니오!'
	g.	labda	la budda '결코'	'아마'

5.4.4. 포르투갈어에서 온 어휘

포르투갈어의 영향은 16세기 초에 동아프리카 해안으로 항해해 와서 17세기 말까지 점령하거나 간섭하면서 접촉함으로써 생긴 것이다. 이들의 언어에 있던 항해와 카드게임, 일상용품에 사용되던 어휘가 들어왔다. 차용어는 보통 단수와 복수형이 같은 명사 부류 9/10형이 되는데, 이들 어휘 중 얼마는 스와힐리어의 고유어들처럼 cl.5/6으로 채택되어 kasha/makasha, pesa/pesa, pesa/mapesa처럼 사용된다.

(55)　　　스와힐리어　　　어원　　　　　뜻

　　a.　Mreno　　　　Reino　　　'포르투갈인'

　　b.　bomba　　　　bomba　　　'펌프, 굴뚝'

　　c.　kasha　　　　caixa　　　　'상자, 박스

　　d.　lakiri　　　　lacra　　　　'때우는 왁스'

　　e.　meza　　　　mesa　　　　'탁자'

　　f.　pesa　　　　peso　　　　'돈'

　　g.　seti　　　　sete　　　　'카드 7'

　　h.　shapaza　　　espaços　　　'카드 스페이드'

5.4.5. 터키어에서 온 어휘

터키어에서 빌려온 말도 보이는데 주로 군사용어가 남아있다.

(56)　　　스와힐리어　　　뜻

　　a.　soli　　　　'특무상사'

　　b.　korokoni　　'초소'

　　c.　baruti　　　'탄약'

　　d.　singe　　　'총검'

　　d.　shaushi　　'부사관'

5.4.6. 독일어에서 온 어휘

독일의 지배 기간이 짧아서 독일어가 스와힐리에 들어간 경우가 많지 않다. 그러나 아주 중요한 단어 몇 개가 쓰인다. 특히 (57a)에 있는 '학교'가 세워졌던 시기여서 이 어휘가 지금껏 잘 쓰인다. 그런데 최근에 shuleni '학교에서'의 동의어로 영어에서 온 skulini도 많이 쓰인다.

(57)	스와힐리어	어원	뜻
a.	shule	Schule	'학교'
b.	barawani	Badewanne	'욕실'
c.	hela	Heller '동전이름'	'북 탄자니아 동전이름'

5.4.7. 영어에서 온 어휘

탄자이나와 케냐는 영국의 식민지배로부터 많은 영향을 받아서 현재는 아랍어 차용어 다음으로 많이 빌려온 것이 영어어휘이다. 영어어휘는 쓰는 사람이나 듣는 사람에게 처음 도입했을 때 바로 이해가 되기 때문에 편리하게 빌려온다. 어떤 차용어 어휘가 들어올 때는 많은 저항과 비난을 감수해야 하지만, 영어 어휘의 도입은 스와힐리어 사용자에게는 큰 거부감은 없어 보인다. 앞으로 기술발전과 교류확대로 더 많은 영어가 자연스럽게 스와힐리어에 들어올 것으로 보인다. 어휘 전분야에서 차용이 일어나고 있으며 음절과 모음에 약간의 조정만으로 스와힐리어화하기가 쉽다.

(58)	스와힐리어	어원	뜻
a.	burashi	brush	'솔'
b.	jela	jail	'감옥'
c.	lenzi	lens	'렌즈'
d.	mkristo	Christian	'기독교인'
e.	timu	team	'단체/팀'
f.	silingi	Shilling	'돈 단위'
g.	spidi	speed	'속도'
h.	skrubu	screw	'나사돌리개'

5.4.8. 차용어 어휘의 변이형

스와힐리어는 여러 언어와 방언에서 많은 어휘를 빌려왔기 때문에 스와힐리어화 과정에서 조금씩 다른 형태가 살아남아있다. 먼저, 가장 흔한 철자상의 변이형은 모음의 교체인데, 빌려올 때의 어원 자체에 이미 다양한 모양이 있을 경우 두 가지 이상을 반영한 경우이다. (59a)에서처럼 아랍어 모음은 정해져 있지 않고 품사나 상황에 따라 필요할 때마다 끼워 넣어야 하는 원리가 있는데 이것이 차용과정에서도 반영되었다. 둘째, (b-c)처럼 음절의 모양의 차이가 있는데, 빌려온 시기에 따라 고유음절화를 시행하지 못한 것도 있다. 셋째, (d-e)처럼 스와힐리어에 모음 두 개가 연속으로 올 때 활음화한 것과 그렇지 않은 것, 모음이 탈락한 것이 가능하다. 넷째, (f-h)처럼 자음의 교체에 구개음화를 반영한 것과 그렇지 않은 것이 있는데 방언의 차이에서 온 것도 있다. 다섯째, 단순한 음성적 차이를 반영한 (i)와 같은 것이 있다. 즉, [h]와 [kh(x)]는 대조음으로 자리잡지 못했으나 철자에 사용된 경우이다.

(59)	철자 변이형	뜻	현상
a.	Falada ~ Faladi	'몸바사 옛 이름'	음절의 모음 교체
b.	falka ~ faluka	'배의 짐칸'	CVC를 그대로 둘 것인지 CV음절로 만들 것인지
c.	fanel ~ faneli	'굴뚝' (영어 funnel)	CVC를 그대로 둘 것인지 CV음절로 만들 것인지
d.	fanya ~ fania	'하게 하다'	둘째 음절의 활음화 여부
e.	fyeka ~ fieka ~ feka	'땅을 정리하다'	CyV ~ CVV ~ CV 교체
f.	fatha ~ fadhaa ~ fazaa	'어려움, 혼란'	th/dh/z 사이의 구개음화 여부와 모음의 장단 차이
g.	fidhulika ~ fedhulika ~ fezulika	'잘난 체하다'	dh/z 사이의 구개음화 여부와 첫 음절의 모음교체
h.	ficha ~ fita	'감추다'	자음 교체로 방언의 차이가 표준어에 반영됨.
i.	fahari ~ fakhari	'자랑하다, 으스대다'	자음 교체 (kh 발음 유지)

5.5. 스와힐리어의 파생어 형태론

스와힐리어는 기본 어근을 활용하여 수많은 파생어를 만들어낸다. 특히 스와힐리어어가 가진 교착성 때문에 주로 한 음절이나 그보다 작은 형태소를 활용하여 풍부한 어휘를 만들어낸다. 이 방법으로 제한된 기본어휘를 가지는 이 언어가 어휘확장을 하는데 큰 도움을 얻고 있다. 반투어 고유의 어근을 확장해 나갈 뿐만 아니라 빌려온 말로써도 파생어를 흔하게 생산한다. 스와힐리어에서는 동사, 명사, 형용사, 부사에서 골고루 많은 파생방법이 있고 또 파생어가 생겨나기 때문에 이를 각각 분석하고자 한다.

5.5.1. 동사의 파생방법

스와힐리어 동사어근은 여러 확장형태소(Extension)를 가지고 그 어떤 언어보다 활발하고 풍부하게 새로운 동사를 만들어낸다. 이 동사들은 다시 또 다른 형태소를 더해 파생어를 만들어내도록 입력형이 된다. 다음 도표 (60)을 통해 한 가지 동사어근을 가지고 확장형태소를 붙일 때 얼마나 다양한 파생어가 나오는지 알 수 있다. 맨 위에 나오는 기본형 penda '좋아하다' 즉, '어근-어말음'으로 된 동사를 가지고 일곱 가지 동사를 더 만들어냈다.

(60)	동사	뜻	확장형태소	접사
a.	penda	'좋아하다'	기본형	Φ
b.	pendana	'서로 좋아하다'	상호형	an
c.	pendeka	'인기 있다'	상태형	ek
d.	pendekeza	'관심 끌게 하다'	상태형+사역형	ek-ez
e.	pendelea	'좋아하게 되다'	지속형	ele
f.	pendwa	'사랑 받다'	수동형	w
g.	pendeza	'좋아하게 만들다'	사역형	ez
h.	pendanisha	'화해하다'	상호형+사역형	an-ish

기본형 penda에서 (b)에서처럼 an을 붙여서 '서로서로'라는 뜻을 추가하는 동사가 파생

된다. 반면 (c)에서는 pendeka '인기있다'가 되어 상태를 뜻하게 되었다. 이제 방금 만든 pendeka에서 (d) pendekeza라는 사역형을 만들었다. 즉 상태형과 사역형을 붙여 썼다. 사역형 ez는 그 앞의 모음이 중모음이라서 모음조화에 따라 iz 대신에 쓰게 되었다. 이와 같이 계속 다른 접사를 넣거나 다른 확장형에 같은 접사를 넣어서 다른 파생어를 만들어낸다. (e)의 경우 penda에서 지속 정지의 뜻을 가진 pendelea를 만들어내고, 수동형은 (f)에 있는 것으로서 동사의 어근이나 어간 뒤에 접사 wa 등을 붙여서 덕을 보거나 손해를 보는 동사가 된다. 여기서는 '사랑을 받다'가 된다. (g-h)의 경우에는 '사람을 시켜서 뭘 하게 만들다'의 뜻인데 사역형의 모양이 ez와 ish이며, 마지막 (h)는 상호형에 사역형이 덧붙은 경우이다.

　이와 같이 한 동사에서 수많은 파생어가 나오는데 스와힐리어 동사 파생어는 확장형 접사를 동사어근 뒤에 붙여서 만든다. 이 확장형 접사는 생산성이 아주 풍부한데 Nurse & Hinnebusch(1993: 370)와 Bendor-Samuel(1989: 465)에 따르면 (61)과 같은 확장형 형태소가 있다고 한다. 순서는 대체로 생산성이 높은 것부터 놓아 보았다.

(61)	확장형	영어이름	접사	뜻
a.	응용형 (전치사형)	Applicative (Prepositional)	i/e/li/le	'해 나가다'
b.	수동형	Passive	w/iw/ew	'하게 되다'
c.	상호형 (연계형)	Reciprocal (Associative)	an	'서로 뭘 하다'
d.	상태형 (가능형)	Stative (Potentive)	ik/ek	'상태가 되다'
e.	전환형 (반대형)	Reversive (Conversive)	u/o	'반대로 하다'
f.	접촉형 (임시형)	Contactive (Tentative)	at	'붙어서 하다'
g.	지속형 (위치형)	Static (Positional)	am	'어디에 있다'
h.	사역형	Causative	i/y < *i̧	'하게 하다'
i.	발단형 (탈명사형)	Inceptive (Denominal)	p	'되다'

지금까지 위에서 본 여러 가지 확장형은 대표적인 모양을 보여준 것이다. 이것 이외에 습관적 반복형 ag/ang이 있으나 현재 스와힐리어에서 생산적이지 않아서 제외했다. 확장형태소를 활용해서 파생동사를 만드는 과정에서 스와힐리어의 모음조화와 모음연속의 문제와, 어말 모음이 다른 차용어의 동사의 문제, 구개음화 등 자음 변화 등이 연관되어 있어 확장형태소 별로 몇 가지 예를 들면서 자세한 설명을 하고자 한다.

5.5.1.1. 응용형 파생어

파생접사 i/e로 대표되는 응용형(Applicative)은 스와힐리어 동사에서 가장 많이 생산하는 접사이다. 음운 환경에 따라 약간 다른 이형태가 사용된다. 거의 모든 동사가 이 형태소를 가지고 새로운 동사를 만들어낸다. 이것의 뜻은 그만큼 그때그때마다 다양한 뜻을 가질 수 있다. 영어에서 전치사로 표시하는 여러 가지 뜻을 드러내는 데 쓰이는 것과 비슷하다 해서 서구 언어에 익숙한 학자들이 전치사형(Prepositional)이라는 이름도 붙였으나 이 언어에서 전치사로 쓰이지 않기 때문에 적절한 이름은 아니다. 그래서 응용형이라고 하는 것이 좋아 보인다. 파생어의 뜻은 여러 가지이므로 다음 도표 (62)에서 사용되는 방식으로 파악할 수 있을 것이다. 스와힐리어 동사에는 첫 음절의 모음의 높이에 따라 뒤따르는 확장형태소 모음도 결정되는 모음조화가 있다. 간단히 말하면, /i, u, a/가 앞에 오면 뒤따라오는 모음은 /i, u, a/가 오고, 앞선 음절의 모음이 /e/이면 뒤의 음절의 모음은 /e, u, a/가 오고, 앞선 모음이 /o/이면 뒤에 오는 음절의 모음은 /e, o, a/만 올 수 있다는 원칙이다. 더 자세한 논의는 이 책의 음운론 분야인 4.14에서 다루었다.

(62)	접사	기본동사	뜻	파생동사	뜻
a.	i	fika	'도착하다'	fikia	'누구한테 도착하다'
b.	e	soma	'읽다'	somea	'공부하다'
c.	ili	kata	'자르다'	katilia	'잘라내다'
d.	ele	enda	'가다'	endelea	'지속하다'
e.	li	lia	'울다'	lilia	'뭐 때문에 울다'
f.	le	ondoa	'끝내다'	ondolea	'없애다'
g.	li	sahau	'잊다'	sahaulia	'잊어버리다'
h.	Φ	jibu	'대답하다'	jibia	'누구에게 대답하다'
i.	Φ	jadili	'논쟁하다'	jadilia	'토론하다'
j.	Φ	samehe	'용서하다'	samehea	'뭘 용서하다'

위의 예에서 가장 기본적인 형태소인 i와 e가 붙은 (a-b)는 어간이 자음으로 끝난 경우이다. 반면 (c-d)는 자음으로 끝났음에도 i/e를 붙이고 다시 모음이라는 이유로 다시 li/le가 추가되어 이중으로 확장형태소가 붙은 것으로 볼 수 있으나 보통 이것을 하나로 묶어서 응용형으로 본다. 보통 모음으로 끝난 어간 뒤에는 (e-g)처럼 li/le를 붙인다. (g-j)는 아랍어 차용어인데 이것은 어말 모음이 /a/가 아니어서 모든 파생어 형성에서 약간 다르게 취급된다. 응용형은 그냥 어말에 a를 하나 붙이는 것으로 파생어가 되었다.

5.5.1.2. 수동형 파생어

수동형(Passive) 파생형태소 w로서 '되다'는 뜻을 가진다. (63)에서 보듯이 w는 활음이기 때문에 여러 가지 자음 뒤에 올 수 있다. 그런데 (c-g)는 자음으로 된 어근이기에 확장형을 만들 때 두 음절이라는 최소단어가 되도록 모음을 넣어야 한다. 이때 (c)는 모음을 /i/를 넣었고 (d-g)는 /e/를 넣는 등 약간 다른 점이 있다. 그 이유는 찾을 수 없다. 특히 (g)의 경우 응용형 형태소 ele를 먼저 넣고 수동형을 만들었다. 단음절어가 2음절어를 만드는 과정에서 생긴 과도한 현상으로 보인다. (h-i)는 모음 연속으로 된 경우이고, 그 다음의 (j-k)는 아랍어 차용어로서 모음이 /a/가 아닌 경우의 예이다.

(63)　　접사　　기본동사　　뜻　　　　　파생동사　　뜻

	접사	기본동사	뜻	파생동사	뜻
a.	w	kata	'자르다'	katwa	'잘리다'
b.	w	penda	'좋아하다'	pendwa	'사랑 받다'
c.	iw	la	'먹다'	liwa	'먹히다'
d.	ew	nywa	'마시다'	nywewa	'마셔지다'
e.	ew	pa	'주다'	pewa	'받다'
f.	ew	cha	'동트다'	chewa	'동터서 깨다'
g.	elew	chwa	'해지다'	chwelewa	'밤늦어지다'
h.	liw	chukua	'운반하다'	chukuliwa	'운반되다'
i.	lew	ondoa	'마치다'	ondolewa	'떠나다'
j.	iwa	dharau	'업신여기다'	dhrauliwa	'업신여김 받다'
k.	iw	jibu	'대답하다'	jibiwa	'누구에게 대답하게 하다'

5.5.1.3. 상호형 파생어

상호형(Reciprocal) 형태소 an은 '둘이나 여럿이 함께'라는 뜻으로도 사용되고 또한 연계형(Associative)이라는 용어도 쓰는데 관련성이 있다는 뜻이 된다. 그래서 반드시 상호적이라는 뜻보다 더 넓은 뜻으로 사용된다.

(64)　　접사　　기본동사　　뜻　　　　　파생동사　　뜻

	접사	기본동사	뜻	파생동사	뜻
a.	an	andika	'쓰다'	andikana	'서로 쓰다'
b.		ona	'보다'	onana	'만나다'
c.		pa	'주다'	pana	'서로 주다'
d.		pea	'누구에게 주다'	peana	'협정 맺다'
e.		rudi	'돌아가다'	rudiana	'견책하다'
f.		jibu	'대답하다'	jibiana	'서로 대답하다'

5.5.1.4. 상태형 파생어

상태형(Stative) 파생접사 ik/ek는 어떤 상태로 만든다는 뜻이 있다. 여기서도 모음조화가 적용된다. (65)에서 보듯이 크게 ik와 ek가 있지만 약간씩 다른 면이 있다. 동사 마지막에서 (c-e)처럼 모음 연속이 올 경우에는 li를 덧붙여서 만들거나 (f)처럼 그냥 k만 넣기 때문에 약간 다른 이형태가 보인다. 또한 마지막 예들인 (g-h)의 경우 모음이 /a/로 끝나지 않는 경우는 ak가 아니라 그냥 k만 들어간다.

(65)	접사	기본동사	뜻	파생동사	뜻
a.	ik	fanya	'일하다'	fanyika	'될 것 같다'
b.	ek	tenda	'하다'	tendeka	'실행할 수 있다'
c.	lik	sikia	'듣다'	sikilika	'들리다'
d.	lik	sahau	'잊다'	sahaulika	'잊히다'
e.	lek	tembea	'다니다'	tembeleka	'다니게 되다'
f.	k	ng'oa	'뽑다'	ng'oka	'뽑히다'
g.	k	jadili	'논쟁하다'	jadilika	'논의되다'
h.	k	samehe	'용서하다'	sameheka	'용서받다'

5.5.1.5. 전환형 파생어

전환형(Reversive) 파생접사 u/o는 '거꾸로 한다'는 뜻과 강조나 지속의 뜻이 있다. (66)에서 보듯이 여기서도 모음조화가 적용된다. 도표에서 (66a-b)는 모음조화에 따라 u를 채택하고, (c-d)는 o를 채택한다. (a)와 (c)는 기본동사의 뜻에 반대되는 의미를 가진 파생어이며, (b)와 (d)는 반대의 뜻이 아니라 강조하거나, 지속적이거나, 힘을 더 써서 하는 행동을 가리킨다. 주의할 점은 (a)의 세 번째 동사 vaa는 vua가 되었는데 원래 동사가 모음으로 어근이 끝났을 때는 그 모음을 떼고 전환형 형태소를 붙인다는 것이다.

(66)		접사	기본동사	뜻	파생동사	뜻
	a.	u	tata	'엉키다'	tatua	'풀다'
			funga	'잠그다'	fungua	'열다'
			vaa	'옷 입다'	vua	'옷 벗다'
	b.		zima	'끄다'	zimua	'긴장을 풀다'
			chunga	'체질하다'	chungua	'자세히 보다'
	c.	o	tega	'덫 놓다'	tegua	'덫 거두다'
			choma	'찌르다'	chomoa	'뽑다'
	d.		epa	'피하다'	epua	'불에서 내려놓다'
			songa	'누르다'	songoa	'비틀다'

5.5.1.6. 접촉형 파생어

접촉형(Contactive) 파생접사 at은 '접촉'의 뜻을 가진다. (67a)의 경우 fumba '가까이 하다'가 fumbata가 되면 '껴안다'라는 뜻이 된다. 여기서는 확장형 접사가 모음이 /a/이 기 때문에 모음조화에 영향을 받지 않는다. 또한 (d-e)처럼 모음 연속으로 끝나는 동사어 근 뒤에는 at이 아니라 t만 붙인다. (f-g)는 원래의 동사를 찾지는 못하지만 파생형이 쓰인다. 이 경우는 기본동사가 사라지고 파생형이 기본동사처럼 쓰이는 경우이다.

(67)		접사	기본동사	뜻	파생동사	뜻
	a.	at	fumba	'가까이 하다'	fumbata	'껴안다'
	b.		kama	'짜다'	kamata	'꽉 잡다'
	c.		paka	'놓다'	pakata	'무릎에 놓다'
	d.	t	kokoa	'쓸어 모으다'	kokota	'끌다'
	e.	t	okoa	'불에서 내리다'	okota	'손으로 잡다'
	f.		?		ambata	'붙다'
	g.		?		guruta	'다리미로 펴다'

5.5.1.7. 지속형 파생어

지속형(Static) 파생접사 am은 '어떤 상태로 고정되거나 지속한다'는 뜻을 나타낸다. 그래서 (68a)의 경우 anga '뜨다'가 지속형 접사를 붙이면 angama '떠 있다'가 된다. 여기서도 확장형 접사가 모음이 /a/이기 때문에 모음조화에 영향이 없다. 그래서 (d-e)도 그대로 am이 들어가 있다. 또한 (f)처럼 모음 연속으로 끝나는 동사어근 뒤에는 am이 아니라 m만 붙인다.

(68)   접사   기본동사   뜻   파생동사   뜻
   a.   am   anga   '뜨다'   angama   '떠 있다'
   b.   funga   '묶다'   fungama   '고정되다'
   c.   unga   '참가하다'   ungama   '가입되다'
   d.   lowa   '젖다'   lowama   '젖어있다'
   e.   songa   '비틀다'   songama   '똬리를 틀다'
   f.   m   kwaa   '걸리다'   kwama   '꼭 막히다'

5.5.1.8. 발단형 파생어

발단형(Inceptive) 혹은 시작형 형태소는 p로서 동사 아닌 다른 품사, 즉 형용사나 명사, 부사 등을 동사로 만드는 것으로서, '어떤 상태가 되게 한다'는 뜻을 가진다.

(69)   접사   형용사   뜻   파생동사   뜻
   a.   p   nene   '통통한'   nenepa   '통통해지다'
   b.   wongo   '거짓의'   ongopa   '거짓말하다'
   c.   oga   '겁내는'   ogopa   '두려워하다'
                  cf. mwoga   '겁쟁이'
   d.   *lai/lail   '긴'   leepa   '길어지다'
   e.   kali   '날카로운'   kalipa   '날카로워지다'

다른 이름으로 탈명사형(Denominal)이라고 쓰기도 하는데, 명사를 동사로 할 때만 적용되는 용어이므로 일반성이 없다. 스와힐리어 방언이나 인접 언어에서 명사를 동사로 바꾸기도 하겠지만 (69)의 예들을 보면 흔한 것으로 형용사에서 파생된 것들이다. 이 예에서 (69a-c)는 현재 표준 스와힐리어에서 쓰이는 것이고, 나머지는 지역 방언에서 사용된다.

5.5.1.9. 사역형 파생어

사역형(Causative) 파생형태소는 '시킴'의 뜻을 가져오는 i/y인데 이 모양은 동사의 마지막 음절의 자음에 따라 약간 바뀔 수가 있다. 특히 마지막 모음은 역사적으로 초고모음인 /i̧/였다. 마지막 자음은 이 모음 앞에서 위치하게 되면 구개음화를 하거나 마찰음화하는 현상이 생긴다. 다음 예들을 보면 모두 사역형 동사 파생어에서 마지막 음절의 자음이 초고모음에 영향을 받아 다양한 형태가 되었음을 알 수 있다. 그 모음은 자음에 융화되었다.

(70)		동사	뜻	사역형	/__ *i̧ 환경
	a.	amka	'끼다'	amsha	k → sh
	b.	pita	'지나가다'	pisha	t → sh
	c.	ogopa	'두려워하다'	ogofya	p → f
	d.	lewa	'술 취하다'	levya	w → v
	e.	acha	'놔두다'	asa	ch → s
	f.	lala	'자다'	laza	l → z
	g.	jaa	'채우다'	jaza	Φ → z
	h.	kaanga	'튀기다'	kaanza	ng → nz
	i.	zima	'끄다'	zimia	m → m
				zinya (북쪽 방언)	m → ny
	j.	gawana	'나누다'	gawanya	n > ny

(70a-b)는 구개음화와 마찰음화가 동시에 일어났고, (c-g)에는 각각 /f, v, s, z, z/로 마찰음

이 되었으며, (h)의 비음선행자음도 마찰음화했으며, (i-j)는 구개음화했다.

5.5.1.10. 아랍어 형용사에서 온 파생어

보통 스와힐리어 고유의 형용사로 동사를 파생시키는 경우는 앞에 보았듯이 pa를 활용하는데 그 파생어도 별로 많지 않다. 그러나 아랍어 형용사로부터 온 사역형 파생동사는 흔히 찾아볼 수 있다. 다음 예를 보면 아랍어 동사는 어말모음이 /a/가 아닌 것이 많다. 그래서 두드러지는데 이들이 사역형 파생동사가 될 때는 다음과 같다.

(71)	형용사	뜻	파생동사	뜻
a.	safi	'깨끗한'	safisha	'깨끗이 하다'
b.	tayari	'준비된'	tayarisha	'준비하다'
c.	tajiri	'잘 사는'	tajirisha	'부자되다'

5.5.1.11. 전환형+상태형 파생어

스와힐리어에서 동사를 확장할 때 접사들이 두 개 이상 연결될 수도 있다. 이때 연결되는 순서와 방법이 있는데 이것에 대해 논의하고자 한다. 어떤 형태소, 예를 들면 ak이나 am은 어근에 바로 붙어야 하고 어떤 형태소는 그렇지 않다. 그리고 수동형태소 w 다음에는 확장형태소가 붙어서는 안 된다. 즉 수동형은 동사어말 모음 바로 앞에 즉 동사어간의 마지막에 붙는다는 뜻이다.

지금부터는 확장형태소가 둘 이상 연결될 때 어떤 순서로 배치되는지 볼 수 있는 동사 파생어를 살펴보고자 한다. (72)의 예에서 보듯이 전환형(Reversive) 파생형태소 u/o는 반대의 뜻도 있고 강조의 뜻으로도 사용되기 때문에 이것이 상태형(Stative) 형태소 k와 만났을 때는 두 가지 다른 뜻을 가지게 된다. 여기서 전환형 u/o는 모음조화에 따라 결정된다.

(72)		접사	기본동사	뜻	파생동사	뜻
	a.	uk	bandika	'붙다'	banduka	'떨어져 있다'
	b.		tata	'얽히다'	tatuka	'찢어지다'
	c.		chimba	'땅 파다'	chimbuka	'드러나다'
	d.		lewa	'술 취하다'	levuka	'술 깨다'
	e.		epa	'빗나가다'	epuka	'피하다'
	f.	ok	chonga	'자르다'	chogoka	'날 서다'

5.5.1.12. 지속형+상호형 파생어

지속형(Stative) 형태소 am과 상호형(Reciprocal) 형태소 an이 연결되어 만들어지는 파생어는 나란히 와서 어떤 행위가 '서로 관련하여 지속된다'는 뜻을 가진다. (73)에 보듯이 여기서는 지속형과 상호형에 모두 같은 모음 /a/이기에 모음조화가 적용되지 않는다.

(73)		접사	기본동사	뜻	파생동사	뜻
	a.	am-an	unga	'묶다'	ungamana	'참여하다'
	b.		funga	'잠그다'	fungamana	'꽉 짜이다'
	c.		ganda	'엉기다'	gandamana	'얼어있다'
	d.		songa	'비틀다'	songamana	'똬리를 틀다'

5.5.1.13. 상태형+상호형 파생어

상태형(Stative) 형태소 ik/ek은 자동사의 뜻을 가지며 상호형(Reciprocal) 형태소 an은 '서로서로'의 뜻이나 '상관관계가 있다'는 뜻을 가진 파생어를 만든다. 그러나 (74)에 보듯이 상태형 다음에 오는 상호형은 상관 관계라는 뜻이 조금 미약하다. 여기서는 상태형에는 모음조화가 적용된다.

(74)		접사	기본동사	뜻	파생동사	뜻
	a.	ik-an	taka	'원하다'	takikana	'요구되다'
	b.		jua	'알다'	julikana	'알만하다'
	c.	ek-an	ona	'보다'	onekana	'보이다'
	d.		weza	'할 수 있다'	wezekana	'가능하나'

5.5.1.14. 전환형+상태형+사역형

전환형, 상태형, 사역형이 같이 올 때에는 이 순서대로 오며 각각의 뜻을 포함하는 파생동사를 만든다. (75)에서 보듯이 '어떤 반대되는 상태로 하도록 하다'의 뜻을 가진다. 상태형 형태소가 k이기 때문에 사역형 고모음 /y/와 융합하여 모두 /sh/로 바뀌었다.

(75)		기본 동사	뜻	전환형+ 상태형	뜻	사역형 동사	뜻
	접사			u/o-k		Cy	
	a.	lewa	'술 취하다'	levuka	'술 깨다'	levusha	'술 깨게 하다'
	b.	angika	'걸다'	anguka	'넘어지다'	angusha	'넘어지게 하다'
	c.	tata	'얽히다'	tatuka	'풀다'	tatulisha	'해소하게 하다'
	d.	epa	'빗나가다'	epuka	'피하다'	epusha	'피하게 하다'

5.5.1.15. 중첩현상에서 온 파생동사

스와힐리어는 지금까지 소개된 것 이외에도 기존의 동사나 격조사, 명사부류 접두사, 의성어나 의태어와 같은 부사적인 요소를 바탕으로 중첩어를 만들어 동사로 사용할 수 있다. 앞의 5.3에서 중첩어에 대해서 따로 다루었기 때문에 (76)에서는 동사의 예만 몇 가지 보이고자 한다.

	기본동사	구조	중첩어 동사	뜻
(76)				
a.	ku-ja	cl-Vs	kuja-kuja	'자꾸 오다'
b.	ki-la	obj-Vs	kila-kila	'음식을 조금씩 먹다'
c.	geuka	Vs	geuka-geuka	'자주 바뀌다'
d.	ji-pinda	ref-Vs	ji-pinda-pinda	'많이 접히다'
e.	di-dima	RED-Vs	di-dima-di-dima	'아래로 자꾸 가라앉다'

지금까지 다양한 동사 파생법에 대해 소개했다. 스와힐리어 동사는 기본동사 또는 동사어근을 가지고 수많은 파생어를 생성해 내었고 또 앞으로도 생성해 낼 것이다. 확장형태소가 다양하게 적용됨으로써 어떤 경우는 같은 뜻의 다른 형태를 가진 파생어가 생기기도 하였다. 이 경우 앞으로의 언어 사용자가 어느 것을 선호할지에 따라 운명이 결정될 것이다. 지속적으로 쓰일 것인지, 사용되지 않아 도태될 것인지는 언어 대중이 결정할 것이다. 스와힐리어는 많은 언어와 방언의 영향을 받고 있기 때문에 지역적으로 다른 형태가 꾸준히 쓰일 수도 있을 것이다. 그러나 교육용으로나 공공 목적에서 채택된 형태가 결국은 살아남을 것이다. 스와힐리어의 동사 파생어는 무한한 생산력을 가지고 있는 반면에 여러 이형태도 만들어 낼 것이므로 이에 대한 앞으로의 연구가 지속적으로 필요할 것으로 보인다.

5.5.2. 명사의 파생방법

스와힐리어 명사 파생어는 대부분 동사에서 나온다. 동사어근에서 파생할 수도 있지만 앞서 보았듯이 동사에 이미 다른 파생형태소가 붙어 있는 경우도 있다. 그렇기 때문에 명사 파생어는 동사 파생어에 비례하여 늘어날 수 있다. 명사로 파생이 되면 명사가 가지는 명사부류 접두사를 채택하고 또 마지막 음절을 동사에 주로 보이는 Ca 형태 등을 명사형 형태소로 대체한다. 이렇게 마지막에 붙는 명사형 형태소는 다음과 같이 여러 가지가 있다.

5.5.2.1. 명사형 접미사 {i}

(77)　　　명사　　뜻　　　　　　　　　　　　　　동사어원　　뜻

　　a.　mlezi̱　'아이 보는 하녀, 가정교사, 간호원'　lea　　'키우다, 돌보다'

　　b.　mlei̱　'아이 보는 하녀, 가정교사, 간호원'

　　c.　ulezi̱　'교육'

　　d.　malezi̱　'키우거나 돌봄'

위의 (77)에서 보면, 동사 lea '키우다, 돌보다'에 있는 마지막 모음 a를 떼고 여기에다 모두 어미에 i가 붙어서 명사가 되었다. 명사부류 접두사로는 m이 붙어서 '사람'이 되고, u가 붙어서 추상명사가 되며, ma가 붙어서 '그러한 행동 또는 집합적 행위나 양상'을 가리키게 되었다.

　　다음 (78)에서는 동사 tumisha에서 명사 세 개가 파생되었다. 여기서도 각각 사람, 구체적 행위, 추상명사를 뜻하는 명사가 생겼다.

(78)　　　명사　　　　뜻　　　　　　　동사어원　　　뜻

　　a.　mtumishi　'하인, 피고용인'　tumisha　　'고용하다'

　　b.　matumishi　'여러 가지 봉사'

　　c.　utumishi　'봉사'

　　d.　mtumizi　'하인, 피고용인'　tumiza　　'고용하다'

마지막 (d)의 것은 같은 방식으로 tumiza라는 같은 뜻의 다른 형태인 동사를 활용하여 어말 모음을 명사형 어미 i로 바꾸어 mtumizi로 만들었다. tumisha나 tumiza 자체도 tuma '일을 주다' → tumia '사용하다' → tumika '고용되다' → tumisha, tumiza '고용하다'로 파생되어 온 동사들이다. 이들 동사들의 파생에 대해서는 앞 절에서 설명되었다.

5.5.2.2. 명사형 접미사 {ji}

(79)   명사   뜻   동사어원   뜻

    a.   mwindaji   '사냥꾼'   winda   '사냥하다'

    b.   cf. mwindi   '사냥 온 사람'

    c.   msomaji   '애독가'   soma   '읽다'

    d.   cf. msomi   '책 읽는 사람'

    e.   uombaji   '구걸'   omba   '요구하다'

    f.   kinywaji   '음료'   nywa   '마시다'

ji는 '습관적으로, 지속적으로 또는 직업적으로' 어떤 행동을 가리키는데 명사부류 접두사 m이 오면 그런 사람을 가리킨다. 특히 ji는 (79a, c)에서처럼 습관적으로 직업적으로 그런 행동을 하는 사람인 반면, (b, d)에서처럼 i가 붙은 경우는 그런 뜻이 없이 그날이나 그때 그런 행동을 하는 사람을 가리킨다. 또 다른 접두사가 붙을 수 있는데 (e)와 같이 u가 오면 그런 행동, 즉 '구걸'을 가리키고, (f)와 같이 ki가 오면 그런 사물, 즉 '음료'를 가리키게 된다.

5.5.2.3. 명사형 접미사 {u}

(80)   명사   뜻   동사어원   뜻

    a.   mtulivu   '부드럽고 조용한 사람'   tulia   '조용하다'

    b.   utulivu   '조용'

    c.   mtukufu   '권위있는 사람'   tukuka   '고양시키다'

    d.   utukufu   '영광'

    e.   uharibifu   '파괴'   haribu   '파괴하다'

    f.   mwangalivu   '조심하는 사람'   angalia   '살피다'

    g.   mwangalizi   '돌보는 사람, 보호자'

    h.   mwangaliaji   '돌보는 사람, 보호자'

이 접미사는 주로 자동사에서 파생하거나 동사가 ka로 끝나는 상태동사를 가지고 파생 명사를 만든다. (80a-b)는 동사 tulia를 사용하여 끝에 u를 넣어 만드는데 명사부류 접두사로는 각각 m과 u를 넣어 '사람'과 '추상명사'를 파생시켰다. 반면, (c-d)는 동사 tukuka를 사용하여 같은 방식으로 만들었다. (e)의 경우에는 아랍어에서 차용한 동사 haribu는 마지막 모음이 u이다. 그런데 추상명사를 만들기 위해서는 이 u를 떼고 ifu를 붙인다. 물론 명사부류 접두사는 u를 넣었다. ifu와 ivu는 비슷한 기능을 한다. 그래서 (f)를 보면 단순히 동사 angalia의 명사형이고 특별한 뜻이 없다. 반면 (g-h)는 평상시 직업상 그렇게 하는 사람이 되었다.

5.5.2.4. 명사형 접미사 {o}

	(81)	명사	뜻	동사어원	뜻
	a.	kizibo	cl.7 '마개'	ziba	'막다'
	b.	kifuniko	cl.7 '덮개'	funika	'덮다'
	c.	mchezo	cl.3 '놀이'	cheza	'놀다'
	d.	sikio	cl.5 '귀'	sikia	'듣다'
	e.	malisho	cl.6 '목축'	lisha	'먹이다'
	f.	nyundo	cl.9 '망치'	unda	'짓다'
	g.	ufunguo	cl.11 '열쇠'	fungua	'열다'

명사형 접미사 o는 두 가지 뜻이 있는데, 하나는 그런 행위에 쓰이는 '도구'를 가리키는 것인데 명사부류 접두사로 도구를 나타내는 ki가 붙어 (81a-b)와 같은 모양을 파생시켰다. 다른 뜻으로는 동사가 가리키는 '행위의 결과'를 가리키는 데 쓰인다. 이 경우에는 m, Φ, ji, ma, n, u등의 접두사가 붙어 여러 가지 다른 명사부류가 될 수 있다. (c-g)의 예들을 보면 모두 끝에는 명사형 접미사 o가 붙었지만 접두사는 여러 가지가 달리 붙어서 명사부류가 다양하다.

5.5.2.5. 명사형 접미사 {e}

(82) 　　　명사　　　뜻　　　　　　동사어원　　뜻

   a.   mteule   '선택된 사람'   teua   '선택하다'

   b.   mkate   '빵조각, 잘린 것'   kata   '자르다'

   c.   kiumbe   '피조물'   umba   '창조하다'

   d.   ushinde   '실패'   shinda   '지다'

(82)에 보듯이 명사형 접미사 e는 '어떤 행동을 겪는다'는 뜻의 피동형의 뜻을 가진 사람이나 사물을 가리키는 명사를 만든다. 여러 가지 접두사가 붙어 다양한 명사부류를 만든다.

5.5.2.6. 명사형 접미사 {Φ}

(83) 　　　명사　　　뜻　　　동사어원　　뜻

   a.   mwaiwa   '빚쟁이'   wiwa   '빚지다'

   b.   mganga   '의사'   ganga   '고치다'

   c.   matata   '복잡함'   tata   '엉키다'

   d.   ndoa   '결혼'   oa   '결혼하다'

   e.   kipawa   '선물'   pawa   '받다'(고어)

   f.   pewa   '받다'

   g.   pa   '주다'

   h.   njia   '길'   jia   '오게 되다'

   i.   ja   '오다'

동사 어미의 변화 없이(Φ) 명사부류 접두사만 붙여서 명사 파생어를 만드는 경우도 많다. (83a-d)에서처럼 동사가 여러 명사부류로 파생어를 만들었다. (e)의 경우는 능동의 뜻을 가진 동사 pa에서 수동의 뜻인 pawa가 생겼다. 이것은 현재 몸바사(Mombasa) 지역에서 사용되고 있는데 이 형태를 유지하였을 때 명사형 kipawa가 파생되었다. 표준 스와힐리어에는 수동형이 지금은 pewa로 쓰인다. 명사 파생 과정이 이 언어의 표준어와 방언의 역사적 변천까지 잘 보여주고 있다. (h)의 경우도 마찬가지로 동사어근에서 확장형이 나온 이후에 명사가 파생되었다.

5.5.2.7. 다른 품사에서 파생된 명사

(84)	명사	뜻	어원	뜻
a.	mkurugenzi	'지도자'	kuu	형용사 '큰'
b.	mkuu	'상관'	kuu	형용사 '큰'
c.	kizunguzungu	'어지러움'	zunguzungu	의태어 '어지럽다'
d.	kipindupindu	'콜레라, 전염병'	pindupindu	의태어 '거꾸로'
e.	mwuza samaki	'생선장수'	uza samaki	합성어 '생선 팔다'
f.	kifunga bei	'보증금'	funga bei	합성어 '값을 정하다'
g.	utu uzima	'성숙함'	mtu mzima	'성숙한 사람'
h.	utu wema	'친절함'	mtu mwema	'좋은 사람'

명사 파생어들은 대부분 동사에서 만들어지지만 다른 품사에서도 파생되어 나온다. 위의 예 (84a-b)에서 보듯이 형용사 '크다'의 뜻인 kuu에서 사람을 가리키는 명사가 나왔다. (c-d)의 경우 부사라고 할 수 있는 의태어에서 명사가 파생되어 나오면서 접두사가 붙었고, (e-f)의 경우에는 동사와 목적어를 합쳐서 그런 행위를 하는 사람이나 사물을 가리키는 파생어를 만들어냈다. (g-h)는 구체적인 사람을 추상명사로 만들어 사람의 특성을 표현하는 명사가 되었다. '성숙한 사람'이라는 단수를 가리키는 사람에서 '성숙함'이라는 추상명사가 나왔다.

5.5.3. 형용사의 파생방법

5.5.3.1. 기본 형용사

스와힐리어의 형용사는 그 숫자가 다른 품사에 비해 특별하게 적다. 고유한 형용사로서 명사부류와 일치를 보이는 형용사와 그렇지 않은 차용어 형용사가 있다. 스와힐리어의 형용사에는 숫자를 포함하는데 여기에도 고유한 숫자와 차용어 숫자가 있다. 또한 인칭과 관련한 여섯 가지 다른 소유격을 포함하더라도 명사를 바로 꾸미는 형용사는 아주 적다고 할 수 있다. Ashton(1944)의 저서에도 형용사를 최대한 보여주려고 했다. 여기서는 먼저 고유한 형용사로서 파생어가 아닌 것으로 보이는 것을 모두 다 보이면 표 (85)에서와 같이 40개 정도이다.

(85)

형용사	뜻	형용사	뜻
anana	'점잖은'	ke	'여자의'
baya	'나쁜'	kali	'날카로운'
bichi	'설익은'	kubwa	'큰'
chache	'적은'	kuu	'큰/높은'
chungu	'쓴 (맛)'	kuukuu	'낡은'
dogo	'작은'	nene	'살찐 (사람)'
ekundu	'붉은'	ngapi	'몇'
ema	'좋은'	nono	'살찐 (짐승)'
embamba	'가녀린'	ororo	'부드러운'
enye	'가진'	pana	'넓은'
epesi	'빠른'	pya	'새로운'
erevu	'약은'	refu	'긴'
eupe	'흰'	tamu	'단 (맛)'
eusi	'검은'	tupu	'드문, 빈'
fupi	'짧은'	ume	'남자의'
gani	'어떤'	wi	'나쁜'
geni	'낯선'	zee	'늙은'
gumu	'어려운'	zima	'온전한'
ingi	'많은'	zito	'무거운'
ingine	'다른'	zuri	'아름다운'

스와힐리어의 고유한 형용사로서의 역할을 하는 숫자와 소유격을 모두 제시하면 다음

(86)과 같다. 숫자는 명사를 꾸밀 때 사용하는데 11 이상으로 넘어가더라도 끝 숫자가 다음과 같을 때는 같은 형용사의 모양을 가진다. Vitabu kumi na vimoja처럼 '책 열한 권'을 표현한다.

(86)	a. 숫자	뜻	b. 소유격	뜻
	moja	'1'	angu	'나의'
	moshi	'첫째'	ako	'너의'
	wili	'2'	ake	'그의'
	pili	'둘째'	etu	'우리의'
	tatu	'3'	enu	'너희의'
	ne	'4'	ao	'그들의'
	tano	'5'		
	nane	'8'		

Jumamoshi '토요일, 첫날'이나 mfunguo moshi '1월, 첫달'처럼 moshi는 형용사로서 앞에 오는 juma나 mwezi를 꾸미는 역할을 하여 합성어를 만들기도 하며 숫자는 형용사로도 쓰이지만 명사에 붙어 쓰이기도 한다.

5.5.3.2. 아랍어 차용 형용사

위와 같이 스와힐리어의 형용사는 한정적인데 형용사의 부족을 극복하는 방법이 세 가지가 있다. 하나는 차용어를 차용하는 것이고, 또 하나는 다른 품사로부터 파생어를 만드는 것이며, 또 다른 하나는 명사구를 확장하여 형용사적인 표현을 만드는 방법이다. 먼저 스와힐리어에 형용사로 차용어를 받아들인 경우는 예들이 너무 많아서 여기서 다 나열하지 못하지만 몇 개만 제시하면 다음 (87)과 같다. 특히 차용어 형용사는 명사부류에 일치하는 접두사를 쓰지 않는다.

(87) 차용어   뜻   차용어   뜻

      hodari   '단단한'   sita   '6'

      kamili   '꼭 맞은'   saba   '7'

      safi   '깨끗한'   tisa   '9'

      tele   '많은'   ishirini   '20'

5.5.3.3. 파생어 형용사

두 번째 방법은 파생어를 만드는 방법이다. 특히 고유한 동사에서 끝에 vu를 붙여서 (88a)와 같은 형용사를 만들어내었고 이것은 아주 생산적이다. 그래서 이것이 확대되어 (b)에서처럼 차용어에도 붙이게 되었다.

(88)   형용사   '뜻'   어원   뜻

     a.   angavu   '밝은'   angaa   '빛나다'

           bivu   '익은'   iva   '익다'

           kavu   '건조한'   kaua   '마르다'

           kuu   '큰, 높음'   kua   '자라다'

           ovu   '썩은'   oza   '썩다'

           vivu   '게으른'   via   '가만있다'

           wivu   '질투하는'   wia   '요구하다'

           zoevu   '익숙한'   zoea   '익숙하다'

     b.   furahivu   '기뻐하는'   furahia   '기뻐하다'

           fahamivu   '잊은'   fahamu   '잊다'

           stahimilivu   '참을성 있는'   stahimili   '참다'

똑같은 방식으로 vu 대신에 fu를 붙여서 형용사 파생어를 만든다. (88)에서는 vu가 쓰였는데 (89)에서는 fu가 쓰였는지 그 이유에 대해서는 형태음운론적 설명이 불가능하다. 즉 음운론적 혹은 형태론적 이유가 없이 임의로 정해졌다고 밖에 말할 수 없다. 여기서도 마찬가지로 고유어 동사와 차용어 동사에 fu가 붙어서 형용사가 파생되었다.

(89)	형용사	뜻	어원 (동사)	뜻
a.	angalifu	'주의하는'	angalia	'주의하다'
	danganyifu	'속이는'	danganya	'속이다'
	kosefu	'잘못된'	kosa	'잘못하다'
	linganifu	'어울리는'	lingana	'같게 하다'
	nyofu	'똑바른'	nyoka	'바르게 하다'
	ongofu	'잘 인도되는'	ongoa	'인도하다'
	pungufu	'모자라는'	pungua	'줄다'
b.	batilifu	'무효된'	batili	'파기하다'
	badilifu	'변하는'	badili	'변하다'
	kadirifu	'계산하는'	kadiri	'평가하다'
	tamainifu	'믿을 만한'	tamaini	'희망하다'

5.5.3.4. 명사합성어의 형용사

형용사적 표현을 보충하기 위해 통사적 확장으로 형용사적 표현을 만드는 방법이 있다. 즉 명사합성어를 만들 때 다른 명사를 뒤에 두거나 장형 표현을 사용하여 형용사를 대신하는 방식이다. 즉 명사를 꾸미는 형용사가 필요할 때 마땅한 형용사가 없으면 명사를 길게 풀어서 설명함으로써 형용사를 대신한다. 먼저 명사합성어의 예를 보면 (90)과 같다. 여기서 보면 명사의 뒷부분도 원래 명사인데 여기서는 형용사의 기능을 함을 알 수 있다.

(90)	명사합성어	뜻	어원
a.	kijana mwanamke	'여자 청년'	청년+여자
	mtu tajiri	'부자'	사람+부유함
	mbwa mwitu	'들개'	개+야생
	bata maji	'물새'	새+물
	askari koti	'제복 입은 경찰'	경찰+외투
	mwaka jana	'지난해'	해+어제

다음 (91)은 명사 뒤에 소유의 뜻을 가진 enye를 활용하고 또 그 뒤에 목적어가 되는 명사를 가져와서 전체적으로 명사를 꾸미는 형용사가 되게 한다. 명사의 뒤에 있는 성분은 형용사의 기능과 모양을 가지며 통사적으로 장형을 만들어 표현하는 방식이다. 이렇게 함으로써 원천적으로 부족한 형용사를 대신하며 풍부한 형용사어를 만들어낸다. 특히 맨끝의 두개 mwenye mali와 penye uvuli는 명사구의 머리가 되는 명사가 생략되고도 나머지로 명사로 쓰인다.

(91)　　　　명사 합성어 (명사+-enye+명사)　　　뜻

　　a.　　chumba chenye giza　　　　　　　'암실'

　　　　　miti wenye miiba　　　　　　　　'가시 달린 나무'

　　　　　mtu mwenye maarifa　　　　　　'지식인'

　　　　　samaki mwenye mafuta　　　　　'기름 많은 물고기'

　　　　　mwenye mali　　　　　　　　　'부유한 사람'

　　　　　penye uvuli　　　　　　　　　'그늘진 곳'

비슷한 방법이면서 가장 흔한 방법으로는 (92)에서 보듯이 명사 다음에 연결사 cha, wa 등을 사용하여 꾸미는 방법인데, 그 뒤에 오는 단어는 (a) 명사, (b) 동사, (c) 수사, (d) 부사 등에서 명사형으로 만든 것들로 다양하다. 통사적으로 형용사와 같은 기능을 한다.

(92)　　　　명사 합성어 (명사+연결사+목적어)　　뜻

　　a.　　chumba cha giza　　　　　　　'어두운 방'

　　　　　kiti cha mti　　　　　　　　　'나무 의자'

　　　　　maji wa moto　　　　　　　　'뜨거운 물'

　　　　　neno la mwisho　　　　　　　'마지막 단어'

　　b.　　chakula cha kutosha　　　　　　'충분한 음식'

　　　　　chumba cha kulala　　　　　　'침실'

　　　　　maneno ya kupendeza　　　　　'기분 좋은 말'

　　　　　mototo wa kwanza　　　　　　'첫째 아이'

명사 합성어 (명사+연결사+목적어)	뜻
c. mtihani wa pili	'둘째 시험'
yai ya tatu	'셋째 달걀'
zoezi la tano	'다섯째 연습문제'
d. nyimbo za kikorea	'한국 노래'
desturi za kikale	'낡은 관습'
vyombo vya jikoni	'부엌 용기'
watu wa hapa	'이쪽 사람들'

5.5.4. 부사의 파생방법

5.5.4.1. 기본 부사

스와힐리어에는 고유한 부사가 없다고 말할 정도로 빈약하다. 언어보편적으로 부사가 형용사보다 숫자가 적은 것은 사실이지만, 스와힐리어에서는 (93)에서 보듯이 고유한 부사가 두 개뿐인 것으로 볼 때 이 언어의 초기에 부사가 없었던 것으로 추정할 수도 있다. 그래서 두 개는 아마 다른 품사에서 온 어휘로 오래 전부터 부사처럼 사용되어 왔기에 부사로 여기게 되었는지도 모른다. 어쩌면 감탄사였을 수도 있다. 이같이 부사 자체가 초기 스와힐리어에서 품사로서의 지위를 확보하지 못했다고 말할 수 있다. 다른 시각으로 보면, 인도유럽어의 언어분석에 사용되는 품사분류가 스와힐리어에 적용해서 굳이 부사를 찾으려는 노력이 오히려 잘못된 발상일 수도 있다.

(93)	부사	뜻
a.	nmo	'참으로, 심히'
b.	tu	'그저, 다만'

mno라는 단어는 Mzigo huu mzito mno '이 짐은 참으로 무겁다'처럼 쓰이거나, sana mno '정말 잘'이나 nyingi mno ajabu '놀랄 정도로 많은' 등으로 다른 부사와 연결되어

잘 쓰인다. 또한 tu는 단음절어로서 스와힐리어의 형태론에서 가장 지배적인 제약인 2음절 요건을 충족하지 못하는 단어로서, 감탄사에서도 찾아보기 힘든 형태이다. 그래서 이 단어도 부사라고 부르기 어려운 독특한 어휘이다. 결국 스와힐리어에는 보편 문법에서 부사라고 지칭할 만한 어휘를 가지고 있지 않다. 그러나 언어를 사용할 때 부사가 필요하다. 언어가 발달할수록 다양한 품사와 어휘가 생기고 소멸되기 때문에 스와힐리어에도 이전에 없거나 다른 방식으로 표현하던 부사적 표현을 일정한 규칙이 있는 부사로 발전시켜나가는 것을 알 수 있다.

5.5.4.2. 아랍어 차용

스와힐리어에는 고유한 부사가 거의 없기 때문에 스와힐리어 화자는 다양한 방법으로 부사를 만들어 사용하고 있다. 그 방법 중 하나는 아랍어에서 차용하는 방법이다.

(94)	부사	뜻
	bure	'공짜로'
	ghafula	'갑자기'
	hasa	'특히'
	labda	'아마'
	sana	'아주'
	tena	'다시'

5.5.4.3. 다른 품사 활용

부족한 부사를 충당하는 두 번째 방법은 다른 품사의 어휘를 활용하는 것이다. 다음 도표에서 보듯이 형용사, 명사, 지시사 등에서 빌려와서 그대로 쓴다.

(95)	부사	뜻	성분	뜻	출처
a.	jana	'어제'	명사 (cl.9)	'어제'	
	juu	'위에'	명사 (cl.9)	'위'	
	kweli	'정말로'	명사 (cl.9)	'사실'	
	leo	'오늘'	명사 (cl.9)	'오늘'	
	upesi	'빨리'	명사 (cl.11)	'빠름'	
	usiku	'저녁에'	명사 (cl.11)	'저녁'	
b.	kwanza	'먼저'	명사 (cl.14)	'시작'	anza '시작하다'
	mwisho	'마지막에'	명사 (cl.3)	'마지막'	isha '끝나다'
	wima	'서서'	명사 (cl.11)	'바로 섬'	ima '바로 서다'
c.	bora	'좋게'	형용사	'좋은'	

도표 (95a)에서 jana '어제', leo '오늘'과 같이 시간이나 때를 가리키는 말은 명사로 시작해서 자유롭게 부사로 쓰인 것으로 보인다. 이런 것은 언어보편적인 현상이다. juu '위'도 위치를 가리키는 말이므로 자연스럽게 부사어로 쓰일 수 있다. 모두 다른 명사부류에서 온 단어들로서 그대로 부사로 쓰이게 되었다. (b)의 경우에는 명사에서 왔지만 그 명사가 그 이전에 동사에서 파생되었다. (c)도 마찬가지로 형용사를 부사로 사용한다.

5.5.4.4. 파생된 부사

다른 품사의 어휘를 가져와 약간 변형하여 부사로 쓰는 파생부사를 예를 들면 다음 도표와 같다. 앞에 ki, vi를 붙이거나 뒤에 ni를 붙이기도 하고, 전체나 부분을 중첩하여 부사를 만들어낸다. 먼저 (96a)의 경우 모두 명사부류 7형의 접두사 ki가 붙어서 부사가 되었는데, kidogo '조금'의 경우 형용사 dogo '적은'에 '어떻게'라는 뜻을 더해주는 ki를 덧붙여 kidogo가 되어 부사로 쓰인다. kifupi도 마찬가지다. 반면, kikondoo '양처럼 순하게'나 kitoto '아이같이'는 뒷부분이 명사어간으로부터 왔다. 그래서 전체적으로 형용사나 명사어간에다 ki를 붙여서 부사로 만든 경우이다.

(96)

부사	뜻	부사	뜻
a. kidogo	'조금'	kitoto	'아이같이'
kifupi	'간단히'	kiume	'남자답게'
kikondoo	'양처럼 순하게'	kiwete	'절면서'
kipofu	'앞 못 보고'	kizungu	'유럽식으로'
b. vibaya	'나쁘게'	viovu	'나쁘게'
vigumu	'어렵게'	vipi	'어떻게'
vimoto	'열정적으로'	vizuri	'멋있게'
vingine	'다르게'	vyema	'잘'
c. kanisani	'교회에'	shuleni	'학교에'
nyumbani	'집에'	sokoni	'시장에'
d. mbalimbali	'등등'	sawasawa	'똑같이'
kidogo kidogo	'점점'	vile vile	'똑같이'
e. kifudifudi	'엎드려서'	kisirisiri	'은밀하게'
f. papo hapo	'곧바로'	vivi hivi	'바로 이렇게'
papa hapa	'바로 여기'	po pote	'어디나'

(96b)의 경우에는 앞의 경우와 달리 명사부류 8형의 접두사 vi를 써서 baya '나쁜'이나 gumu '어려운', ovu '나쁜', zuri '좋은' 등을 붙여서 부사로 만들기도 하고, vimoto처럼 명사어간 moto '불'을 활용하여 '열정적으로'라는 부사를 만들었다. vipi는 vitabu vipi처럼 명사부류 8형과 같이 오면 '어느 것'이란 뜻으로 대명사의 용법으로 쓰이지만, 앞에 오는 명사와 상관없는 부사로 쓰일 경우 '어느'라는 뜻이 아니라 '어떻게'라는 부사가 된다. (c)는 명사에 장소를 가리키는 ni를 붙여 부사로 사용하는 경우이다. nyumba '집'에 ni '에, 에서, 으로'를 더하여 nyumbani '집에, 집에서, 집으로'가 되었다. 이같이 ni가 붙으면 그것을 꾸미는 말이 따르면 kwa가 온다. nyumbani kwake '그 사람 집에' 또는 '그 사람 가족들'이 된다. (d)의 경우에는 여러 가지 품사에서 온 단어를 중첩함으로써 원래의 뜻과 다소 차이나는 부사가 된 것들이다. 예를 들면, mbali는 '멀리'라는 뜻이지만 mbalimbali는 '여러 가지'라는 뜻이 된다. kidogo도 '조금'이란 뜻이지만 중복함으로써 '점점'이란 뜻이 된다. (e)도 중첩어인데 이것들은 뒷부분 fudi만 먼저 반복하고 나서

앞부분에 ki를 붙인 모양이다. 이 두 경우도 원래 형용사의 뜻을 가진 어간에 ki를 붙인 것이다. (f)의 경우 지시사로 사용되는 어휘를 부분 중첩과 모음 중첩 등으로 판형을 반복하여 부사로 사용하게 되었다.

5.5.4.5. 장형부사

형용사에서처럼 통사적으로 확장하여 단형의 부사가 아니라 장형의 부사를 만드는 방법이다. 이 방식은 아주 생산성이 높다. 가장 대표적인 방법이 kwa를 가지고 명사를 이끌어 부사어로 쓰는 것이다. (97a)의 경우에는 kwa와 명사를 연속하여 마치 일반 통사론에서의 전치사구처럼 보이는 표현을 만들었다. (b)의 kwa bahati njema처럼 kwa 다음에 오는 명사를 다시 형용사로 꾸밀 수 있기 때문에 길어진 경우로, 좀 더 길게 만들거나 moja kwa moja처럼 kwa를 가운데 넣어서 둘을 묶어주는 역할을 하면서 부사를 만들었다.

(97)	장형부사	뜻		장형부사	뜻
a.	kwa furaha	'기뻐서'	b.	kwa bahati njema	'운 좋게도'
	kwa gari	'차 타고'		kwa bahati mbaya	'운 나쁘게도'
	kwa miguu	'걸어서'		kwa hali na mali	'도덕적, 물리적으로'
	kwa moyo	'진심으로'		kwa ulimi wake	'그의 혀로'
	kwa mwezi	'매달'		moja kwa moja	'곧장 계속'
	kwa nguvu	'힘차게'		wali kwa mchuzi	'카레라이스'
	kwa shida	'쉽게'		wakubwa kwa wadogo	'크거나 작은 사람들'

지금까지 스와힐리어의 여러 가지 부사를 살펴보았는데, 초기 또는 원시 스와힐리어에서 부사가 없거나 거의 없었던 상황에서, 다양한 방법으로 부사를 만들어 쓴다는 것을 알 수 있었다. 다른 품사의 어휘를 변형없이 그대로 부사로 쓰거나, 특별한 접두사나 접미사를 붙여서 부사로 쓰거나 중첩어를 만들거나, 표현을 길게 만들어 부사어로 쓰게 되었다.

제6장 최소단어효과

스와힐리어에는 어휘가 최소 두 음절 이상이어야 한다는 요건이 있다. 여러 가지 음운현상이나 형태음운론적 현상들이 이러한 요건을 반영하는 경우가 많다. 이미 앞에서 다른 음성 음운 형태론 현상들을 다룰 때 4.11, 5.3에서 잠깐씩 언급되었다. 여기서는 먼저 세계 언어에서 최소단어(Minimal Word) 요건이 얼마나 보편적인지를 확인함과 동시에, 어떤 방식으로 이러한 요건을 충족시키는지를 잠깐 소개하고, 이어서 스와힐리어에 발견되는 여러 최소단어효과 중에 대표적인 유형을 소개하고자 한다. 이러한 최소단어 효과는 세계 언어에 두루 적용하여 그 가능성을 찾아볼 수도 있을 것이다.

6.1. 최소단어요건 충족 방법

최소단어의 요건은 보통 어떤 어휘나 형태소적 단위가 최소한 두 음절이거나 두 모라를 가져야 한다는 것이다. 이것은 일종의 제약이면서도 요건이다. 이 요건을 지키기 위하여 언어마다 또는 그때마다 필요한 전략을 사용한다. 즉 단어의 일부를 생략할 때 특정 크기 이하로는 줄어들지 않게 막는 방법이 동원되기도 하고, 형태소 자체가 처음부터 너무 작으면 그것을 더 확대하는 방법을 채택하기도 한다. 어떤 언어에 두음, 어중음, 어말음 소실 현상이 있을 때 해당 어휘가 이러한 소실을 겪으면 최소크기를 유지하지 못하게 된다. 그러면 그 규칙이 적용되지 않고 예외로 남게 되는 경우가 생긴다. 이러한 현상은 여러 언어에서 발견되는데 예를 들면, 에스토니아어에서 음절이 세 개 이상인 단수주격 형태소는 마지막 음절모음이 탈락하여 두 음절로 바뀐다. 그러나 두 음절짜리 단어들은 이것의 적용을 받지 않는다. 또한 미국인디언 말인 라딜어(Lardil)에서는 기본형 자체가 주격으로 사용된다. 그러나 기본형이 두 모라가 되지 않을 경우 주격에 한 모라를 추가하기 위해 어말에 모음을 덧붙인다. 벵골어(Bengali)는 모음의 장단이 음운적으로 사용되지 않지만, 예외적으로 명사기본형이 두 모라가 되지 않을 때는 반드시 모음을 길게 만들어 발음함으로써 두 모라 요건을 충족시킨다. 이 외에도 어떤 언어에서는 어두나 어중의 모음을 길게 하거나 자음을 중첩함으로써 추가적인 음절이나 모라를 확보한다.

지금부터 스와힐리어에 발견되는 최소단어요건 충족 방법을 분석하고자 한다. Ashton(1944)은 그의 책 여러 부분에서 단음절어의 예외적인 현상에 대해 소개했다. 또한 Zawawi(1979)는 단음절어의 형태론에 대해 따로 설명을 하였다. 또한 Batibo & Rottland(1992), Nurse & Hinnebusch(1993: 165-167), Njogu(1994), Frankl & Omar(1996) 등은 개별적으로 한두 가지씩 단음절어 어휘의 특이성에 대해 여기저기에 언급하였다. Batibo & Rottland(1992)는 역사적으로 N이 탈락되는 현상과 명령문에서 접두사 ku가 유지되는 현상, 명사부류 5에서 ji가 살아남은 현상을 단편적으로 제시하였다. Mpiranya(1995)는 최소단어라는 용어를 쓰지 않고 방언에 따라 단음절어가 특별히 행동한다는 것을 지적하였고, Frankl & Omar(1996)는 다음절 어휘들을 나열하였고 강세와 관련한 이상행동을 지적하였다. Park(1997a, b)은 이러한 중복되는 예시나 단편적인 것들을 모으고 추가적인 현상들을 소개했다. 그래서 이 장에서는 스와힐리어 전체에 광범위하게 분포한 여러 단음절어에 대한 음운론과 형태음운론적 현상을 최대한 많이 소개하고 분석하고자 한다. 일반명사와 대명사의 2음절형, 감탄대명사의 모음 추가, 수동형 동사의 모음추가, 중첩어의 형식, 어근을 이루는 접두사, 특별한 명사부류에 있는 단어확대현상, 역사적으로 잃어버린 명사부류의 잔재 등 여러 가지를 제시하고자 한다. 이 과정에서 스와힐리어는 최소단어가 2음절이라는 것이 밝혀질 것이다. 스와힐리어의 이런 특징적인 현상은 필요할 경우 인접 방언들의 자료와 인접 반투어의 비슷한 현상과 비교하여 설명하도록 한다.

6.2. 일반명사와 대명사의 최소단어

스와힐리어에는 놀라울 정도로 많은 단음절 반복으로 만든 어휘가 있다. 이 어휘들은 주로 보통명사나 대명사를 만든다. 그러므로 이것들은 스와힐리어에서 주변어휘나 보조어휘가 아니라 일상어휘가 된다. 이런 사실은 다른 많은 언어에서는 어린아이말(Baby-Talk)이나 주변어휘 또는 대체어휘로 쓰이는 것과 대조적이다.

도표 (1)에 있는 어휘들은 그 기원에 따라 대략 세 가지로 나눌 수 있다. 첫 번째 것은 Proto-Bantu나 Proto-Sabaki 시절에 이미 두 음절로 어휘가 형성되었던 것들이다.

(1)	2음절어	뜻 (어원)	2음절어	뜻 (어원)
a.	baba	'아버지' (PS *baaba)	kwikwi	'딸꾹질' (PB *-kùìkùì)
	cheche	'상어' (PS *ncece)	mama	'어머니' (PS *maama)
	gogo	'통나무' (PB *-gògó)	papa	'상어' (PS *mpampa)
	koko	'씨앗' (PS *ŋkoŋko)	popo	'박쥐' (PS *mpopo)
	kuku	'닭' (PB *-kúkù)	tete	'갈대' (PB *-tétè)
b.	mimi	'나' (PS *mi)	sisi	'우리' (PS *swi)
	wewe	'너. sg.' (PS *we)	nyinyi	'너희들. pl.' (PS *nywe)
	yeye	'그/그녀'(PS *ye)	wao	'그들' (PS *wo)
c.	bubu	'벙어리' (cf. ububu '벙어리 상태')	ng'ong'o	'깔개 가장자리 두꺼운 부분'
	chichi	'물고기'	njenje	'돈'
	chuchu	'젖꼭지'	nyanya	'할머니, 토마토'
	dada	'누이'	pepe	'왕겨' (cf. pepeta '키질하다')
	dede	'작은 가녀린 사람'	pipi	'1초'
	fefe	'여러해살이 식물'	sheshe	'아름다움'
	gugu	'잡초'	susu	'선반'
	jaja	'데이지꽃'	titi	'젖꼭지'
	kaka	'형제'	zeze	'밴조 악기'
	koko	'코코아' (영어)	zizi	'양떼'
	lulu	'진주' (아랍어)	zuzu	'바보'(cf. mzuzu '바보')

반면 두 번째 것 (1b)는 대명사로서 마찬가지로 두 음절로 구성되어 있다. (c)는

일반어휘들로서 그 기원이 불분명하다. 그러나 모두 다 두 음절로 일반 명사나 대명사로 사용되고 있다. (1a)에 있는 것은 특히 이 어휘 앞에 붙어 있던 명사부류 접두사가 탈락하면서 현재와 같은 중첩어 두 음절어가 되었다. (b)는 대명사로서 스와힐리어와 방언과 인접 언어에서 공통적으로 비슷하게 보이는 것들이다. 단음절형 즉 중첩되지 않는 형태는 자체로는 사용될 수 없고 다른 형태소와 결합할 때는 유용하다. 그래서 mi, si, we, nyi, ye 등이 na-mi '나와, 나로 하여금'으로 쓰이거나 na-si '우리들과, 우리로 하여금' 같이 쓰인다. (c)는 스와힐리어에서 새로 생긴 어휘거나, 확인되지 않았지만 이전부터 있었거나 다른 언어에서 빌려왔을 것으로 보인다. 과거부터 현재까지 스와힐리어에는 2음절어가 흔했고 또 2음절어를 만드는 데 익숙했음을 알 수 있다. 명사뿐만 아니라 동사, 부사, 형용사, 감탄사까지 단음절어를 찾아보지 못한다는 점에 대해서 앞으로 더 설명될 것이다.

참고로 Scullen(1993: 111-259)에 따르면 프랑스어는 스와힐리어처럼 2음절어가 상당히 많다는 것을 알 수 있다. 그러나 그 양상은 (2)에서 보듯이 어휘들의 기능이 스와힐리어와 다르다.

(2)		중첩어	철자	기저형	뜻
	a.	kwikwi	cuicui	cui	'새소리'
		bobo	bobo	bo	'아픔'
	b.	kükü	cucul	cul	'어리석은'
		dürdür	durdur	dur	'아주 다른'
		jöjö	jojo	joli	'아름다움'
	c.	baba	baba	ébahi	'깜짝 놀란'
		fãfã	fanfan	enfant	'아기'
		nana	Nana	Anna	'아나, Anna'
	d.	fifi	fifi	fille	'작은 여자 아이'
		fifiy	fifille	fille	'작은 여자 아이'
		lala	lala	lait	'우유'
		lolo	lolo	lait	'우유'

	중첩어	철자	기저형	뜻
e.	koko	coco	commandant	'대장'
	koko	coco	cocaïne	'코카인'
	koko	coco	communiste	'공산주의자'
f.	bebe	bébé	Bernard	'Bernard'
	koko	coco	Nicole	'Nicole'
	zeze	zeze	Joseph	'Joseph'
g.	meme	mémé	grand-mére	'할머니'
	pepe	pépé	grand-pére	'할아버지'

여기 프랑스어 자료는 스와힐리어와 달리 대부분 특수어휘들이다. 예를 들면, (2a)는 의태어, (b)는 어린이말, (c)는 모음으로 시작하는 어휘를 자음으로 시작하게 만든 어머니말(Motherese), (d) 다른 표현, (e) 은어, (f) 친밀어, (g)는 친족어다. 물론 대부분 비슷한 유형이며 중요한 것은 이것들은 원래 기본어가 있고 거기에 상응하는 대체어휘들이라는 점에서 스와힐리어와 다르다. 스와힐리어는 일반어휘들이 2음절어이고 주요어휘이면서 다른 대체어휘가 없다는 것이 중요하다.

6.3. 축약된 호칭

축약된 호칭에 대한 운율음운론은 McCarthy & Prince(1986, 1995a)의 Central Alaskan Yupik Eskimo어에 대한 연구를 비롯하여 Poser(1984, 1990), Tateishi(1989), Ito(1990), Suzuki (1995)의 일본어에 대한 연구가 있었다. 에스키모어에는 사람을 친근하게 부르는 이름이 있는데 호칭(Vocative)에 해당하는 것들이다. 여기서 보듯이 (3a-d)에는 두세 가지가 있으나 (e-g)에는 한 가지만 보인다. 여기서 호칭의 모양을 보면 무거운 음절이거나 약강조(Iambic)의 음보를 보이고 있다. 즉 앞 음절은 가벼운 한 모라를 가지고 있고 뒤 음절은 두 모라를 가진다. 한 모라로 된 두 음절로는 호칭의 음보를 이루지 못한다.

(3) 명사   친밀호칭 I   친밀호칭 II

　　a. Aŋukagnaq   Aŋ   Aŋuk

　　b. Nupigak   Nup   Nupix, Nupik

　　c. Cupəɬ:aq   Cup   Cupəɬ

　　d. Qakfagalgia   Qak   Qakəf/*Qakə *Qakʈa(g)

　　e. NəŋqəXalgia   Nəŋək/*Nəŋə *Nəŋqə(k)

　　f. Aŋivgan   Aŋif

　　g. Magʷluq   MaXʷ

일본어에서는 (4)의 예처럼 사람 이름이 애칭(Hypocoristics)으로 사용되기 위해 축약될 때 chang을 붙이는데 이때 기본이 되는 요소의 크기가 중요하다. 모두 최소한 두 모라를 유지해야 한다. (a-d)의 예에서는 한 가지씩 만들었다. (e-h)는 두세 가지씩 만들었는데 (f-h)에는 각각 하나씩 모음을 길게 해서 만든 애칭어가 있다. 즉 Miichang, Yoochang, Waachang이 해당한다. 기본이 너무 짧을 때에는 모음을 늘여서 음절을 추가한다. (i)의 Tiichang이 경우가 그렇다.

(4) 이름   애칭   오류형

　　a. Yuki   Yuki-chaŋ   *Yu-chaŋ

　　b. Emi   Emi-chaŋ   *E-chaŋ

　　c. Keiko   Kei-chaŋ   *Ke-chaŋ

　　d. Junko   Jun-chaŋ   *Ju-chaŋ

　　e. Hiromi   Hiro-chaŋ, Romi-chaŋ   *Hi-chaŋ

　　f. Midori   Mido-chaŋ, Mii-chaŋ   *Mi-chaŋ

　　g. Yooko   Yoko-chaŋ, Yoo-chaŋ   *Yo-chaŋ

　　h. Wasaburo   Sabu-chaŋ, Wasa-chaŋ, Waa-chaŋ   *Wa-chaŋ

　　i. Ti   Tii-chaŋ   *Ti-chaŋ

일본어에는 이것 이외에도 손님의 이름을 지칭하는 표현으로 o-sang이 있는데 여기서도 마찬가지 현상이 일어난다. 그 외에 차용어를 줄일 때에는 기본적으로 두 모라가 아니라

두 음절이 필요하다. 그래서 같은 언어 안에서도 다른 최소요건이 있다.

스와힐리어의 축약형은 두 음절어 요건을 잘 보여준다. 표준방언인 Unguja 또는 Zanzibar 스와힐리어에 축약된 이름은 (5)의 예처럼 주로 마지막 두 음절로 만든다.

(5)	이름	a. 약칭 I	b. 약칭 II
	Abdallah	Dala	Abdi
	Abdulla	Dula	Abdu
	(Moh)amedi	Edi	Moo
	Mustafa	Tafa	Musta
	Idarusi	Rusi	
	Fatuma	Tuma	
	Hadimu	Dimu	
	Khadija	Dida	

두 음절로 만들되 스와힐리어 기본 음절구조인 CV를 충실히 지킨 (5a)형이 있고, 또 그렇지 못할 경우 (b)와 같이 VC나 CVC, CVV같이 보이는 형태가 있다. 이것은 케냐 스와힐리어 화자에게서 볼 수 있는 형태로 단순히 2음절어라고 주장하기는 쉽지 않다.

다음은 스와힐리어 어떤 방언에서 발견되는 형태이다. 여기서도 2음절 요건을 지키고 있다. 특히 (6f)의 경우는 마지막 자음이 음절을 이룬다고 볼 때 그렇다. 그러나 이 방언에서 음절이 아니라 모라로 여겨지는지는 더 많은 자료를 수집해서 분석할 필요가 있다.

(6)		이름	약칭
	a.	Robert	Robo
	b.	Omondi	Omosh
	c.	Suleiman	Sulesh
	d.	Onyango	Onni
	e.	David	Devi
	f.	Salim	Sal

6.4. 명사부류 11/10의 u/N 탈락과 유지

스와힐리어의 최소단어가 두 음절이라는 증거는 명사부류 11에서 복수형인 명사부류 10을 만들 때 찾아볼 수 있다. 이때 명사부류 11의 접두사는 u인데 이것이 탈락하고 명사부류 10의 접두사는 조음장소가 유동적인 N인데 이것이 추가된다. 그러나 이 N이 무성자음 앞에서는 역사적으로 탈락했다. 이 무성폐쇄음은 그 앞의 비음 탈락의 흔적으로 유기성을 가지나 음소적으로는 변별력이 없고 점차 그 흔적마저도 일반 무성자음과의 사이에서 미미해지고 있다.

(7)		단수 (cl.11)	복수 (cl.10)	뜻
	a.	ufagio	_fagio	'빗자루'
		ukuta	_kuta [kʰuta]	'벽'
		upande	_pande [pʰande]	'옆'
		utaji	_taji [tʰaji]	'가리개'
	b.	ubale	m̲bale	'편, 조각'
		ubao	m̲bao	'판자'
		ubavu	m̲bavu	'갈비'
		ubawa	m̲bawa	'날개'
		ulimi	n̲dimi	'혀'

(7a)에 보듯이 명사부류 11의 형태들은 u를 가지고 있는데 복수형이 될 때는 u가 떨어지고 N이 붙어 명사뷰류 10이 된다. 그러나 이 N이 무성음 앞에 오면 탈락한다. 그리고는 뒤에 오는 무성폐쇄음을 음성적으로 유기음이 되게 한다. 그러나 (b)에서는 복수형이 되어 N이 유성음 앞에 올 때이며 이 비음이 그대로 남아있다. 아마 비음과 유성저해음의 연속은 같은 유성성과 같은 조음위치가 되어 밀접한 하나의 음소가 되어서 그렇거나 비음이 탈락하더라도 그 다음 유성자음에 어떤 흔적도 줄 수 없어서 그럴 수도 있을 것이다.

그런데 다음 (8)의 자료를 보면 복수형인 명사부류 10에서 무성자음 앞인데도 비음이 탈락하지 않았다. 먼저 단수형을 보면 (a)의 예들은 모두 명사부류 11이면서 명사접두사 u를 포함해야만 2음절을 이룰 수 있고, (b)의 예들은 (a)와 같지만 유성음으로 어근이 시작한다. (c)의 단수형은 모두 어근이 모음으로 시작해서 접두사 u와 합쳐서 활음이 되는 단어들이다.

(8)	단수 (cl.11)	복수 (cl.10)	뜻
a.	ufa	n̠yufa	'갈라진 틈'
	ushi	n̠yushi	'눈썹'
	usi	n̠yusi	'풀이름'
	uso	n̠yuso	'얼굴'
	uta	n̠yuta	'활'
	uti	n̠yuti	'나무 둥치'
b.	uga	n̠yuga	'빈터'
	ungo	n̠yungo	'곡식 까부는 키, 채'
	uzi	n̠yuzi	'실'
	ua	n̠yua	'뜰'
	uo	n̠yuo	'골목'
c.	wavu	n̠yavu	'그물'
	wayo	n̠yayo	'발자국'
	wembe	n̠yembe	'칼날'
	wimbo	n̠yimbo	'노래'

여기서 (8a)의 단어들은 어근이 무성자음이지만 복수형에서 u를 떨어뜨리지 않고 오히려 그 앞에다 N을 덧붙였다. N이 접두사 u 모음 앞에서는 [ɲ]의 음가를 가진다. 그래서 ufa, ushi 등은 명사부류 11이고 복수형은 N이 무성음 앞에 오므로 떨어져서 fa, shi 등으로 되어야 할 것 같지만, 오히려 단수접두사 u도 유지하고 복수접두사 N도 덧붙여서 n̠yufa, n̠yushi 등으로 만들었다. 단음절 명사어근은 원래 있던 접두사에 또 다른 접두사를 추가함으로써 이중 접두사를 가지면서까지 2음절 요건을 충족시킨 것이다. 이렇게 하면 이미 있던 모음을 살려 CV요건도 채우고 2음절의 최소단어요건도 지키는 형태가 된다. (b)의 경우 유성자음으로 시작하는 어근을 가지고 있는데 (a)과 같이 u도

가지고 있고 N도 붙이는 이상한 현상을 보인다. 2음절을 유지하지 못할 위험이 있으면 접사를 붙잡아 두는 현상이다. (c)의 예들은 명사어근이 모음으로 시작한다. 원래 단수에 있던 u가 복수형이 되면 없어져야 하지만 이것이 그대로 남아있고 N이 들어가서 다음에 오는 모음과 합쳐서 자연스런 NV가 된다. 그래서 모두 이중접두사가 붙은 경우들이다.

6.5. 명사부류 5의 접두사 ji의 유무

명사부류 5의 단어는 보통 접두사가 생략된다. 그리고 그에 따른 형용사나 수사 등에도 마찬가지다. 먼저 명사를 보면 단수인 명사부류 5에 해당하는 단어는 접두사가 없는 어근으로만 되어 있으며, 복수형으로 명사부류 6에 해당하는 단어는 보통 ma를 가진다.

(9)	단수 (cl.5)	복수 (cl.6)	뜻
a.	_gari	magari	'바퀴 있는 손수레'
	_limau	malimau	'레몬'
	_tunda	matunda	'과일'
	_shamba	mashamba	'농토'
	_vuno	mavuno	'추수'
b.	_jivu	majivu	'재'
	_jina	majina	'이름'
	_jipu	majipu	'농양'

(9a)의 예들은 어근이 2음절 이상일 때이며 쉽게 ji가 탈락했다. 반면 (b)의 예에서 보면, ji가 없다면 단음절어가 될 위험이 있다. 그래서 다른 곳에서는 떨어져 나가던 접두사가 여기서는 살아남아있다. 그래서 이들 단어들은 ji를 포함한 형태가 어근인 것처럼 보이고 그렇게 취급된다. 그래서 복수형에도 ji를 유지하고 ma도 붙이게 된다.

도표 (10)의 예들은 앞의 자료와 약간 다른 면이 있다. 여기서는 단수와 복수형 모두에서 어근이 단음절 같이 보이는 예들이다.

(10)	단수 (cl.5)	복수 (cl.6)	어근	뜻
a.	jiwe	mawe	we	'돌'
	jicho	macho	cho	'눈'
	jifya	mafya	fya	'요리에 쓰는 돌'
b.	jiko	meko	iko	'부엌'
	jino	meno	ino	'치아'

(10a)의 예들은 단음절 어근을 가지고 있고 그 복수형도 마찬가지다. 반면 (b)의 예에서는 명사어근이 단음절이 아니라 모음으로 시작하는 2음절임을 알 수 있다. 복수형태소 ma에다 iko가 붙었을 때 두 모음이 융합하여 /e/가 되어 meko가 됨을 알 수 있다. 모음융합이 일어났음에도 불구하고 2음절어를 유지하기 때문에 문제가 없다.

명사부류 5에 속하는 어휘 중에는 아주 큰 것을 가리키는 것들이 있다. 거대형 (Augmentative) 어휘를 만드는 방법은 주로 명사부류 접두사를 떼는 것이다. 그래서 여러 명사부류에서 가져온 낱말을 써서 만드는데 이러한 과정에서도 최소단어요건을 지키려는 노력을 엿볼 수 있다.

(11)	거대형 단수 (cl.5)	일반형	명사부류	뜻
	_gongo	mgongo	3	'뼈대'
	_bofu	kibofu	7	'쓸개'
	_boko	kiboko	7	'하마'
	_dege	ndege	9	'새'
	_goma	ngoma	9	'북'
	_bavu	ubavu	11	'갈비'
	_bawa	ubawa	11	'날개'

(11)의 거대형 예는 모두 명사부류 접두사가 생략되었다. 원래 명사어근은 3, 7, 9, 11 등 다양한 명사부류에서 온 것들이다. 반면, 거대형 어휘는 접두사가 없기 때문에 보통 명사부류 5에 속하고 그 복수는 6에 속한다. 이렇게 한 음절이 탈락함에도 불구하고 모두 2음절을 유지한다.

다음 예에서는 명사형 어근이 단음절일 경우와 모음으로 시작할 경우이다. (12a)의 경우 원래 접두사는 9형으로 N이 있어 mbwa였으나 이것이 떨어지고 ji가 덧붙어서 jibwa가 된 것이다. 같은 방식으로 kisu는 접두사가 7형으로 ki였으나 이것이 떨어지고 똑같이 ji가 붙었다. 이와 같이 1, 3, 7, 9형의 명사에서 접두사가 떨어져 나가고 다시 5형 접두사가 추가되는 현상을 볼 수 있다.

(12)	거대형 (cl.5)	일반형	명사부류	오류형	뜻
a.	jitu	mtu	1	*tu	'사람'
	jiji	mji	3	*ji	'도시'
	jiti	mti	3	*ti	'나무'
	jito	mto	3	*to	'강'
	jisu	kisu	7	*su	'칼'
	jinywa	kinywa	7	*nywa	'큰 입'
	jibwa	mbwa	9	*bwa	'개'
b.	jivi	mwivi	1	*wivi	'도둑'
	joto	moto	3	*woto	'불'
	jungu	chungu	7	*yungu	'요리 그릇'
	jura	chura	7	*yura	'개구리'
	joka	nyoka	9	*yoka	'뱀'
	joshi	moshi	9	*woshi	'연기'
	jumba	nyumba	9	*yumba	'집'

반면, (b)의 예들은 같은 명사부류에서 왔지만 어근이 모음으로 시작하기 때문에 접두사 j만 추가되었다. (a)에서 ji가 추가된 것은 이 언어의 최소단어가 2음절은 되어야 한다는 요건을 지키기 위함이고, (b)에서 j가 남아있는 것은 음절 시작에 초성 자음을 유지하기 위함이다.

다음 (13)은 형용사에서도 똑같은 현상이 일어남을 보여주는 예들이다. 명사구를 형성할 때 형용사는 보통 명사 뒤에 온다. 이때 명사와의 일치(Concord)를 위한 접두사가 필요하다.

(13)　　　명사　　　　　　형용사　　　　　　뜻
　　a.　somo　　　　　　__baya　　　　　　'나쁜 과목'
　　　　masomo　　　　　mabaya　　　　　'나쁜 과목들'
　　b.　somo　　　　　　jingine　　　　　　'다른 과목'
　　　　masomo　　　　　mengine　　　　　'다른 과목들'
　　c.　somo　　　　　　jipya　　　　　　'새 과목'
　　　　masomo　　　　　mapya　　　　　'새 과목들'

이 예들을 보면 (13a)에서는 형용사가 명사부류 5형의 뒤에 올 때 ji가 탈락한다. (b)에서는 형용사어간이 모음으로 시작하기 때문에 자음 j가 필요하다. 반면, (c)에서는 어근이 모음으로 시작하지 않았지만 ji가 떨어져나갈 경우에 남은 형태가 너무 작아진다. 즉 2음절이 되지 않기에 이것을 피하기 위해 ji를 유지한다. 이와 같은 단음절 형용사어간은 pya 외에도 pi '어느', ke '여자의' 등이 있다.

6.6. 형태소 연접

Hagberg(1992)는 북서멕시코에서 쓰는 우토아즈텍어족(Uto-Aztecan)의 한 언어인 마요(Mayo)에서 형태소 연접(Cliticization)에 대한 이론을 보여주었다. 이 언어에는 단모음은 1모라를 가지고 장모음은 2모라를 가진다. 그러나 장모음은 기저형에 존재하지 않는 것으로 여겨진다. 그러나 겹모음으로 된 모음은 두 음절에 속한 모음으로 본다. 그래서 다음 자료에서 보듯이 단음절 단모라 형태의 감탄사는 올바른 표현이 아니고 길어진 형태만 허용된다.

(14)　　감탄사　　오류형　　뜻
　　　　kee　　　　*ke　　　　'아직'
　　　　hee　　　　*he　　　　'예!'

그런데 이 언어에는 이러한 기능어적인 요소들은 문장에서 사용될 때 다른 형태소와 결합하는 연접이 일어난다. 그럴 경우 원래의 단모음 또는 단모라의 형태가 유지된다.

(15)　　　　장모음　　　　　　　　　뜻

　　　a.　　kaá　　　kóʔokore.　　　'그는 아프지 않다'

　　　　　no　　　　be sick

　　　　　ka-tím　　kóʔokore.　　　'그 사람들은 아프지 않다'

　　　　　no-they　　be sick

　　　　　ká-k　　　waánte.　　　'그는 아무 아픔도 못 느낀다'

　　　　　no-Loc.　　feel pain

　　　b.　　neé　　　bítcha.　　　'그가 나를 본다'

　　　　　me　　　　sees

　　　　　ne-chím　　bítcha.　　　'그 사람들이 나를 본다'

　　　　　me-they　　see

　　　c.　　wée　　　béchiʔibo.　　　'가려고, sg.'

　　　　　go　　　　for

　　　　　wé-ye　　　　　　　　　'가다, sg.'

　　　　　go-Pres.

(15a-c)의 칫째 문장에서 독립적으로 사용될 때에는 kaá, neé, wée처럼 두 음절 또는 두 모라로 나타나고 (a)의 둘째와 셋째 문장에서처럼 다른 형태소와 결합할 때는 ka-tím처럼 ka가 단모음이지만 다른 대명사 형태소 tím과 결합하여 2음절을 만든다. 둘이 합쳐져서 최소단어의 음보를 이루게 되었다.

이와 같은 현상은 스와힐리어에서도 찾아볼 수 있다. 스와힐리어에 ndi라는 단음절 어로 '이다'라는 뜻의 동격 연결어 즉 계사(Copula)가 있다. 영어의 be 동사와 비슷한 기능을 한다. 이 단어는 혼자 쓸 수 없고 다른 형태소와 연결해야만 한다. '그건 주마다'라는 문장은 (Yeye) ndiye Juma인데 이렇게 하여 작은 형태소를 크게 하는 방식이다. 다음 예에서 보면 ndi와 붙을 수 있는 요소들이 명사부류에 따라 각각 다른 단음절어가 있다. 또한 이 ndi는 이런 단음절어와만 결합하고 긴 형태소나 어휘와는 연결되지 않는다. 그때는 ndi가 아니라 그냥 ni라는 다른 계사가 사용된다. ndi와 같이 와서 2음절 최소단어를 만드는 대명사 형태소 일람표는 5.2.5의 (35c)에 있다. 근칭대명사의 둘째 음절인데 ndi 다음에 붙이면 (16)과 같이 된다. 명사부류 1/2는 사람을 가리키므로 인칭에 따라 달라진다.

(16) a.   명사부류 1/2   ndi-인칭대명사

인칭	단수	복수	뜻
1st	ndi-mi	ndi-si	'그것이 나/우리다'
2d	ndi-we	ndi-nyi	
3rd	ndi-ye	ndi-o	

b.   다른 명사부류

	단수	복수
3/4	ndi-o	ndi-yo
5/6	ndi-lo	ndi-yo
7/8	ndi-cho	ndi-vyo
9/10	ndi-yo	ndi-zo
11/10	ndi-o	ndi-zo
15	ndi-ko	
16	ndi-po	
17	ndi-ko	
18	ndi-mo	

반면, 다음 (17a-b)의 예에서 보듯이 '아니다'의 뜻인 계사 si도 마찬가지로 단음절어 형태소와 연접한다. 이 부정문을 만드는 계사는 단음절어뿐만 아니라 다음절어와도 사용된다. (17c-d)에 있는 접속사 na와 ndi도 다른 작은 형태소와 연접하여 길이를 늘였다. 특히 시적 표현에 많이 쓰인다.

(17)　　　수의적 연접　　　　　　출처　　　　　　뜻

    a.　Mimi <u>sie</u> mwivi...　　← si 'is not'　　'나는 도둑이 아니다...'

    b.　Kanama! <u>sio</u> mu...radi　← si 'is not'　　'아뿔사! 그것은 소용이 없다...'

    c.　Kambe <u>nao</u> watambule...　← na-o 'and'　　'말하고 이해하게 해라...'

    d.　Shamba <u>nda</u> mtu mvuli...　← ndi ya 'is of'　　'그 땅은 그 젊은이 것이다...'

(17a-b)에서 보이는 si 다음의 모음들은 계사 si가 너무 짧아서 추가적으로 사용된다. 먼저 (a)의 경우 주어에 맞추어 명사부류 1의 사람 중에 1인칭이나 3인칭을 지칭하는 ye를 줄여서 e를 붙였다. (b)의 경우는 o가 붙었는데 명사부류 1 중에서 3인칭 복수 대명사 wa<u>o</u> '그들'에서 보듯이 끝에 o가 있는데, 다른 명사부류 예를 들면 3형 접두사 m이나 11형과 14형의 u는 지시적 형태소로는 o를 쓴다. 관계대명사에서도 o를 쓴다. si는 기능어이기 때문에 꼭 2음절을 만들 필요는 없지만 낭송체의 문장에서 자연스럽게 모음을 추가하여 문장에 따라 si<u>e</u>나 si<u>o</u>로 써서 음률을 맞춘다. (c)의 nao도 접속사 na를 (b)에서 활용한 같은 출처의 모음을 사용하여 길이를 늘였다. na와 o가 합쳐서 nao가 되거나 na와 ye를 합쳐서 naye '그 사람과 함께'가 된다.[14] (d)의 nda는 ni의 다른 발음 ndi에 연결사 ya가 붙은 경우이다. ndi-ya에서 활음인 y가 떨어져서 nda가 되었는데 이것은 /n.da/로 재음절화되어 두 음절이 된다.

6.7. 사라진 명사부류 12의 ka의 보전

스와힐리어에는 명사부류가 20개였다고 추정되지만 생산성이 있는 명사부류는 보통 16개라고 한다. 이 언어에서 거의 사라졌지만 특이한 접두사 ka를 몇 단어에서 찾아볼 수 있다. 이것들은 명사부류 16개에 포함되지 않지만 분명히 고유어에 붙은 접두사라고 추측할 수밖에 없고 또 다른 방언이나 인접어에서도 그렇게 쓰이기 때문에 명사접두사로 볼 수밖에 없다. 특히 12형인 ka가 아직 몇몇 어휘에서 발견되고 그 뜻은 '아주 작다'이다.

---

14) 명사부류별 대명사의 약칭으로 쓰이는 단음절 형태소는 5.2.5의 (35d)에 있다.

(18)　　　명사　　　　출처　　　　형태소 성분　　　일반형　　　뜻 (아주 작은)

	명사	출처	형태소 성분	일반형	뜻 (아주 작은)
a.	kamwe	ka-mwe	(cl.12-one)	moja	'하나'
	cf. kumwe	ku-mwe	(cl.17-one)		'한 곳 (cf. ku-moja)'
	cf. pamwe	pa-mwe	(cl.16-one)		'같이 (cf. pa-moja)'
b.	kale	ka-le	(cl.12-that)	ku-le	'저기'
c.	kanywa	ka-nywa	(cl.12-drink)	ki-nywa	'음료수'
d.	kawe	ka-we	(cl.12-stone)	ki-ji-we	'돌'

(18a)에서 보듯이 ka를 가진 명사어근이 몇몇 있는데 극히 제한적이다. mwe가 '하나'라는 뜻을 가지고 있지만, 이것이 다시 ka와 붙으면 '겨우 작은 하나'라는 뜻이 되고 '작은 어느 곳'도 된다. (b) kale는 '옛날 어느 아득한 곳'이란 뜻인데 옛날이야기 할 때 "Kale pale palikuwa na simba mmoja mkubwa"라고 하면 "옛날 옛적 갓날 갓적에 큰 사자 한 마리가 살았거든"처럼 쓰인다.[15] (c-d)에서는 이와 관련한 명사어근이 다른 명사부류에 속해서 접두사를 가지고 있기도 한데, '작다'는 뜻에 사용하기 위해 그 접두사를 버리고 ka를 채택했다. jiwe '돌 하나'와 mawe '돌 여러 개'가 2음절을 맞춘 최소단어로 쓰이고 있었는데 더 작은 돌을 가리키는 kawe가 생겼다.

6.8. 역사적으로 굳은 접두사

단음절어 어근은 역사적으로 결합이나, 모음삽입, 이중접사 등의 형태로 굳은 경우가 많다. 이미 접사가 붙은 상태에서 이것을 기본형으로 인지하여 또 다른 접사가 붙어서 결국 이중으로 접사가 붙는 경우들이다. 다음 자료에 보면 먼저 기저형 또는 어근은 단음절어이다.

---

15) palikuwa na simba mmoja mkubwa는 {cl.16-pst-Vinf-be Conj cl.1-lion cl.1-one cl.1-big}로 구성되어 있다. 사자를 인격화하여 명사부류 1로 했다.

(19)	파생어의 파생어	기저형	이중접사 성분	뜻
a.	wa-nne	ne	cl.2-cl.9-four	'넷'
b.	fa-a	f(w)a	Vr-epenth	'맞다'
	fan-an-a	f(w)a	be fitting-rcp-rcp	'닮다'
c.	ki-vita	ta	cl.7-cl.8-throw	'싸움'
	ku-kuta	ta	cl.15-cl.15-throw	'만나다'
	ku-kutana	ta	cl.15-cl.15-throw-rcp	'만나다'
d.	ki-lifu	fu	cl.7-cl.5-stomach	'위장'
e.	chini	chi	ground-locative	'아래'
	pwani	pwa	beach-locative	'해변에'
	pwaa, mapwa, upwa		beach-V, cl.5-beach, cl.14-beach	'해변'
f.	manukato	(n)to	smell-well	'향수'
	kazimbi	wi	work-bad	'나쁜 일'
	nyamafu	fu	meat-dead	'죽은 동물'
	kamilifu	fu	exact-complete	'완전하게'

예를 들면, (19a)의 첫 단어의 어근은 ne '넷'이다. 그런데 독립적으로 숫자를 셀 때 여기에 보통 9형 접두사 N이 붙어 nne가 된다. 이렇게 붙은 접두사가 마치 기본형인 것처럼 보이게 된다. 그렇게 된 것은 최소단어인 2음절이기 때문이다. 그런데 다른 명사부류의 형용사로 사용될 때 그 명사와의 일치를 위한 접두사를 추가로 붙이게 되는 경우이다. 그래서 wane가 아니라 wanne가 되어 명사부류 접두사 2형과 9형이 나란히 붙은 모양을 가지게 되었다. (b)의 경우 '상호형(Reciprocal)' 형태소 an이 이미 붙어 있는데 다시 an이 붙어서 fana가 아니라 fanana가 되었다. (c-d)의 경우에도 ta나 fu가 기본어근인데 거기에 이미 vi나 ku나 li가 붙어서 명사가 되었으나 너무 짧아 이것이 어근인 줄 착각하여 다시 그 앞에 명사접두사 ki나 ku가 붙게 되었다. (e)의 경우에는 장소를 가리키는 ni가 붙어서 만드는 경우이다. ni가 없어도 자체로 장소를 가리켰으나 이제 ni가 붙은 것이 기본형이 되었다. 접미사 ni가 떨어진 형태는 a, ma, u 같은 또 다른 접사를 붙여야 한다. (f)의 경우 manuka-nto '좋은 냄새, 향수' 혹은 kazi-mbi (< kazi-N-wi) '나쁜 일' 등으로 결합한 형태인데 마치 이 마지막 형태소는 항상 붙어 있는 형태소

같이 보인다. 그 자체가 최소단어를 형성할 수 없기 때문이다. 즉 2음절어가 되지 못해서 이런 명사에 붙어 있다.

6.9. 동사 부정사 접두사 ku의 보전

스와힐리어의 최소단어요건을 지키려는 여러 가지 효과들 중에 자주 소개되었던 것은, 단순 시제 긍정 평서문과 보통의 명령문에서의 단음절 동사의 행동이다. (20a-d)는 현재형 평서문에 있는 동사구의 모양에 관한 것이며, (20e-h)는 명령문에서 단음절 동사가 마지막 모음까지 합쳐서 2음절을 만들기 위해 보이는 행동에 관한 것이다. 평서문이나 명령문에서 동사어간이 2음절 이상이면 거기에 주격접사와 시제접사를 붙여서 만든다. 먼저 (a-d)의 각 문장에 한 가지 차이점은 동사의 길이가 다르다는 것이다. (a)는 동사어간이 la로 단음절어이다. 반면 (b) kaa는 2음절이고 (c) andika는 3음절이다. 반면 (d) pa는 단음절이지만 수동 파생형이 되어 pewa로 2음절이다.

(20) a. sbj- pres- [Vinf-Vs]
         *Ni- na- [la].
         Ni- na- [ku- la].
         '나는 밥 먹는다'

     b. sbj- pres- [Vinf-Vs]
         Ni- na- [kaa].
         *Ni- na- [ku- kaa].
         '나는 앉아 있다'

     c. sbj- pres- [Vinf-Vs] obj
         ni- na- [andika] barua.
         *Ni- na- [ku- andika]   barua.
         '나는 편지를 쓴다'

     d. sbj- pres- [Vinf-Vr-pass-fv] obj
         Ni- na- [p- ewa]   pesa.
         *Ni- na- [ku- p- ewa]   pesa.
         '나는 돈을 받는다'

e.   Vinf-   Vs   obj

Vinf-	Vs	obj
*[	La]	chakula!
[Ku-	la]	chakula!

'밥 드세요!'

Vinf-	Vs	obj
[	Soma]	kitabu!
*[Ku-soma]		kitabu!

f.

'책 읽으세요!'

Vinf-	Vs	obj
[	Andika]	barua!
*[Ku-andika]		barua!

g.

'편지를 쓰세요!'

obj-	Vs	Adv
*[	La]	upesi.
[Ki-	la]	upesi.

h.

'어서 드세요!'

여기서 보듯이 [ ] 범주 안의 동사의 길이가 모두 2음절 이상이 되어야 적격의 문장이 된다. (20a)에서는 la 자체로는 비문법적인 문장이 된다. 그래서 부정사를 만드는 명사부류 접두사 15형 ku를 가져와서 동사어간을 늘이는 작업을 했다. 늘인 어간과 마지막 모음이 합쳐져서 2음절이 되었다. 여기서 부정사를 만드는 접두사를 사용하였지만 부정사의 뜻을 가지지는 않는다. 다른 경우 즉 (b-d)의 경우에는 ku가 필요하지 않다. 이미 동사어간이 충분히 크기 때문이다. 이 같은 ku의 필요성은 시제에 따라 다른데, 긍정문이면서 na, li, ta, me, mesha, ngeli, nge의 시제의 경우는 단음절 동사는 ku가 필요하며, 부정문과 ki, ka, hu 시제의 경우는 단음절어에도 ku가 필요없다. 의미나 운율, 강세 등의 차이 때문인 것으로 보인다.

(20e-h)의 명령문에서도 마찬가지 원리가 적용된다. 스와힐리어에서 명령문은 보통 (f-h)처럼 동사어간을 그대로 쓴다. [ ]로 범주가 된 동사의 길이가 최소 2음절이 되지 않으면 2음절이 되도록 단음절 동사어간을 늘인다. (e)의 동사어간이 la로 단음절이다. 그래서 여기서도 명사부류 접두사 15형 ku를 덧붙였다. 최소단어요건을 충족하기 위한 방법이다. (f-g)는 동사가 2음절 이상이기 때문에 그 자체로 명령문을 구성한다. (h)의 문장에는 어간은 단음절이지만, 그 앞에 있는 명사부류 7의 목적격 접두사 ki 때문에 동사의 길이가 2음절이 되기 때문에 ku가 필요없다. 이같이 목적격 접사나 부정사 표지

를 포함한 [ ]로 표시된 범주를 단순 동사어간보다 크다고 하여 확대어간(Macro-Stem)이라고 하기도 한다.16)

　　Nurse & Hinnebusch(1993: 149)는 ku가 단음절어에서 추가된 것이 아니라 원래 붙어 있었는데 역사적으로 탈락한 것으로 본다. 그 예로서 옛 문헌에 farasi zilikupita '말들이 지나갔다'라는 표현이 A.D.1740년의 기록에 있는데 ku가 다음절어에도 붙어 있음을 통해 알 수 있다. 또한 다른 방언에서도 비슷한 모양을 볼 수 있는데 카구루(Kaguru) 방언에서도 nikugula '내가 (무엇을) 산다'로 다음절 동사에 ku가 있다. 현재시제의 경우 모든 동사에 ku가 사용되다가 언젠가부터 긴 음절어의 경우 탈락시키는 습관이 생긴 것으로 보인다. 현대어에서는 ku의 유지가 최소단어효과에 의한 것임을 알 수 있다. 이에 대한 최적성 분석은 다음 장 7.2에 있다.

6.10. 모음첨가

Ito(1989)에 따르면 모음첨가는 어떤 규칙으로 생기는 것이 아니라 운율적 원인에 의한 것이라고 주장했다. 모음첨가는 어두음첨가(Prothesis), 어중음첨가(Epenthesis), 어말음첨가(Paragoge)가 있다. McNally(1990)은 레소토(Lesotho)에서 쓰는 반투어 세소토(Sesotho)라는 언어의 명령형의 구조를 통해 최소단어효과를 분석하였다.

	(21)	동사	명령문	오류형	뜻
	a.	reka	reka		'사다'
		baleha	baleha		'도망치다'
	b.	ja	eja	*ja	'먹다'
		nwa	enwa	*nwa	'마시다'

---

16) Meeussen(1967), Kisseberth(1984), Myers(1987) 등에 이어 Mutaka(1990), Downing(2001), Jones(2011), Cook(2013) 등에서 반투어의 Macro-Stem의 존재, 개념, 구조, 적용에 대해 논의가 있었다.

위의 (21)에서 보듯이 명령문을 만들 때 동사가 2모라가 되지 않을 경우, 형태소 앞에 모음 /e/를 하나 추가한다(Prothesis).

같은 세소토에서 동사에서 의태어를 만들 때도 (22)에서 보이듯이 똑같이 모음을 추가한다. 이 언어에서 의태어는 모음 /i/로 끝나는데 모음을 하나만 넣은 것이 아니라 (b)의 경우에는 최소 2모라를 만들기 위해 둘을 넣어 jii와 nwii를 만들었다.

(22) | 동사 | 의태어 | 오류형 | 뜻 |
|---|---|---|---|
| a. | kena | keni | | '들어가다' |
| | hlohlora | hlohlori | | '흔들어버리다' |
| b. | ja | jii̱ | *ji | '먹다' |
| | nwa | nwii̱ | *nwi | '마시다' |

치쇼나(Chishona)에서 수동형 어미는 (23a)에서 보듯이 보통 어간의 끝인 /y/ 다음에 는 같은 활음인 /w/와 공명성이 충돌되고, 또 /w/ 다음에 다시 /w/를 쓸 수 없기 때문에 모음을 넣어서 연결하고, (b)에서처럼 자음 다음에는 wa가 들어간다. 반면, (c)의 첫 번째 동사는 어간이 /i/ 하나만 있어서 모음조화에 따라 iwa를 넣어 ííwá가 되었다. 그런 데 (c)의 두 번째 동사어간처럼 단음절일 경우 자체적으로 어미 모음 말고는 모음이 없기 때문에 Cwa로 되어 최소단어의 규모가 되지 못한다. 그래서 이것을 극복하기 위해서 사이에 모음을 하나 넣어 iw를 넣는다(Myers 1987: 129, Myers 1994).

(23)	수동형	뜻
a.	téyéwá	'갇히다'
	pfúwíwá	'들어 올려지다'
b.	ɓátw̱á	'잡히다'
	ripw̱a	'지급받다'
c.	ɗiwá	'사랑받다'
	píw̱á	'받다'

필수적인 모음첨가가 동사어간의 음운적인 자질 때문이 아니라 동사의 크기에 따라

결정된다. 다시 말해 단모음 음절의 음운현상이 운율형태론적으로 조건이 결정된다. 이런 현상은 스와힐리어와 치쇼나(Chishona)에 이웃한 치체와(Chichewa), 루간다 (Luganda), 시스와티(Siswati)에서도 발견된다.

다음 (24)도 치쇼나의 예인데, 여러 가지 다른 문법 성분에서도 비슷한 현상이 일어 남을 보여준다.

(24)	품사	모음첨가	뜻	참조	뜻
a.	동사	ibvá	'떠나라!'	á-ká-bvá	'그가 떠났다'
b.	형용사	itsvá	'새로운, cl.9'	mu-tsvá	'새로운, cl.3'
c.	명사	ishé	'우두머리'	vá-she	'우두머리들'
		imbá	'집, cl.9'	mu-mbá	'집에서'
d.	대명사	isú	'우리'	se-sú	'우리처럼'

(24a)는 동사어간 자체로 명령문을 만드는데 동사어간이 너무 짧은 경우에는 그 형태소 를 늘이기 위해 모음을 첨가한다는 것을 보여준다. 형용사나 명사, 대명사에서도 독립 적으로 쓰일 경우에 꼭 모음첨가를 해서 일정 크기 이상을 유지한다.

또 다른 언어인 시스와티에서도 단어나 어떤 어간이 최소한의 크기가 되어야 하는데 두 음절 이상이다. Hyman(1992)은 이 언어에서 나타나는 최소단어효과에 대해 분석했 는데, 일반적인 문장의 동사구조는 항상 다른 접사와 함께 하기 때문에 문제가 되지 않는다고 하였다.

(25)　　　명령형　　　　　부정사　　　　　　뜻

    a.　　bona　　　　　kubona　　　　　'보다'

        bala　　　　　kubala　　　　　'헤아리다'

        lima　　　　　kulima　　　　　'밭갈다'

        limela　　　　kulimela　　　　'뭘 하려고 밭갈다'

    b.　　ɣan<u>i</u>　　　　kuya　　　　　'가다'

        kʰan<u>i</u>　　　kukʰa　　　　　'줍다'

        ban<u>i</u>　　　　kuba　　　　　'-이다'

        tsʰan<u>i</u>　　　kutsʰa　　　　'말하다'

        ðan<u>i</u>　　　　kuða　　　　　'먹다'

그러나 명령문은 동사어근과 어미 a로만 만들기에 (25a)처럼 2음절 이상의 어간이 있을 경우 어간 자체로 명령 동사를 만들지만 (b)와 같은 단음절 동사의 경우 확대시켜야 한다. 그래서 (b)에서는 근거가 분명하지 않고 아무 의미 없는 음절 ni를 추가한다. 이 ni는 보통 복수 명령문에 쓰는 것이다.[17]

치체와의 동사 부정사와 명령문에서도 앞의 예와 비슷한 모음첨가가 일어난다. Kanerva(1990: 40-43)에 따르면 치체와는 단어 끝이 꼭 두 음절의 음보로 되어 있어야 한다. 반면, Kulemeka(1993: 112-133)에 따르면 이 언어에서 의성어, 의태어들은 최소 2모라가 되어야 한다. 이같이 한 언어 안에서 음절요건과 모라요건이 다를 수도 있다. 다음 도표를 보면 (26a)의 경우 명령형에서 동사어간이 단음절일 경우 첫 음절의 모음이 추가되었다. 즉, dya가 아니라 iidya가 되었다.

---

17) 스와힐리어에도 soma '읽으세요'와 someni '여러분 읽으세요.'처럼 eni를 쓴다.

(26)	명령형	부정사	뜻
a.	iidya	kuú-dya	'먹다'
	iigwa	kuú-gwa	'넘어지다'
b.	iika	ku-íika	'놓다'
	iimba	ku-íimba	'노래하다'

(26a-b)에 들어간 부정사 접두사도 길이가 다른 음절을 사용한다. 부정사를 만들 때 (a)에서는 동사어간이 단음절 단모라이기에 그 앞의 음절을 두 모라를 가진 음절 kuú가 되게 하였다. 반면, (b)에서는 마지막 두 음절이 이미 2음절 요건을 갖추었기 때문에 그 앞 음절 즉 ku를 단모라로 충분하다.

지금까지 몇몇 반투어에서 일어나는 모음첨가 또는 음절 추가 현상을 보았다. 음절을 추가할 수 있으면 추가하고 그렇지 못할 경우는 모음을 늘이거나 첨가하여 음절을 늘이거나 모라를 늘이는 방식을 취하였다. 모두 그 언어의 최소크기요건을 충족시키기 위함이었다. 동사어근 자체에 최소크기 요건이 있는 것이 아니라 동사어간에 주로 최소크기요건이 있다. 그래서 모음을 더하거나 음절을 더하여 일정한 크기 이상의 어간을 만든다.

스와힐리어에도 이와 같이 여러 가지 모음첨가를 찾아볼 수 있는데 이는 모두 2음절을 구성해야 하는 최소단어효과 때문이다. 다음 (27)의 예들은 대명사의 감탄형의 모양이다. 원래 대명사 여섯 개 중에 3인칭 복수만 빼고 다섯 개가 같은 음절의 반복으로 만들어져 있다. 감탄형은 이 한 음절을 채택하고 모음을 앞이나 뒤에 첨가하여 만든다.

(27)	감탄형 대명사	오류형	일반 대명사	뜻
	mie	*mi	mimi	'나!'
	wee	*we	wewe	'너! sg.'
	ewe	*we	wewe	'너! sg.'
	sie	*si	sisi	'우리!'
	nyie	*nyi	nyinyi	'너희들! pl.'
	enyi	*nyi	nyinyi	'너희들! pl.'
	yee	*ye	yeye	'그 사람!'

두 번째 열에 있는 형태는 최소크기를 유지하지 못했기 때문에 잘못된 형태이다. 첫 번째 열에 있는 대명사를 보면 mie, wee, sie, nyie, yee처럼 다섯 가지가 단음절 뒤에 모음첨가(Paragoge)를 했고, ewe, enyi처럼 두 개는 음절 앞에 모음첨가(Prothesis)를 했다.

앞에서 다른 언어에서 수동형을 만들 때 매개모음을 추가한다는 것을 보았는데, 스와힐리어에서도 마찬가지다. 수동형태소는 w이다. 그런데 (28a)에서처럼 두 음절을 가진 어근의 경우 규칙적으로 w를 붙인다.

(28)		어간	수동형	뜻
	a.	nepa	nepwa	'처지다, 꺼지다'
		acha	achwa	'그만두다'
		danganya	danganywa	'속이다'
		pika	pikwa	'요리하다'
	b.	pa	pewa	'주다'
		cha	chewa	'동, 새벽'
		nya	nyewa	'방울방울 떨어지다'
		la	liwa	'먹다'

그런데 (28b)에서와 같이 단음절 동사일 경우에는 수동형이 매개모음을 가진다. 그것이 어떤 경우는 i이고 어떤 경우는 e이다. 이 둘이 왜 다르게 나타나는지 설명이 불가능하다. 원래 모음이 없기에 모음조화가 원인이 되지 않는다. 그러나 학자들은 단음절 동사어근도 원래 고유한 모음인 i나 e가 있었을 것이라고 주장한다. 이미 앞에서 치체와, 루간다, 치쇼나, 시스와티 등등의 연구에서 비슷한 현상이 있음이 지적되었다.

6.11. 중첩어의 2음절 판형

6.11.1. 동사어간의 중첩

스와힐리어에는 다양한 형식의 중첩어가 있다. 먼저 동사의 경우 아주 풍부한 중첩어가 있다. 중첩어의 의미는 반복되거나, 지속되거나, 강화되거나, 감소되거나, 방향이 없는 행동을 표현할 때 쓴다. 먼저 동사를 중첩하는 방법 중에 흔한 것으로 동사어간 자체를 통째로 중첩하는 것이다. 중첩하는 판형(Template)이 동사 전체인 경우이다.

(29) a. 중첩어　　　　　　　동사어간　　　　　어간 뜻

　　　　　uma-uma　　　　　　uma　　　　　　　'물다'

　　　　　tazama-tazama　　　tazama　　　　　　'보다'

　　　　　inuka-inuka　　　　inuka　　　　　　 '일어나다'

　　　　　pinda-pinda　　　　pinda　　　　　　 '접다'

　　　　　vunga-vunga　　　　vunga　　　　　　'구기다'

　　　　　yonga-yonga　　　　yonga　　　　　　'흔들다'

　　　　　yua-yua　　　　　　yua　　　　　　　 '방황하다'

　　b. 중첩어　　　　　　　접두사-동사어간　　뜻

　　　　　ji-pinda-pinda　　　 ji-pinda　　　　　'저절로 접히다'

　　　　　m-binya-binya　　　m-binya　　　　　'그 사람을 꼬집다'

　　　　　m-geuza-geuza　　　m-geuza　　　　　'사람을 돌려세우다'

여기에서 보면 (29a)는 반복되는 기본형이 두 음절이나 그 이상이다. (b)는 먼저 중첩이 있고 나서 접두사가 연결된 모양이다. 한 가지 주목할 점은, 반투어의 키난데(Kinande), 시스와티, 치체와 등과 달리, 스와힐리어에는 inuka-inuka처럼 모음으로 시작하는 동사어간의 경우도 중첩하는 데 있어 자음을 더하는 등 특별히 다른 점이 없다는 것이다.

다음 (30)과 같이 중첩어가 단음절일 경우에는 앞에 결합된 접사를 같이 중첩하는 현상이 있다.

(30)	중첩어	오류형	부정사	뜻
a.	Vinf-Vs-Vinf-Vs	Vs-Vs	Vinf-Vs	
	kuja-kuja	*ja-ja	ku-ja	'오다'
	kula-kula	*la-la	ku-la	'먹다'
	kunywa-kunywa	*kunywa-nywa	ku-nywa	'마시다'
b.	obj-Vs-obj-Vs	obj-Vs-Vs	Vinf-obj-Vs	
	m-pe-m-pe	*m-pe-pe	ku-m-pa	'그 사람에게 주다'
	ni-pe-ni-pe	*ni-pe-pe	ku-ni-pa	'나에게 주다'
	ki-la-ki-la	*ki-la-la	ku-ki-la	'그것을 먹다'

(30a)는 부정사 접두사 ku가 단음절 앞에서는 붙어서 반복되기 때문에 중첩어 안에 ku가 들어가 있다. 이것은 2음절 이상인 경우에는 반복되지 않는 것과 대조된다. 또한 (b)의 예에서도 단음절 동사어간이 명령의 뜻을 가지는 가정법 접미사 e가 붙어 있더라도 여전히 단음절이기 때문에 목적격 접사 m, ni, ki를 각각 포함하여 반복함으로써 중첩어 사이에도 남아있게 된다. 결국 앞의 (29)의 예와 (30)의 예의 차이는 2음절 이상인 어간과 단음절인 어간의 차이에 따라 접두사를 반복할 것인지 안 할 것인지가 결정된다. 이는 단음절은 중첩어의 판형이 될 수 없다는 뜻이 된다. 이 판형은 운율형태론의 한 단위인 운율단어(Prosodic Word)가 되는 것이다. 결국 운율적 요인이 중첩어 형성에 중요한 요인이 된다는 것을 보여주고, 스와힐리어에서 2음절 기본 요건은 여전히 중요하다. 어간 하나만으로 2음절요건을 충족시키지 못할 경우 그 앞에 있는 부정사 접사나 목적격 접사를 먼저 접사로 만든 후에 그것을 포함하여 중첩을 하는 순서가 되어야 한다.

6.11.2. 부사 중첩어

스와힐리어에는 부사형 중첩어가 있다. 다음 (31)의 예들은 '이것'을 뜻하는 지시사에서 오는 부사어이다. 먼저 지시사는 명사부류에 따라 다르기 때문에 종류가 많다. 중복되는 것이 있어 다음 표와 같이 다른 것만 나열하였다. 지시사는 {h-V-cl.prefix}로 되어 있다. 즉 첫음절의 h 다음에 모음이 있는데 그 모음은 뒤에 오는 명사부류 접사의 모음을 복사하여 만든 것이다. 그래서 중간 모음이 똑같다. 이렇게 만들어진 지시사는 두 음절이 된다. 이 두 음절을 가진 지시사는 지시적 의미를 가진 부사어가 된다. 이때 반복되는 부분도 2음절이다. 다시 말해, 이 음절들은 지시어의 뒤 음절을 복사해 2음절짜리 판형을 만든다. 중첩어의 앞부분도 2음절이고 뒷부분도 2음절이 된다. 이 이유는 음운 단어가 이 언어에서는 2음절이기 때문이다. 그래서 (31)은 최소단어의 조건을 맞춘 반복형 판형을 접두사화하여 중첩어를 만든 경우이다.

(31)	명사부류	대명사 '이'	중첩어
	1	huyu	yuyu-huyu
	3	huu	uu-huu
	5	hili	lili-hili
	6	haya	yaya-haya
	7	hiki	kiki-hiki
	8	hivi	vivi-hivi
	9	hii	ii-hii
	10	hizi	zizi-hizi
	16	hapa	papa-hapa
	17	huku	kuku-huku
	18	humu	mumu-humu

6.11.3. CVC 중첩어

스와힐리어의 중첩어 중에 흥미로운 현상은 CVC 판형을 가진 경우이다. (32)와 같은 모양을 가진 형태소가 모라 두 개를 가진 단음절인지, 모라 하나씩 가진 두 음절인지에 대해 앞장의 음절론에서 다루었다.

(32)　　　중첩어　　　　　　　　　　　뜻

　　a.　　m-tip-tipi　　　　　　　'덩굴 식물 이름'

　　　　　m-gop-gope　　　　　　'설탕 사과'

　　　　　m-pil-pili　　　　　　　'붉고 흰 고추나무'

　　　　　m-kash-kashi　　　　　'식물 이름'

　　　　　chem-chemi　　　　　　'샘'

　　b.　　sem-sem　　　　　　　'참깨'

　　　　　sim-sim　　　　　　　 '참깨'

　　　　　sin-sin　　　　　　　　'이야기 주인공 이름'

　　　　　(salamu) kem-kem　　'여러 명에게 인사'

　　　　　(mambo ni) chap-chap　'일이 금방금방'

위에서 언뜻 보면 마치 무거운 음절 하나로 된 것 같이 보인다. 그러나 제4장의 음절론의 4.5에서 분석했듯이 이 언어에서는 모두 2음절로 본다. 그래서 CVC도 2음절의 모양을 가지고 있다. (a)에서 기본이 되는 tipi, gope, pili, kashi, chemi 등은 그대로 복사되지 않고 앞 세 분절음만 채택하였다. 물론 그 앞의 목적격 접사는 의미에 따라 수의적이다. 이 세 분절음으로 된 CVC는 CVCV와 기능이 같아서, mtipitipi, mgopegope, mpilipili, mkashikashi, chemichemi 등과 같은 형태이다. 둘 다 허용되는 중첩어이다. tip, gop, pil 등이 기저형이 아니라, tipi, gope, pili 등과 같이 끝 모음이 붙어있는 것이 기저형이 되어야 한다. 마지막 모음이 다르므로 모음이 추가된 것이 아니라, 원래 각각 다른 모음이 있었는데 탈락하고 CVC만 중첩을 위한 판형이 되어 접두사로서 그 앞에 붙은 것임을 알 수 있다. CVC는 CV.C로 재음절화하는데, 마지막 자음은 음절성을 가져서 2음절 중첩어 판형이 된다. 반면 (b)의 semsem, simsim, sinsin, kemkem, chapchap 등은 아무런 마지막 모음이 없다. 강세규칙 등을 고려할 때, 이들 중첩어도 같은 방식으로 음절을 나누는 것을 알 수 있기 때문에, 이 중첩어도 2음절짜리 판형을 반복한 것이 분명하다.

　　다음 (33)은 (32)의 단어 중 몇 개의 음절 모양을 보여주는데 중첩어의 판형은 CV나 C로 구성된 음절로 두 개씩 가지고 있다.

(33)	중첩어	뜻	중첩어	뜻
	m.ti.p.ti.pi	'덩굴 식물'	se.m.se.m	'참깨'
	m.go.p.go.pe	'설탕 사과'	cha.p.cha.p	'일이 금방금방'

6.12. 감탄사

보통 언어에서 감탄사는 이따금 언어 자체의 음운규칙이나 음소규칙, 운율규칙을 어기는 경우가 있다. 그러나 스와힐리어에서는 감탄사에서조차 지금까지 제시한 최소단어 요건을 엄격히 지키는 것을 볼 수 있다. 이같이 한 언어에서 가장 주변에 있는 낱말까지 이 요건을 지킨다는 것은 이 언어에 얼마나 이 요건이 강력히 시행되는지 증명하는 것이다. 2음절요건을 지키기 위해 여러 가지 방법을 써 왔지만 감탄사의 경우 주로 모음첨가를 사용한다. 반투어와 다른 언어에서 모음첨가를 활용하는 예는 여러 곳에서 확인할 수 있다(Batibo & Rottland 1992, Eastman 1983, 1992). 다음 (34)는 감탄사를 2음절을 만들기 위해 애쓴 모습을 볼 수 있는 스와힐리어의 예들이다.

(34)	감탄사	뜻
a.	buu	'조용히!'
b.	yaa	'아!'
c.	abe, ebee, bee, labe, lebeka	'예!'
d.	ala, ama, ati	'아이고, 하나님!'
e.	ebu, hebu, hela	'자, 자!'
f.	eti, ati	'여보세요!'
g.	ahi, aki, yahe	'동지들!'
h.	njoo, njoni, njooni	'이리 와!'
i.	ewaa, eewaa, eewala	'그렇고말고!'
j.	ehee, enheeee	'아!'
k.	ole, (Ole wangu, Ole wako)	'아, 이럴 수가!'

(34a)와 (b)의 경우 모음 하나를 뒤에 추가한 것으로 보이며, (c)의 경우 be가 기본형인데 여기에 앞이나 뒤에 모음이나 CV를 덧붙여 길게 만들었다. (d)의 경우 기본이 다르지만 모두 VCV의 형태를 가지도록 하여 두 음절을 만들고, (e)의 경우는 bu가 기본이 된 것도 있고 그렇지 않은 것도 보인다. (f)의 경우 앞의 모음이 서로 다르며, (g)의 경우도 두 가지 기본형에 모음을 더한 것이며, (h-j)는 모음을 길게 하거나 추가적인 음절을 끝에 붙인 것이며, (k)도 VCV를 가진 감탄사다. 스와힐리어의 기본 음절은 CV인데 감탄사는 이러한 모양을 가지지 못하고 V만 있는 음절이 상당히 많다. 비록 V 혼자서 음절을 이루는 것이 바람직하지는 않지만, 더 중요한 최소단어를 구성하기 위해서는 앞이나 뒤에 한 음절을 덧붙여야 했다. 감탄사의 의미 구분을 위해 사용된 본래의 자음을 존중하면서 단어의 크기를 늘이는 방법은 모음만 추가하는 것이다. 즉 최소단어요건은 그 무엇보다 중요한 운율형태소적 요건이다. 예외적으로 가끔 A!, E!, O!, Lo!라는 놀람을 뜻하는 감탄사가 쓰이기는 하지만 Aa!, Eee!, Oooo!, Loooo!가 보편적이다.

6.13. 방언과의 최소단어요건 비교

스와힐리어의 낱말이나 동사어간, 중첩어 기본형, 감탄사 등이 최소 두 음절을 가져야 한다는 것이 지금껏 자료를 통해 분명해졌다. 스와힐리어는 사바키어(Sabaki)라는 여러 방언과 언어 집합체의 한 요소이다. 표준 스와힐리어는 보통 웅구자어(Unguja)를 가리키는 것으로 잔지바르 섬 지역과 탄자니아 해변에서 쓰는 방언을 가리킨다. 이 표준언어와 달리 여러 방언에서는 다른 모양을 보인다. 여러 방언에서 두 음절짜리와 한 음절짜리가 섞여 있는 경우가 있고, 표준어에서는 엄격하게 지키던 2음절 요건이 방언에 따라 조금씩 다른 모습을 보여준다. 그런 점에서 이 요건은 1음절과 2음절 사이의 연속체 (Continuum) 위에 있는 여러 방언들의 낱말들을 비교함으로써 방언마다 어떻게 어느 정도 준수되는지를 관찰할 수 있다.[18]

---

18) 이 자료는 Nurse & Hinnebusch(1993: 616-655)를 참고하여 만들었으며 약자는 다음과 같다.
Am: Amu, Chi: Chifundi, Du: Duruma, El: Elwana, Gi: Giryama, Jo: Jomvu, LP: Lower Pokomo, Ma: Maore, Mak: Makunduchi, Mh: Mwali, Mn: Mwani, Mt: Mtang'ata, Mv: Mvita, Mw: Mwini,

(35) 　표준어　뜻　　2음절어　　　　　　　2음절/2모라 ~ 1모라　　1음절/1모라

	표준어	뜻	2음절어	2음절/2모라 ~ 1모라	1음절/1모라
a.	jivu	'재'	ivu (El, Mw, UP, LP, Gi, Du, ...) ivu, jivu (Mv, Pe)	vuu (Ng) jifu ~ vu (Nz)	vu (Mh, Ma)
	yai	'달걀'	iji (LP, Gi, ...)	ii/mai ~ i (Am, Pa, Vu) igi ~ gi (Pe)	
	jiwe	'돌'		jiwe ~ bwe (Mak)	bwe (Ng, Mh, Nz, Ma)
	(ki)lifu	'위장'	ifu (El, Gi, Vu)		fu (Ng)
	(ki)ini	'간'	ini (Many Dialects)		nye (Nz, Ng, Ma)
b.	m.bu	'모기'	m.bu (LP, Am, Mv)		bu (El)
	m.vi	'흰머리'	imvwi (Mn) m.vwi (LP)	nyuwi ~ wi (Gi)	
	n.to	'많이'	n.to (LP, Mw)		t^ho (Gi), tro (Ma)
	n.ne	'넷'			ne (El, Gi, Mn, Ng, Nz)
	n.swi	'물고기'	nisu (UP) inswi (Mn) isi (Ti)	séè ~ sii ~ sé (El)	swi (Mak, Vu, Mt, Pe), fi (Ma)
	n.zi	'파리'	indzi (Gi, Du) nindzi (LP)	n.zi ~ zi (Mak)	zi (Tu), gi (El)
	n.cha	'맨 위'	it^{h}a (Ti)		ts^{h}a (Gi) c^{h}a (Vu, Mak)
	n.chi	'나라'	it^{h}i (Ti)	n.t^{h}i ~ t^{h}i (Chi)	ts^{h}i (Gi, Du) c^{h}i (Mak, Tu, Mt)
	n.ge	'전갈'	ninge (LP) inje (Du)		ge (El)

Ng: Ngazija, Nz: Nzuani, Pa: Pate, Pe: Pemba, Ti: Tikuu, Tu: Tumbatu, UP: Upper Pokomo, Vu: Vumba

(35)의 자료는 명사부류 5와 9/10에 있는 자료들만 보여주었다. 이 두 명사부류에서는 명사부류 접두사가 종종 생략되거나 역사적으로 탈락되었다. 또한 여러 방언에서도 마찬가지다. (a)은 명사부류 5의 접사인 ji, li, i, Φ가 약간씩 다름을 보여주고, (b)는 명사부류 9/10의 N의 차이를 보여준다. 여기서 보듯이 첫째 열에 있는 것은 표준 스와힐리어의 형태로 모두 2음절을 갖추었다. 셋째 열에 있는 형태는 방언마다 조금씩 다르다. 즉 Elwana, Mwali, Upper Pokomo, Lower Pokomo, Giryama, Duruma에서는 jivu '재' 대신에 ivu를 쓰고, Mvita와 Pemba에서는 ivu와 jivu가 쓰인다. 즉 두 경우 모두 2음절요건을 갖추었다. (b)의 경우에도 표준 스와힐리어에는 m.vi로 2음절이고, Mwani에서는 im.vwi, Lower Pokomo에서는 m.vwi로 각각 두 음절 어휘로 사용된다. 그러나 네 번째 열의 예들과 마지막 열의 예들을 보면 최대 세 가지 다른 모양을 쓴다. Ngazija에서는 jivu대신에 vuu를 쓰고, Nzuani에서는 jifu와 vu 두 가지를 쓴다. 그러나 Mwali와 Maore에서는 vu로 단음절만 쓴다. 또한 mvi '흰 머리'를 Giryama에서는 nywi나 wi를 쓴다. 즉 이 언어에서는 단음절 단모라 형태도 사용된다. 마지막 열의 Elwana에서는 bu '모기'가 표준 스와힐리어의 두 음절짜리 mbu '모기'의 대신이다. 즉, 마지막 열에 있는 예들은 2음절 요건이 없는 방언들로서 Mtang'ata, Makunduchi, Pemba, Tumbatu, Vumba, Ngazija, Mwali, Nzuani, Maore, Elwana이다. 전체적으로 표준 스와힐리어를 중심으로 두 음절로 된 낱말을 요구하는 방언과, 단음절이면서 2모라를 요구하는 방언과, 단음절이면서 단모라를 허용하는 방언 등으로 구분할 수 있다. 이 마지막 경우의 방언에서는 어떤 낱말은 단음절 단모라 형태만 있고 대체형이 없는 경우도 있다. 이와 같이 스와힐리어의 여러 방언에서, 2음절 최소단어요건이 완전 준수와 미준수 사이의 연속체 위에 있는 여러 형태를 찾아볼 수 있다는 점에서 흥미롭다.

6.14. 방언별 대명사 차이

대명사가 방언마다 어떤 차이를 보이는지 확인하면 스와힐리어의 최소 2음절 요건이 얼마나 잘 준행되는지 알 수 있다. Nurse & Hinnebusch(1993)의 대명사 자료를 바탕으로 몇몇 방언의 경우만 요약 정리하면 다음 (36)과 같다.

(36)	음절유형	2음절	2음절 어두음첨가	2음절~2모라	2음절~1음절	1음절
	방언	표준 Swahili	Tikuu	Jomvu	Ngazija	Mwini
1sg.		mimi	imi	mimi ~ mii	mimi ~ mi	mi
2sg.		wewe	uwe	wewe ~ wee	wewe ~ we	we
3sg.		yeye	iye	yeye ~ yee	yeye ~ ye	ye
1pl.		sisi	isi	siswi ~ swii	sisi ~ si	si
2pl.		nyinyi	ini	ninywi ~ nywii	nyinyi ~ nyi	ni
3pl.		wao	ivo	wao	wa(w)o	wo

스와힐리어 대명사의 모양은 3인칭 복수 하나만 빼고 모두 CVCV로 되어 있어 mimi, wewe, yeye, sisi, nyinyi, wao와 같은데 마지막 것만 빼고 모두 같은 음절이 반복된 중첩어이다. Tikuu는 VCV형을 가지고 있는데, 이것은 어두음첨가에 의한 것이다. Jomvu는 CVCV나 CVV형을 가지고 있는데 CVV형은 2모라의 단음절임을 알 수 있다. Ngazija는 CVCV와 CV를 가지고 있어서 중간 단계를 보이고, 2음절이나 2모라의 요건이 없어 보이는 Mwini의 경우는 mi, we, ye, si, nyi, wo의 형태도 흔히 볼 수 있다. 스와힐리어 학자 Deo Ngonyani도 최근에는 스와힐리어 구어의 대명사에서 이런 형태를 어렵지 않게 찾을 수 있다고 말했다.

대명사에 있어서도 이렇게 다양한 모양을 찾을 수 있는 것은 표준 스와힐리어와 그 주변의 방언들 사이에 2음절 최소단어요건이 어떻게 지배하는지를 보여준다. 표준 스와힐리어에서는 2음절 최소단어요건이 지배하지만, Jomvu는 2모라 요건이 지배하며 Ngazija와 Mwani에서는 이러한 요건이 없는 것으로 이해할 수 있다. 이러한 요건의 차이를 두고 볼 때, 이 세 단계는 연속적인 변화를 보여주는 예이며 앞으로 어떤 언어가 어떤 방향으로 바뀔지 주목할 만하다.

지금까지 스와힐리어에 있는 최소단어요건이 어떻게 효과를 발휘하고 있는지 여러 가지 음성 음운 형태론적 현상을 통해 소개했다. 2음절어 요건 때문에 단어와 동사어간, 중첩어 기본형이 2음절을 만들기 위한 방안을 찾거나 2음절 이하로 줄어들지 않도록 막는 방안을 모색함을 알 수 있었다. 일반어휘뿐만 아니라, 대명사, 동사, 형용사, 부사, 의성어, 의태어, 감탄사까지 이 최소요건을 지킨다는 것은 스와힐리어에 이 요건이 얼마나 강력한 것인지를 알 수 있었다. 어휘의 2음절 확보는 언어현상의 목표(Target)이 기도하고 더 이상 양보할 수 있는 최소한계(Delimiter)라고 할 수 있다. 이 요건 때문에 어떤 현대나 과거의 음운론 현상이 적용되거나 되지 않거나, 모음이 늘어나거나 하는 예외적인 현상이 일어나거나, 추가적인 접사를 붙이거나, 인접하는 형태소와 연접하는 현상이 일어났다. 같은 종류의 명사부류에서 이미 사라진 접사가 남아있거나 같은 위치에 있는 같은 음성의 분절음이 다른 음절 현상을 보이는 등의 흥미로운 현상이 모두 이 최소단어요건 때문이었다. 스와힐리어의 2음절 최소단어요건은 그만큼 강력한 제약으로 작동하고 있다는 것을 잘 보여주었다. 아래 도표는 지금까지 보여준 최소단어요건의 대상과 효과를 요약한 것이다.

(37)	최소단어효과 대상	단음절어	다음절어	참고 장절
a.	비음선행무성자음	N의 음절성 확보	N 소실	4.11
b.	2음절 중첩 명사	단음절 반복	효과 없음	6.2
c.	대명사	중첩현상, 모음추가	대상 없음	6.2
d.	축약된 호칭	대상 없음	2음절 이상	6.3
e.	명사부류 11/10 접두사	N-u로 이중접두사	u 접두사 상실	6.4
f.	거대형 접두사 ji	ji 보존	ji 소실	6.5
g.	인접형태소 연접	단음절어 연접	연접 안 함	6.6
h.	명사부류 12 ka	몇 개 보존	소실	6.7
i.	파생어 기본형	파생 기본형	최초 기본형	6.8
j.	평서문 명령문 동사	ku-어간	어간	6.9
k.	동사 수동형	모음첨가된 형태소	자음 형태소	6.10
l.	중첩어 판형	접사 붙은 어간	어간	6.11
m.	감탄사	앞뒤 모음첨가	모음첨가 없음	6.12

제7장 형태음운론적 제약과 최적성 분석

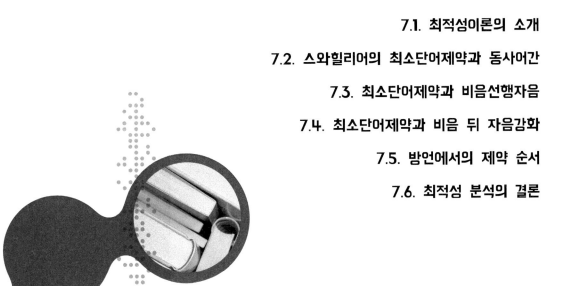

7.1. 최적성이론의 소개

McCarthy & Prince(1993a, b, 1995a, b)와 Prince & Smolensky(1993) 등등의 이론에 따르면, 형태음운론적 현상들은 기존의 이론에서 제시되었던 규칙이나 파생현상과 그 순서에 따라 결정되는 것이 아니라, 그 언어를 지배하고 있는 다양한 제약(Constraints)과 그 제약들의 상호작용(Interaction)이나 협력(Conspiracy)에 의해 결정된다는 것이다. 이 이론에서는 어떤 언어의 문법의 음운론적 혹은 형태론적 내용들이 제약의 집합이기 때문에, 형태음운론적인 현상에 의해 생겨나는 현실 형태들은 규칙이나 과정 또는 그 순서(Rule Ordering)에 의해 결정되는 것이 아니라 제약의 집합에 의해서 생겨난다는 것이다. 즉, 제약 그 자체로서 어떤 언어에서 수용되거나 실현되는 형태를 정의하기에 충분하고 규칙, 과정, 순서는 필요하지 않다는 것이다. 이 이론은 여러 가지 변이형을 보이는 방언적 차이를 설명하기에 장점이 있다. 만약 정해진 규칙과 그 적용순서가 있다면 어떻게 다양한 형태가 허용되는가에 대한 답을 하기에는 이전의 이론에 약점이 있기 때문이다. 물론 순서가 달라졌다고 할 수도 있고 다른 규칙이 정해졌다고 할 수 있기는 하지만 설득력이 약하기 때문이다.

최적성이론에서는 어떤 언어에서 사용될 법한 여러 형태들에 대해 보편언어와 그 언어에 특별한 제약들을 활용하고, 또 그 제약들 사이의 중요도를 고려하여 순위(Ranking)를 정하여, 그 제약에 비추어 어떤 형태가 허용되는지 되지 않는지를 판단하여 가장 이상적인 형태를 판별해 낸다. 즉, 언어에서 실현 가능할 것 같은 어떤 형태의 후보(Candidates)가, 설정된 제약을 만족시킨다면 적격한 형태소가 될 것이고, 제약을 충족시키지 못한다면 부적격한 후보자가 되어 현실 언어에서 사용되지 않는다. 또한, 어떤 형태는 중요한 제약을 충족시키기 위해 덜 중요하거나 순위에서 뒤쪽에 있는 제약 즉 중요성이 적은 제약은 조금 어길 수도 있다. 제약은 순서대로 중요성이 있기 때문에, 최적격이며 현실 언어에서 잘 쓰이는 형태는 이러한 제약을 최대한 충족하되, 중요한 제약을 충족하기 위해 상대적으로 덜 중요한 제약은 어기는 일도 일어나게 된다. 다음 도표는 최적성이론의 형식과 기술 방식을 보여주는 것이다.

(1)	/input/	Constraint A	Constraint B	Constraint C
☞ Candidate 1			*	*
	Candidate 2		*	**!*
	Candidate 3	*!		

입력형(Input) 또는 기저형은 왼쪽 맨 위에 / /로 되어 있는 형태이다. 그 언어에서 실현될 것 같은 형태는 후보자로서 왼쪽 아래로 배열되어 있다. 언어를 지배하는 제약은 위쪽에 가로로 정렬되어 있는데 그 순서는 제약의 중요도 혹은 우선순위에 따른 것이다. 입력형은 단선형 구조여도 되고 비단선형 혹은 입체형 구조여도 된다. 이 그림에서는 입력형의 후보자 사이의 제약과 그 순위를 보여준다. 이 언어에서 A라는 제약이 B라는 제약보다 우선하고, B라는 제약은 C라는 제약에 우선한다면 위와 같은 순서가 되고 그 사이에 실선이 세로로 그어진다. 어떤 둘 이상의 제약 사이에 우선순위가 없다면 그 사이에는 실선이 아니라 점선으로 줄을 긋는다. 실현 가능한 후보자 1, 2, 3은 최적형이 되는지 않는지 경쟁을 하는데 바로 어떤 제약을 얼마나 어기지 않느냐에 달려있다. 만약 어떤 후보자가 최상위에 있는 제약 즉 최우선에 있는 제약을 어기고 다른 후보자는 어기지 않는다면 다른 후보자가 실현형이 될 가능성이 커진다. 남은 후보자도 그 사이에 남은 제약을 지키는지 그렇지 않은지에 따라 또 다시 경쟁하게 된다. 여기서 제약을 어기지 않고 충족시킨다면 빈칸으로 남겠지만, 제약을 지키지 못한다면 따옴표 별표(*)가 하나 붙게 된다. 또한 이 후보자는 다른 후보자가 그 제약을 하나도 범하지 않았기 때문에 후보자 3은 더 이상 경쟁하지 못하기 때문에 !를 붙이고 이제부터는 후보자로 고려하지 않아도 된다는 뜻으로 그 다음 칸부터 음영을 칠한다. 해당 제약에서 이긴 후보자는 그 다음 제약에서 경쟁하게 된다. 위 도표에서 후보자 1, 2는 첫 제약을 충족했고, 후보자

3은 충족하지 못했기에 먼저 !를 받았다. 그러므로 그 이후의 제약을 고려하지 않도록 칸에 모두 음영을 넣었다. 후보자 1, 2는 그 다음 제약을 가지고 경쟁했으나 둘 다 지키지 못하여 *를 하나씩 받았다. 그래서 그 다음 즉 세 번째 제약을 가지고 준수여부를 따져보면 후보자 1은 한 개를 범했고, 후보자 2는 세 개를 범했다. 그래서 두 개를 범한 순간 경쟁에서 졌기 때문에 그 자리에 !표를 표시했다. 후보자 1, 2는 똑같이 제약 3을 범하기는 했지만 후보자 1이 더 적게 범했으므로 이 후보자가 최종 승자가 된다. 즉 최적격형이 되었고 그 앞에 ☞로 표시한다.

7.2. 스와힐리어의 최소단어제약과 동사어간

위와 같은 최적성이론을 활용하여 앞장에서 보여준 스와힐리어의 최소단어효과에 나타나는 현상들을 분석해 보고자 한다. 스와힐리어의 여러 형태음운론은 운율적인 면에서 최소 2음절 이상이 되어야 한다는 요건에 의해 영향을 많이 받음을 보여주었다. 이 장에서는 이러한 최소단어효과를 준수하기 위하여 일어나는 여러 가지 형태음운론적 현상들 사이의 상호관계를 규명하기 위해서, 최소단어요건을 스와힐리어에 있는 중요한 제약으로 보고, 다른 음운형상들을 또 다른 제약으로 간주하여 이들 간의 우선순위를 정하여 최적 형태의 도출과정을 설명하고자 한다.

먼저, 스와힐리어의 모든 어휘와 동사어간, 중첩어 판형은 2음절이어야 하는 요건을 앞장에서 보았는데 이것을 제약으로 만들어 보면 다음과 같다.

(2)   MIN-WD: 운율 단어는 최소한 두 음절이어야 한다.

이 제약은 앞으로의 최적성 분석에 있어서 주된 제약으로 사용될 것이다. 그런데 MIN-WD를 지키기 위해 예외적인 현상들이 많이 있었다. 그 중 한 가지를 다시 예를 들고 이 예외적인 현상에 대한 문제점을 짚어보고자 한다.

앞장 6.9에서 분석한 명령문을 다시 인용하면 다음 (3)과 같다. (a)에서는 ku가 사용되어 [ ]로 표시된 명령형 동사구를 만들었다. 반면, (b-c)처럼 두 음절이 넘는 동사어간을 가진 경우, 동사구를 만드는 데 있어 ku가 필요하지 않다.

(3) a.   Vinf-   Vs   obj
         [Soma]   kitabu!
         *[Ku-soma]   kitabu!
         '책 읽으세요!'

     b.   Vinf-   Vs   obj
         [Andika]   barua!
         *[Ku-andika]   barua!
         '편지를 쓰세요!'

     c.   obj-   Vs   Adv
         *[La]   upesi.
         [Ki-   la]   upesi.
         '어서 드세요!'

그러나 명령문을 만드는 동사구에 부정사 접두사 ku를 넣은 것은 특별한 현상이다. 이는 어떤 추가적인 음운이나 형태를 추가하는 것을 방지하는 언어보편적인 제약을 어기는 것이다. McCarthy & Prince(1995b)는 이러한 보편 언어에서 찾을 수 있는 제약을 DEP라고 하여 제시했는데 이것을 스와힐리어 분석에도 사용하고자 한다.

(4)   DEP: 도출된 형태의 요소는 기저형에 의존해야(DEPendent) 한다.
       즉, 외부 요소가 추가되어서는 안 된다.

DEP라는 제약은 음 첨가와 대조되는 제약이다. 그래서 DEP라는 제약이 강력히 작동한다면 모음이든 자음이든 음절이든 첨가되는 것이 불가능하다. 그러나 그 반대인 경우 즉 음첨가의 필요성이 더 강력하다면 DEP를 어기고 첨가될 수 있을 것이다. 아래 도표에서 보듯이 2음절이상인 동사어간의 경우, 부정사 접두사 ku가 추가될 필요가 없이 DEP를 지킨다.

(5) /soma/ -- [soma] '읽으세요!'

	/ soma/	MIN-WD	DEP
a. ☞	soma		
b.	ku-soma		*!*

후보자 (b)는 ku가 들어가 있어 DEP를 범하였다. ku는 분절음이 두 개인데 하나로써 이미 결정적인 오류(!)를 범했다. 기저에 없던 외부의 요소를 넣지 말라는 제약이기 때문이다. 두 후보자 모두 MIN-WD는 잘 지켰다. 두 제약의 순서를 거꾸로 한다고 해도 같은 결과가 나올 것이다. 그래서 우선 두 제약 간에 순서가 없다는 뜻으로 둘 사이에 점선으로 표시했다.

그러나 (6)의 예를 보면 ku가 들어간 것이 적격형이다. 그 이유는 la라는 동사어간이 너무 짧아 그것 자체로서는 명령형의 동사구를 형성하지 못하기 때문이다. 즉 2음절 요건 제약을 어기었다.

(6) /la/ -- [kula] 'Eat!'

	/la/	MIN-WD	DEP
a.	la	*!	
b. ☞	kula		**

DEP라는 제약을 어기면서까지 그 우선순위에 위치한 제약 MIN-WD를 지켰다. 이렇게 MIN-WD를 지킨 후보자가 이긴 것을 보면, 두 가지 제약이 중요하지만 MIN-WD가 더 우선함을 알 수 있다. 앞의 (5)의 자료로는 제약 순위를 몰랐지만 (6)의 예에 비추어 이제 다음과 같은 제약의 순위가 있음을 알 수 있다.

(7) MIN-WD >> DEP

여기서 DEP를 어기고 음첨가 곧 ku접사 추가와 같은 현상이 일어난 것은 MIN-WD를 충족시키기 위한 방법이었다. 만약 위의 제약 순서가 바뀌었다면 (6)의 후보자 경쟁에서 다른 후보자가 이긴 것으로 잘못 결정되었을 것이다.

MIN-WD의 효과는 중첩어의 예에서도 입증된다. 이미 앞에서 논의되었기에 내용에 관한 것보다는 MIN-WD와 DEP의 관계에 대해서 논의해 보겠다.

(8)	중첩어	(접두사-) 어간	기본형 뜻
a.	ji-pinda-pinda	ji-pinda	'접히다'
b.	ji-tazama-tazama	ji-tazama	'돌이켜보다'
c.	m-pe-m-pe	m-pe	'그 사람에게 주다'
d.	mw-ona-mw-ona	mw-ona	'그 사람을 보다'
e.	inuka-inuka	inuka	'일어나다'

(8a-b)의 경우 기본형(Base)이 2음절이거나 그 이상인 경우에는 그 자체를 반복하여 중첩어를 만들지만, (c)를 보면 목적격 접사 m을 포함하여 중첩어 판형을 만들었다. (d)는 ona가 모음으로 시작하는 어근을 가진 경우까지 mw를 합쳐 2음절을 이루어 반복했다. (e)는 어간이 3음절이며 초성이 없는 음절로 시작한다.

(9)   RED=STM: 중첩어의 판형은 어간이다.

다음 최적성 분석 도표에 보면, ji가 반복되지 않는다. 그것이 반복되면 RED=STM 제약을 어기는 것이 된다.

(10)   /jipinda-RED/ -- [jipindapinda] '많이 접히다'

	/ji-pinda-RED/	MIN-WD	RED=STM
a. ☞	jipinda-pinda		
b.	jipinda-jipinda		*!

반복될 어간이 2음절 이상이 된다면 목적격 접사 ji를 반복할 필요가 없고 반복한다면 후보자 (b)와 같이 되어 경쟁에서 패한다. 둘 다 MIN-WD를 충족하였으나 두 번째 후보

자는 RED=STM을 어겼기 때문에 진 것이다. 여기서는 두 제약 사이에 순서를 알 수 없다. 그래서 두 제약 사이에 점선으로 표시했다. 그러나 다음에 나오는 단음절의 경우를 보면 MID-WD가 앞섬을 알 수 있다.

(11) /mpe-RED/ -- [mpempe] '그 사람에게 조금씩 조금씩 주세요!'

	/m-pe-RED/	MIN-WD	RED=STM
a.	mpe-pe	*!	
b. ☞	mpe-mpe		*

중첩어의 판형은 두 음절이어야 하는 요건은 MID-WD가 관장한다. 이 제약을 지키기 위해 목적격 접사 m을 넣었으며, 이는 중첩어 기본이 어간이어야 한다는 제약을 (RED=STM) 어긴 것이다. 즉 어간만을 활용한 것이 아니라 그 앞에 접사 ji를 넣었다. 이것으로써 다음과 같은 제약 순위를 상정할 수 있다. 즉 MID-WD제약이 RED=STM보다 우선하며, 이는 중첩어에서 어간의 크기가 작으면 그것만 반복하지 않고 다른 접사를 포함하여 반복할 수 있는 길을 열어준다.

(12) MIN-WD >> RED=STM

지금까지 나온 MIN-WD, DEP, RED=STM이라는 제약 이외에 음절초성의 존재가 중요한 제약 중에 하나가 된다. 이를 다음과 같이 정의한다.

(13) ONSET: 음절은 초성이 있어야 한다.

중첩어 형성에서 어간이 2음절 이상일지라도 첫 음절에서 초성이 없으면 접사가 초성을 만들어 반복됨을 설명할 수 있다.

(14) /mwona-RED/ -- [mwonamwona] '그 사람을 자주자주 보다'

	/mw-ona-RED/	MIN-WD	ONSET	RED=STM
a.	mwona-ona		*!	
b. ☞	mwona-<u>mw</u>ona			*

둘 다 최소단어제약을 지켰으나 첫 번째 후보자가 초성제약을 어겼다. 반면 첫 번째 후보자는 중첩어의 기본형과 관련한 제약을 어겼다. 그러나 (b)의 후보자가 최적형이 된다는 점에서 다음과 같이 초성제약이 중첩어 기본형의 자질에 관한 제약보다 앞선다.

(15) ONSET >> RED=STM

이러한 우선순위 때문에 비록 중첩어가 어간보다 크더라도 초성이 없으면 초성을 더하라는 뜻이 된다. 즉 어간의 요소가 아니더라도 초성의 제약을 충족하기 위해 바깥 요소를 더할 수 있다.

다음 후보자 사이의 경쟁 결과를 보면 OSET과 RED=STM제약 사이의 순위를 알 수 있다.

(16) /ni-andika-andika/ -- [niandikaandika] '나한테 자꾸자꾸 쓰다'

	/ni-andika-RED/	MIN-WD	ONSET	RED=STM
a. ☞	niandika-andika		**	
b.	niandika-niandika		**	*!

(14)와 달리, 목적격 접사 ni가 반복되지 않는 것이 적격형 (16a)이다. 여기서 앞선 두 제약과 관련한 충족 여부는 둘 다 같다. MIN-WD는 둘 다 지켰으나 ONSET제약을 둘 다 두 번이나 어겼다. 여기서는 MIN-WD와 ONSET 사이에 순위는 아직 알 수 없어서 그 사이에 점선으로 되어 있다. 그러나 후보자 (b)는 어간(STM)의 요소만 반복하라는 제약을 무시하고 ni라는 목적격 접사를 반복하였기 때문에 이 제약을 어긴 것이 되었다.

다음절어에 초성이 없는 음절이 있으면 초성을 추가할 수도 있지만, 초성이 없는 모음으로 시작하는 음절을 없애버리는 우려도 있을 수 있다. 이런 경우를 방지하기 위한 제약은 다음과 같은 보편적인 제약이 될 것이다.

(17) MAX: 기저형에 있던 요소는 도출형에 최대한 그대로 있어야 한다.

기저형에 있는 요소가 임의로 없어져서는 안 되고 그대로 남아있어야 한다는 뜻으로 활용될 수 있다. 다음 도표에서 (18a)와 (b)의 경쟁을 설명하는 데 도움이 된다.

(18) /inuka-RED/ -- [inukainuka] '조금씩 일어나다'

	/inuka-RED/	MIN-WD	MAX	DEP	ONSET
a. ☞	inuka-inuka				**
b.	inuka-_nuka		*!		*
c.	inuka-kwinuka			*!	*

여기서 세 후보자 모두 MIN-WD를 준수하고, (a)는 모음으로 시작하는 음절이 두 개가 있다. (b)는 의도적으로 두 번째 부분의 시작에 있던 모음을 삭제함으로써 초성이 없는 음절을 하나 줄여 보았다. 즉 ONSET제약 어기는 것을 최소화해 보았다. 여기서 둘 다 줄여 nuka-nuka라고 하여 ONSET에 아무런 어김이 없더라도 결과는 마찬가지다. ONSET을 지키기 위해 음소를 삭제하는 것은 MAX라는 규칙을 어기는 것이 된다. 음소 한 개를 지우면 한 번 어기는 것이고, 두 개를 지우면 두 번 어기는 것이 된다. MAX와 ONSET요건은 서로 상충되는 제약이다. (c)는 의도적으로 부정사 접사 /ku/를 하나 넣어 보았다. 이는 DEP를 어기는 것이 된다. 결국 스와힐리어에는 MAX가 ONSET보다 상위에 있는 제약임이 분명하다. 언어마다 이 순위가 다를 수가 있는데, 한 가지 예로 페루의 한 언어인 아히니카 캄파(Axininca Campa)의 중첩어의 경우 osampi-_sampi '묻다'로 원래 있던 첫 음절인 모음 /o/가 떨어져 나가고 남은 부분이 반복된다(Spring 1990). 이 언어의 중첩어에서는 스와힐리어와 달리 ONSET >> MAX가 되는 것이다. 특히 단어 첫머리에 초성을 가지기 위해 후두음 /ʔ/를 넣는 언어도 있다.

다음 (19)는 단음절 동사의 피동형에서 볼 수 있는 모음첨가에 관한 예이다. 피동형을 만들 때 (a)처럼 2음절 이상의 동사의 경우 마지막 모음 /a/ 앞에 그냥 /w/만을 넣으면 된다. 그러나 (b)에서는 모음과 /w/를 같이 넣어서 음절을 하나 더 만들었다.

(19)   어간   수동형   뜻
   a.   tupa   tupwa   '던지다'
   b.   pa   pewa   '주다'

(19b)의 수동형 pewa가 적격형이 되는 이유는 (20)을 보면 알 수 있다. 최적성 경쟁 도표를 보면 최적성 후보자가 어떤 제약을 지키고 어떤 제약을 어겼는지 알 수 있다. (20a)는 2음절이 되지 못하였고, (b)는 쓸데없이 ku를 넣어서 DEP를 범했고, (c)는 DEP를 어겼지만 MIN-WD를 준수했다. (d)는 /a/를 추가하였기에 DEP를 어겼고 초성이 없는 음절이 들어가서 ONSET을 어기게 되었다. (e-f)도 모음이 들어감으로써 초성이 음절이 생기게 되었다. 그래서 이것도 ONSET 제약을 어겼다.

(20)   /pwa/ -- [pewa] '받다'

	/pwa/	MIN-WD	DEP	ONSET
a.	pwa	*!		
b.	kupwa		**!	
c. ☞	pewa		*	
d.	pwaa		*	*!
e.	pwea		*	*!
f.	apwa		*	*!

지금까지의 최적성 후보자 도출 검정 과정을 두고 볼 때, 사용된 제약들의 우선순위 (Ranking)를 보면 다음과 같이 요약할 수 있다.

(21) MIN-WD >> MAX, DEP >> ONSET >> RED=STM

이 제약 순위를 보면, 최소단어요건 제약은 여러 다른 제약을 어기면서까지 지켜진다.

다른 요소가 추가될 수도 있고, 초성을 포함시키기도 하고, 작은 것은 접사를 연결하여 확대시키기도 했다.

7.3. 최소단어제약과 비음선행자음

여기서는 여러 가지 비음선행자음의 형태음운론적 현상이 MIN-WD 제약과 어떤 관계를 가지는지 분석하고자 한다.

(22)   N-무성자음   무성음   뜻

    a.   nkubwa   >   kubwa [kʰubwa]   '크다, cl.9'

        mpotevu   >   potevu [pʰotevu]   '쓸모없다, cl.9'

        mpaka   >   paka [pʰaka]   '고양이'

    b.   nswi   >   *swi   '물고기'

        mpya   >   *pya   '새롭다, cl.9'

앞서 4.9에서 소개되었지만, 2음절 이상의 단어는 역사적인 현상으로, (22a)에서처럼 같은 조음위치에서 발생하는 비음선행무성자음(NCᵛᶜˡ)의 경우 비음이 탈락되고 그 흔적으로 유기성이 무성음에 생기는 현상이 있었다. 그러나 비음이 탈락될 경우 남는 형태가 2음절이 안 될 때는 탈락되지 않았다. 이것으로 다음과 같은 제약이 있음을 알 수 있다.

    (23)   NoNCᵛᶜˡ : 비음선행 무성자음은 허용되지 않는다.

이 제약이 앞서 나온 여러 제약과 어떤 관계가 있는지 알아보기 위해서는 (22a)의 실현형이 적격이 되는 (24)의 최적성 판별표를 보면 알 수 있다.

(24) /Nkubwa/ -- [ku.bwa] '크다, cl.9'

	/Nkubwa/	MIN-WD	DEP	NoNC^{vcl}	ALIGN-L
a.	ŋku.bwa			*!	
b. ☞	ku.bwa				*
c.	ɲa.ku.bwa		*!		

여기에서 (24a) 후보자는 기저형과 같으므로 NoNC^{vcl}를 어겼다. (c)의 경우에는 비음 다음에 임의로 /a/를 넣어 ɲa.ku.bwa가 되었다. DEP을 어겼고 음절도 하나 늘였다. DEP 는 다른 제약보다 앞서기 때문에 일찌감치 부적격이 되었다. 반면 (b) 후보자는 기저형 과 달리 어두의 비음이 사라졌다. 이 후보자가 N을 상실해도 MIN-WD를 어기지는 않는다. 게다가 음을 추가하지 않았기 때문에 DEP도 잘 지켰으며, NoNC^{vcl}도 잘 지켰다. 그러나 ŋkubwa가 kubwa가 되었기에 ALIGN-L를 어겼다. ALIGN-L은 다음 (25)와 같이 입력형에서 왼쪽에 맞춘 것이 도출형에도 마찬가지로 왼쪽에 맞추어져 있어야 한다는 뜻이다(McCarthy & Prince 1993a).

(25) ALIGN-L: 어휘어의 왼쪽 면은 입력형의 왼쪽 면과 일치해야 한다.

이 제약에 따르면 어떤 단어의 왼쪽에 어떤 다른 요소가 없어지거나 더해져서는 안 된다. 이 제약을 어긴다 해서 반드시 최적격형이 될 수 없는 것은 아니다. 앞에서 후보자 (24b)는 왼쪽에 맞추지 못했지만 다른 중요한 제약을 잘 지켜서 적격이지만 (a)는 중요 한 ALIGN-L보다 우선순위에 있는 NoNC^{vcl} 제약을 어겼고, (c)는 그보다 앞선 DEP를 어겨서 최적형이 되지 못했다.

　　MIN-WD가 DEP보다 우선한다는 것은 앞에서 논의되었는데, DEP와 NoNC^{vcl} 사이의 제약 순위(Ranking)는 앞의 자료로는 밝히기 어렵다. 다음 예들을 보면 또한 NoNC^{vcl}와 MIN-WD와의 관계를 알 수 있다. 앞의 (22b)의 예에서 온 [m.pya] 형태가 적격인 이유는 다음 (26)으로 확인할 수 있다.

(26)   /mpya/ -- [m.pya] '새롭다, cl.9'

	/Npya/	MIN-WD	DEP	NoNC^{vcl}
a. ☞	m.pya			*
b.	pya	*!		
c.	mpya	*!		*
d.	ɲi.pya		*!	
e.	pya.a		*!	

위 예에서 MIN-WD가 보다 상위에 위치하고 있다는 것은 쉽게 밝혀졌다. (26a)에서 단음절 형용사어간인 pya는 그 앞에 오는 N을 버리지 않고 유지한다. 다른 후보자들은 여러 가지 다른 이유로 적격 후보자가 되지 못한다. 여기서 NoNC^{vcl}는 무성음 앞에서의 비음은 보통은 사라진다는 제약이며 그것은 다른 제약보다 뒤에 위치한다. 그래서 (a)가 최적형이 되었다. 이 과정을 보면 (27)과 같은 제약 사이에 순위가 있음을 알 수 있다.

(27)   MIN-WD >> NoNC^{vcl}

이 둘의 순위 관계를 설정할 수 있는 또 다른 예가 바로 명사부류 11의 접두사 u의 행동을 통해서이다. (28a) ukuta의 복수형은 kuta이다. 이것은 Nkuta에서 온 것으로 NoNC^{vcl}를 지키기 위한 것이다. (b)는 ufa에서 복수형이 N.fa가 되든지 fa가 되어야 할 것임에도 Nufa가 되었다. 이 형태에는 두 가지 접두사가 붙어 있다. 즉 N과 u이다.

(28)   단수 (cl.11)   복수 (cl.10)   뜻
    a.   ukuta   _kʰuta (< ŋkuta)   '벽'
    b.   ufa   ɲufa   '갈라진 틈'

명사접두사가 두 개나 붙는 것은 특이한 경우이다. NoNC^{vcl} 제약은 형태소의 크기가 줄어드는(Subtractive) 형태음운론현상으로 다음절어에서 발견된다. 다음 NoDCP와 직접 관련있는 현상이다.

(29) NoDCP: No Double Class Prefix, 즉 이중 명사부류 접두사는 허용되지 않는다.

명사부류 표기나 그에 따른 일치를 위해서 접두사는 하나만 있어야 한다. 그러나 이 제약도 MIN-WD를 맞추기 위해서는 어길 수 있다. 다음 (30)의 최적성 분석표를 보면 (28a)에 나온 예가 어떻게 해서 적격인지 알 수 있다. 이들은 모두 크기가 2음절 이상 되는 어휘들이다. 그래서 이들의 역사적인 음운현상 즉 비음탈락이 이 언어의 여러 제약을 얼마나 어떻게 준수하는지 알 수 있다.

(30) /Nukuta/ -- [kʰu.ta] '벽'

	/Nukuta/	MIN-WD	NoNCᵛᶜˡ	ONSET	NoDCP	ALIGN-L
a.	ŋku.ta		*!			
b.	ŋ.ku.ta		*!	*		
c. ☞	ku.ta					**
d.	ɲu.ku.ta				*!	
e.	u.ku.ta			*!		

후보자 (30a, c, d)는 MIN-WD와 ONSET을 지킨다. 그러나 상대적으로 높은 NoNCᵛᶜˡ 제약을 어긴 (a-b) 후보자를 부적격으로 판별한다. (d)는 다른 후보자와 달리 명사부류 접두사를 두 개 가져서 비적격이 되었다. (e)는 ALIGN-L보다 순위가 높은 ONSET을 어겼다. (c)는 비록 ALIGN-L을 어겼지만 다른 상위 제약을 모두 준수했기에 최적격이 된다. 2음절 이상인 명사어근의 경우 MIN-WD에는 특별한 문제가 없다.

명사어근이 단음절일 때는 다음 (31)과 같이 약간 다른 양상을 보인다. 단음절 명사 형 어근은 접두사 비음과 모음이 특이한 행동을 보인다. 즉 비음이나 모음이 추가적으로 동원될 수 있다.

(31)   /Nufa/ -- [ɲu.fa] '갈라진 틈'

	/Nufa/	MIN-WD	NoNCᵛᶜˡ	ONSET	NoDCP
a.	mfa	*!	*		
b.	m.fa		*!	*	
c.	fa	*!			
d. ☞	ɲu.fa				*
e.	u.mfa		*!	*	*
f.	u.fa			*!	

(31a, c)는 MIN-WD를 어겼고, (a, b, e)는 NoNCᵛᶜˡ를 어겼으며, (b, c, e)는 ONSET을 어겼고, (d-e)는 NoDCP를 어겼다. (d)와 (f)와의 경쟁을 보면, 왜 ONSET이 NoDCP보다 앞서야 하는지 알 수 있다. 이 둘 사이가 거꾸로 순서가 된다면 적격형은 (f)가 될 것이다. (d)는 비록 NoDCP를 어겨서 접두사를 두 개를 가지고 있지만 MIN-WD를 지키고 다른 제약도 어기지 않아 최적형이 되었다.

만약 (31)의 최적성 분석을 위한 제약간의 순위와 달리, NoDCP 제약이 MIN-WD보다 약하지만 NoNCᵛᶜˡ보다 강력하다면 다른 후보가 최적형이 되었을 것이다. 즉, (32)와 같은 제약 순위가 있었다면 최적형은 (d) ɲufa가 아니라 (b) m.fa가 되었을 것이다.

(32)   /Nufa/ -- [m.fa]

	/Nufa/	MIN-WD	NoDCP	NoNCᵛᶜˡ	ONSET
a.	mfa	*!		*	
b. ☞	m.fa			*	*
c.	fa	*!			
d.	ɲu.fa		*!		
e.	u.mfa		*!	*	*

위의 최적성 경쟁 결과를 보면, 사용되지 않는 (b)가 실제 사용되는 (d)에게 이긴다. 그러므로 이것은 잘못된 최적성 경쟁 도표가 된다. 그 이유는 제약 사이의 순서가 문제가 있기 때문이다. 올바른 순서는 (31)의 판정표에서 보인 것처럼 다음 (33)과 같다.

(33) NoNC^{vcl} >> NoDCP

이로써 지금까지 최적격 형태를 찾아내는 과정에서 논의된 모든 결과를 고려할 때, 여러 가지 제약들 간의 순서는 다음과 같이 상정할 수 있다.

(34) MIN-WD >> DEP >> NoNC^{vcl}, ONSET >> NoDCP >> ALIGN-L

이 제약 순서를 요약하면, 최소 2음절제약(MIN-WD)은 어느 제약보다 우위에 있으며, 동일조음의 비음선행무성자음(NoNC^{vcl})은 최소크기가 유지되는 한 비음을 탈락시키게 되며, 비음 탈락이 단음절을 만들거나 초성이 없는 음절을 만들 경우에는 ONSET을 만들기 위해 NoDCP를 범하면서까지 접두사를 두 개 붙이는 현상이 생긴다. 여기서 ALIGN-L는 가장 순위가 낮아 최적격 판정에 영향이 크지 않다.

7.4. 최소단어제약과 비음 뒤 자음강화

제4장에서 스와힐리어의 음운론을 다룰 때, 4.9에서 비음과 관련한 음운현상 중에 비음 다음에 있는 유성지속자음이 유성정지음으로 바뀌는 자음강화현상에 대해 논의했다. 비음 다음에 유음이나 활음이 올 때, 비음의 정지성 자질의 영향으로 유음이나 활음이 유성정지음이 된다. 몇 가지만 다시 제시하면 (35)와 같다.

(35)	기저형	도출형	참조	뜻
a.	N-wili	[mbi.li]	wa-wili	'둘'
	N-bona	[mbo.na]	ni-(b)ona	'여보세요!'
	N-yema	[nje.ma]	mw-ema	'좋다'
	N-refu	[ndefu]	n-refu	'크다'
b.	n-ya	[n.da]	< ni ya	'-이다'
	n-wa	[m.bwa]	< ni wa	'-이다'

(35a-b)는 공명성을 가진 자음들 /w, y, r, l/이나 이따금 모음 /u, o/까지 앞에 오는 비음의 비지속성[-continuant]의 자질에 동화되어 같은 비지속성 자질을 가지며, 이에 따라 비공명성[-sonorant]의 자음이 된다. 이것은 어떤 언어보편적인 제약을 어기는 것이다. 즉, 기저형의 자질이 도출형에서도 유지된다. 이와 관련하여 제약을 상정하면 (36)과 같다.

(36) IDENT [sonorant]: 기저형의 공명성이 도출형에서도 유지된다.

(35)의 자음강화는 (36)의 제약을 어기면서 일어난 음운현상이다. 특히 (35b)의 예들은 단음절어 어근을 가지고 있다는 점에서 특별하다. (35a)의 예들은 어근 자체가 2음절을 가지고 있으며, 비음이 접사로 와서 그 비음은 다음 자음과 합하여 복합 초성 NC가 되어 IDENT [sonorant]를 위반하였다. (35b)는 비음이 접사가 되었지만 다음 자음과 합쳐 복합초성이 되지 않고 그 자체로 한 음절을 이룬 [n.da], [m.bwa]로 실현된다. 그렇게 해야만 두 음절 단어라는 최소단어제약을 충족하기 때문이다. 자음강화에 의해 생긴 이 형태는 이전의 공명성[+sonorant]을 유지하지 못하지만 최소단어요건은 지키게 되었다. 이에 대한 최적성 분석은 (37)과 같다.

(37) /n-ya/ -- [n.da] '-이다'

	/nya/	MIN-WD	IDENT [sonorant]
a.	nya	*!	
b. ☞	n.da		*

위의 (37a) 후보자는 MIN-WD제약을 어겨서 치명적이다. 반면 (b)는 하위에 있는 IDENT [sonorant] 제약을 어기지만 상위에 위치한 제약을 지켰기 때문에 상대적으로 적격이다. /y/에 있던 [+sonorant] 자질을 잃어버렸지만 그 과정에서 최소단어요건을 충족시켰기 때문이다. 그래서 다음과 같은 제약 순서를 유추할 수 있게 되었다.

(38) MIN-WD >> IDENT [sonorant]

만약 위의 (37)의 후보자 중에 제3의 후보자 [n.ya]가 있다면 이 후보자는 MIN-WD와 IDENT [sonorant]를 다 지키지만 적격이 되지 못한다. [n.ya]가 [nya]처럼 같은 음절에 있지 않고 다른 음절에 있다는 자체가 이상하다. 이 이상함은 음절의 접촉과 관련한 다른 보편 언어적 제약을 어기고 있음을 알 수 있다. 여기서 언어보편적 제약으로서 다음 (39)와 같은 제약을 상정할 수 있다.

(39) Syllable Contact (SYLL CON): 음절 접촉에서 공명성은 다음 음절로 갈수록 낮아져야 한다.

음소배열 상에서 공명도연쇄원리가 보편적으로 적용되지만, 음절의 접촉에서도 위와 같은 공명성원리가 보편적으로 적용된다. 이 제약을 적용하여 몇 가지 후보를 두고 최적성 분석을 해 보면, (40)과 같은 판정표가 나온다.

SYLL CON은 음절 사이의 관계이기 때문에 다음 도표에서 (40a)는 논의 대상이 아니다. (b)와 (c)는 두 음절이 맞닿아 있기 때문에 이 제약이 지켜지는지 확인해야 한다. (c) 후보자 [n.ya]는 n보다 y가 공명성이 더 높은 반면, (b) 후보자 [n.da]의 경우 n보다 d가 공명성이 더 낮다. 그러므로 (b)는 SYLL CON을 지키고 있으며, (c)는 어기고 있다. 반면, (b)는 IDENT [sonorant]를 어기고 있으며 (c)는 이것을 지키고 있다. 그럼에도 (c)는 (b)가 지키는 상위의 제약을 어겨서 최적형이 되지 못했다. 물론 (a)는 최상위에 위치한 MIN-WD를 어겨 일찌감치 탈락했다.

(40) /nya/ -- [n.da] '–이다'

	/nya/	MIN-WD	SYLL CON	IDENT [sonorant]
a.	nya	*!		
b. ☞	n.da			*
c.	n.ya		*!	

방금 제시한 보편적 제약 SYLL CON과 앞에서 제시한 IDENT [sonorant]와의 관계를 제시하면 다음과 같다.

(41) MIN-WD, SYLL CON >> IDENT [sonorant]

비음 다음의 자음강화현상은 이같이 여러 제약들과 그들의 상관관계로써 설명될 수 있었다. 이러한 비음 다음에서의 강화현상은 공명성을 상실하면서 이루어진 언어현상이다.

7.5. 방언에서의 제약 순서

지금까지 제시한 제약들 이를테면 MIN-WD, DEP, NoNC^{vcl}의 관계는 방언을 분석할 때는 더욱 흥미로운 양상을 보인다. 표준 스와힐리어에서 [nswi] '물고기'는 다음과 같이 최소 여섯 가지 다른 형태로 방언에 존재한다. 먼저 표준어에서 보이는 제약간의 순위는 앞에서 본 것처럼 다음 도표에 나타난다.

(42) /Nswi/ -- [nswi] '물고기' (표준방언 Unguja 등)

	/Nswi/	MIN-WD	DEP	NoNC^{vcl}	ONSET
a. ☞	n.swi			*	*
b.	swi	*!			
c.	nswi	*!		*	
d.	ni.su		*!		
e.	si.i		*!		*
f.	i.nswi		*!	*	*

위의 후보들은 모두 방언에서 발견되거나 재구해 낸 형태들이다(Nurse & Hinnebusch 1993: 630-644). 위의 도표에서 최적형으로 드러난 (42a)는 Unguja, Mwiini, Pate, Siu 방언에서 보이는 형태이다. MIN-WD와 DEP가 중요한 제약이기에 이 제약을 충실히 지킨 후보자는 이 혼자뿐이다. MIN-WD, DEP >> NoNC^{vcl} 순서로 제약이 위치해 있다. NoNC^{vcl} 제약이 MIN-WD보다 낮게 위치해 있기 때문에 NoNC^{vcl}를 어기면서까지 최소 2음절요건을 지킨다. 이 방언에서는 비음을 음절화하는 것을 모음을 첨가하거나 다른

음절을 추가하는 것보다 더 선호한다. 반면 (b-c)는 제약의 우선순위가 제일 높은 MIN-WD를 지키지 않아서 경쟁력이 없다. 그러나 실제로 이 형태가 사용되는 방언은 Makunduchi, Vumba, Mtang'ata, Pemba 같은 방언이다.

다음 (43)의 최적성 판정표를 보면 방금 소개된 방언에서 쓰이는 형태가 최적성으로 판정된다. 여기서는 DEP, NoNC^{vcl} >> MIN-WD로 순위가 되어 있다. MIN-WD가 그리 중요하지 않고 음첨가도 하지 않고 비음선행무성음도 만들지 않는 것을 선호한다.

(43) /Nswi/ -- [swi] '물고기' (Makunduchi, Vumba 등)

	/Nswi/	DEP	NoNC^{vcl}	MIN-WD
a.	n.swi		*!	
b. ☞	swi			*
c.	nswi		*!	*
d.	ni.su	*!		
e.	si.i	*!		
f.	i.nswi	*!	*	

비음선행무성자음은 선호하지 않는 형태이다. 여기서 NoNC^{vcl}를 지키기 위해 비음을 제거하는 방법을 취하였는데 이는 MIN-WD를 위반하였다. MAX와 ALIGN-L도 낮게 위치하고 영향이 없어 이 최적성표에는 제시하지 않았다.

만약 최적형이 아래 도표 (44)에서와 같이 nswi라면 세 가지 제약 사이의 순위는 DEP >> NoNC^{vcl}, MIN-WD와 같을 것이다. 이것은 현재 실재하는 형태는 아니지만 거스리(Guthrie 1967-71)가 Common Bantu를 위해 재구한 것이다.

(44) /Nswi/ -- [nswi] '물고기' (Common Bantu)

	/Nswi/	DEP	ONSET	ALIGN-L	NoNC^{vcl}	MIN-WD
a.	n.swi		*!		*	
b.	swi			*!		*
c. ☞	nswi				*	*
d.	ni.su	*!				
e.	si.i	*!	*	*		
f.	i.nswi	*!	*	*	*	

위에서 보듯이 NoNC^{vcl}와 MIN-WD가 최적형을 고르기 위해 아주 중요한 역할을 한다. ONSET과 ALIGN-L도 NoNC^{vcl}와 MIN-WD보다 우선순위에 위치해야 할 것이다. (e-f)는 여러 가지 제약을 어기는 가운데 ONSET 제약도 어긴 형태이다.

만약 Upper Pokomo에 쓰이는 (45d) ni.su가 최적형이 되려면 제약의 우선순위가 MIN-WD, NoNC^{vcl} >> DEP가 되어야 한다. DEP 즉, 추가하지 말라는 제약은 중요하지 않아 어기고 다른 제약을 충실히 지키는 편을 택한 것이다. 이 현상을 다음 도표에서 확인할 수 있다. 이 방언에서는 2음절 제약도 지키고, 비음선행무성자음도 배제하고, 음절초성도 가지는 것을 중요시한다. 그래서 DEP를 지키지 않고 음을 추가하였다. 이것이 이 방언의 특성이다.

(45) /Nswi/ -- [ni.su] '물고기' (Upper Pokomo)

	/Nswi/	MIN-WD	NoNC^{vcl}	ONSET	DEP
a.	n.swi		*!		
b.	swi	*!			
c.	nswi	*!	*		
d. ☞	ni.su				*
e.	si.i			*!	*
f.	i.nswi		*!	*	*

Elwana에서 쓰는 (e) si.i가 적격이 되기 위해서는 제약의 순서가 MIN-WD, NoNC^{vcl}

>> DEP여야 하고 IDENT [syllabic]이라는 제약이 필요하다. IDENT [syllabic]은 기저형의 음절성이 그대로 남아있어야 한다는 의미이다.

(46) IDENT [syllabic]: 기저형의 음절성이 도출형에도 유지된다.

언어에서 인접한 형태소나 분절음이 연속할 때 재음절화(Resyllabification)가 흔히 일어난다. 그러나 원래 가졌던 음절성을 잃는 것은 이러한 제약의 위반이다. 다음 판정표 (47)에서 보면 IDENT [syllabic]이 ONSET이나 DEP보다 높게 위치하는 제약이다. 이 방언에서는 최소크기도 유지하며, 비음선행무성자음도 배제하고 같은 음절성을 유지하라는 제약을 지키는 것이, 초성(ONSET)을 만들어야 한다는 제약이나 혹은 음첨가를 못하게 하는 제약(DEP)보다 중요시된다.

(47) /Nswi/ -- [sii] '물고기' (Elwana)

	/Nswi/	MIN-WD	NoNC^{vcl}	IDENT [syllabic]	ONSET	DEP
a.	n.swi		*!	*	*	
b.	swi	*!				
c.	nswi	*!	*			
d.	ni.su			*!		*
e. ☞	si.i				*	*
f.	i.nswi		*!		*	*

특히 (47d) ni.su 후보자가 최적형이 되지 않는 것은 이 형태가 원래의 음절성을 유지해야 하는데 그렇지 못했기 때문이다. 다시 말해 원래 nswi에서 /w/는 음절성이 없는 활음인데, 이것이 이 방언에서는 /u/로 바뀐 것은 IDENT [syllabic]을 지키지 않은 것이다.

마지막으로, 실재하는 형태인 (f) i.nswi가 최적격이 되기 위해서는 MIN-WD >> NoNC^{vcl}, DEP처럼 제약의 순위가 정해져야 한다. 이런 제약 순서를 가지고 i.nswi를 적격형으로 가지는 방언은 Mwani인데 이에 대한 최적성 판정표는 (48)과 같다.

(48)　/Nswi/ -- [inswi] '물고기' (Mwani)

	/Nswi/	MIN-WD	IDENT [syllabic]	ALIGN-R	DEP	ONSET	NoNC^{vcl}
a.	n.swi		*!				*
b.	swi	*!					
c.	nswi	*!					*
d.	ni.su		*!	*	*		
e.	si.i			*!	*	*	
f. ☞	i.nswi				*	*	*

MIN-WD 제약은 NoNC^{vcl}, DEP, ONSET 제약보다 상위에 위치하고 있다. 그래서 비음선행무성자음이 허용된다. 그렇지만 (48a)에서처럼 그 비음이 음절성을 가져서는 안 된다. 그래서 음절성 비음은 이 방언에서 허용되지 않는다. 그리고 ALIGN-R라는 언어보편적인 제약이 작동하고 있다.

(49)　ALIGN-R: 어휘어의 오른쪽 면은 입력형의 오른쪽 면과 일치해야 한다.

이 제약은 입력형의 오른쪽에 무엇이든 더하거나 빼서 원래의 모양에서 멀어지는 것을 배척하는 제약이다. (48d)의 ni.su는 nswi에서 wi가 떨어져 나갔기에 기저형의 오른쪽 끝이 유지되지 못했다. 그래서 ALIGN-R를 위반한 것으로 보아야 하고, (e)의 si.i도 첫 번째 음절 si가 원래 swi였는데 지금은 단어가 오른쪽 끝에 있지 않다. 그래서 이것도 ALIGN-R를 어겼다. ALIGN-R는 ONSET보다 더 높이 위치하고 있다. 이것을 보면, 이 방언에서는 (f)처럼 어떤 단어는 그 왼쪽 시작에 초성이 없는 음절이 올 수 있으나 오른쪽 끝에는 초성이 있는 음절이 와야 한다는 것을 보여준다. 그래서 오른쪽에 초성이 없는 (e) si.i보다 (f)와 같이 왼쪽에 초성이 없는 음절이 더 나은 형태이다.

　지금까지 MIN-WD, DEP, NoNC^{vcl} 사이에 흥미로운 관계를 확인해 보았다. 최소단어 제약은 여러 스와힐리어 방언에서 상위에 위치하고 있으며 어떤 방언에서는 NoNC^{vcl}가 더 높이 위치하고 있다. 어떤 방언에서는 DEP가 중요하여 아무것도 추가하지 못하도록 하는 경향이 있다. 이러한 여러 제약과 순서에 따라 다양한 형태음운론적 현상 즉, 형태소 추가, 재음절화, 어두음첨가, 어중음첨가, 어말음첨가, 자음첨가, 비음탈락, 비음의 음절성 확보 등이 일어났다.

7.6. 최적성 분석의 결론

지금까지 스와힐리어의 최소단어요건과 관련된 다른 여러 형태음운론적 현상을 최적
성이론으로 분석해 보았다. 여러 최적성 경쟁 도표에서 보았듯이, 표준 스와힐리어에서
는 MIN-WD이 압도적으로 높이 위치해 있어(Undominated) 어떤 실제 단어도 이 제약을
어길 수 없으며, 다른 제약을 어기면서까지 이 제약만은 지킨다. 최적격 형태가 되기
위해서는 물론 상위에 위치한 다른 제약을 지켜야 하지만, 이러한 제약이 최소단어제약
과 배치된다면 그것을 희생해야 한다. 그러나 어떤 방언에서는 단어의 크기가 2음절
이상이야 한다는 제약이 덜 중요한 경우가 있다. 그래서 단음절 단어도 실재할 수 있고,
비음선행무성자음도 허용될 수도 있고, 표준방언과 다른 위치에 모음이나 음절의 첨가
가 있을 수 있다. 이 경우는 최소단어 제약이 상대적으로 낮은 위치에 있기 때문이다.
이러한 여러 가지 방언에서 볼 수 있는 이형태의 적격성도, 여기서 상정한 여러 제약들
을 재배치함으로써 똑같은 방식으로 설명할 수 있었다. 즉, 방언마다 제약들의 우선순
위가 다른 것이 원인임을 알 수 있었다.

최적성이론에 의한 분석으로, 스와힐리어 음운론이나 형태론에서 이전에는 불규칙
적이거나 예외적이어서 생성음운론에서 효과적으로 설명되지 못하고 또한 동기를 특
정하지 못했던 현상들을 더 잘 설명하게 되었다. 많은 예외적인 음운형상들이 한 가지
원인 즉 스와힐리어의 일반 단어나 동사어간, 중첩어 판형 등은 모두 최소 2음절은
되어야 한다는 대명제 아래에서 한꺼번에 해결되었다. 이전의 예외가 더 이상 예외가
아니고, 단음절어의 이상한 행동은 2음절을 만들기 위한 지극히 자연스럽고 규칙적인
음운현상으로 재조명할 수 있게 되었다.

제8장 스와힐리어의 장래와 과제

8.1. 스와힐리어의 장래

8.2. 스와힐리어의 과제

8.1. 스와힐리어의 장래

지금까지 스와힐리어의 음성, 음운, 형태론에 대해 논의하였다. 스와힐리어는 이 모든 분야에서 특징적인 언어 현상을 보여줌을 알 수 있었다. 이러한 언어 내적 상황뿐만 아니라 언어의 장래는 그 언어의 화자에 의해 결정된다. 스와힐리어의 사용자가 1억이 넘는다는 현실과 또 모국어로나 다른 통용어로 쓰는 사람들이 점점 많아진다는 점에서 스와힐리어의 장래는 밝다고 하겠다. 스와힐리어는 동아프리카뿐만 아니라 부족 간에 정서적으로 공감할 수 있는 마땅한 통용어가 없는 상황에 있는 더 많은 나라와 더 넓은 지역에서 통용어나 공용어로 채택할 것으로 보인다. 국가에서나 언어화자 자신의 선택에 따라 스와힐리어는 자연스런 통용어가 되고 있다. 스와힐리어 화자들과 장래 화자들의 인구가 급속히 증가하고 젊은 세대의 비중이 높고 그들의 활동이 왕성하여짐에 따라 스와힐리어 사용은 더욱 빈번해질 것으로 보인다. 이런 점에서 스와힐리어는 점점 더 많은 외적 요인을 수용해 나가면서 언어 전반에 영향을 받아 지속적으로 변화할 것이 틀림없다. 언어화자의 구성원이 다양한 방언과 언어화자임을 두고 볼 때, 어휘의 수용과 함께 철자와 발음과 여러 문법적 요소와 형태소를 수용해 나갈 것이다. 또한 각종 방언에서 오는 공통어휘의 다양하고도 미세한 차이를 수정하고 정착시키는 과정을 볼 수 있을 것이다. 이런 환경에서 스와힐리어의 장래에 많은 변화를 예상할 수 있는데 이러한 변화가 갑자기 생기지는 않겠지만 이미 이 언어의 여러 분야에서 그러한 가능성을 보이고 있다. 이에 대해 몇 가지로 나누어서 설명하려고 한다.

8.1.1. 발음과 철자의 변화

스와힐리어의 철자와 모음, 자음, 강세와 억양에 대해 제2장과 제3장에서 소개하고 분석하였다. 첫째, 음소와 관련하여 앞에서 지적한 대로, [l]과 [r]의 음성이 점차 /l/과 /r/의 음소로 분화될 것으로 보인다. 기존에 고유한 어휘에서는 이 두 음성이 자유롭게 변이되었지만 이제 차용어가 들어오면서 구별이 시작되어서 앞으로는 고유어 어휘에도 철자의 정착이 있을 것으로 내다보인다.

둘째, kh로 철자된 [x]음에 관한 것인데 이 음의 지위는 지금도 불완전하여 점차 사라질 것으로 보인다. 더 이상 많은 아랍어 유입이 없기 때문에 아랍어 차용 과정에서 도입된 음성이 정착하지 못하고 주변 발음으로 사용되는데 이것도 점점 약화되는 실정이다. 이미 특이한 음소인 유성마찰음인 /ɤ/와 무성인 /h/가 있기에 그와 비슷한 /x/를 추가하기는 어려울 것이다.

셋째, 철자와 관련하여서는 차용어의 영향으로 그리고 음절의 다양화가 대두될 가능성을 두고 볼 때 약간의 변화가 있을 것으로 보인다. 아래 도표 (1)에서 보듯이 (a) America를 약간 다르게 들어 표기상의 차이를 가져왔다. America의 첫째 음절은 강세가 없어 들리지 않아서 첫 모음 A를 표기하지 않았고, 그 다음 음절의 ri에 대한 음가를 강세가 없기에 [rɪ] 나 [rə]로 두 가지가 사용된다. [rɪ]라고 발음되면 스와힐리어에서 철자로는 i로 표기하고 [rə]로 발음되면 e로 표기한다. 스와힐리어에서 nurse의 차용어 표기는 nesi이다. 그래서 Marekani와 Marikani 둘 다 쓰인다.

(1)	음성적 변이형			뜻
a.	Marekani	~	Marikani	'미국'
b.	shtaki	~	shitaki	'책망하다'
c.	sekunde	~	sekonde/sekundo	'1초'
d.	tikti	~	tikiti	'티켓'
e.	umaskini	~	umasikini	'가난'

(b)의 shtaki와 shitaki는 [ʃt]를 초성으로 인정하는지에 관한 것이다. 이는 영어에는 없고 독일어에는 있는 초성 연속이라서 어느 정도 용인되어 왔던 철자인데 앞으로 더욱

굳어질지, 아니면 그 사이에 모음을 넣은 형태로 스와힐리어의 음절과 철자법에 더 근접하게 할지는 미지수이다. (1d-e)에서 보듯이 스와힐리어의 CV음절 요건은 많이 완화되어 CCV도 많이 보인다. 앞으로 더 다양한 음절과 음절로 된 어휘를 볼 수 있을 것이다.

넷째, 차용과정에서 발생한 두 가지 형태에 관한 것이다. 빌려오기 전의 언어를 반영하여 두 가지로 사용되던 표기법을 유지하면서 생긴 현상이다. 다음 (2)에서 보듯이 아랍어에서 모음차이가 의미의 차이를 가져오는데 차용어에서는 그 차이를 구분하지 않고 두 가지 형태소(Doublet)로 받아들여서 생긴 현상으로 보인다. 이러한 철자의 차이는 점차 한 가지로 정착할 것으로 전망된다.

(2)   표기상의 변이   뜻
  a.   ujusi   ~   udusi   '정화식'
  b.   ujamii   ~   ujamaa   '친족, 사회'
  c.   ujume   ~   ujumi   '금속가공'
  d.   haba   ~   huba, hubba   '호감'

8.1.2. 음운현상의 변화 가능성

스와힐리어 음운론에서 논의된 것은 음절이론에 있어 장음의 지위와 모라의 부재, 모음 조화, 다양한 자음과 모음 변화규칙이었다. 특히 음절구조가 전통적인 CV구조뿐만 아니라, 얼마나 많은 다른 구조가 허용되며 어떤 음소배열을 허용할지를 기대해 볼 만하다. 현재는 음절성 자음이 주로 비음에 국한되는데, 그럼에도 아무 자음이든 CVCCV에서 밑줄 친 부분의 위치에 오면 음절성이 된다. 이것이 장래에도 고수될지 아니면 CVC 나 CCV로 기능을 할지 앞으로 지켜볼 만하다. 그렇게 된다면 스와힐리어에 필요없던 '모라'라는 개념의 도입이 필요하다.

8.1.3. 어휘 변이형

어휘의 변이형은 파생어 생성과정에서 더 생길 수도 있고 차용어를 통해 생길 수도

있다. 영어에서 대량으로 차용어가 들어오면서 생긴 의미 분화와 함께 용도에 정착이 있을 것으로 보인다. 예를 들면, 아래 (3a) 경우 '간호사'의 종류가 다르고 근무형태도 다르기 때문에 앞으로 용도도 분화될 것으로 보이며, (c)의 daktari와 mganga는 이미 달리 쓰이고 있다.

(3) 고유어   차용어   뜻
  a. mwuguzi   ~   nesi   '간호사'
  b. mwanachama   ~   memba   '구성원'
  c. mganga   vs.   daktari   '의사' vs. '전통의사'

또한 나라이름과 관련해서 역사적으로 오래된 것과 다소 새로운 차용어가 있어서 둘 사이에 선호도가 달라질 수 있다. 예를 들면, (4a)의 고대 그리스를 Uyunani라고 했는데 스와힐리어와 문화를 잘 모르는 다른 방언지역이나 다른 나라 사람은 이 어휘를 익히기가 어려울 것이다. 그럴 경우 요사이 국가이름에 접사 u를 붙인 Ugriki가 사용될 수도 있을 것이다. 그리스인이라는 Mgriki도 파생되어 이미 쓰이고 있는데 이것들은 더 퍼질 가능성이 있다. (c) Myahudi '이스라엘인'의 경우 스와힐리어를 처음 배우는 사람한테나 잘 하는 사람한테나 다른 지방 사람이라면 무슨 뜻인지 모를 것이다. 이런 나라 이름을 들어본 적이 없기 때문이다. 또한 (d) Wadachi와 Waholanzi가 둘 다 같이 사용되고 지금도 어느 것이 선호하는지 확인되지는 않지만 앞으로 어떻게 될지도 궁금 하다.

(4) 기존 어휘   새로운 어휘   뜻
  a. Uyunani   ~   Kigriki   '그리스'
  b. Myunani   ~   Mgriki   '그리스인'
  c. Myahudi   ~   Misraeli   '이스라엘인'
  d. Wadachi   ~   Waholanzi   '네덜란드인들'
  e. Umanga   ~   Uarabu   '아라비아'

(e) Umanga 같은 경우는 거의 사용이 되지 않는다. 유럽(Europe)을 Ulaya라고 하는데 이것도 언제까지 사용될지 모른다. 발음과 지명과의 차이가 너무 크고 제2언어로 배우는 화자가 모국어 화자보다 많기 때문에, 소통의 편의를 위해서도 모국어 화자가 어려운 어휘를 양보하고 쉬운 어휘를 채택할 가능성도 있어 보인다.

8.1.4. 형태론적 변이형

스와힐리어에서 많은 변이와 변화가 있는 부분이 명사의 부류 이동이다. 과거에 적용되던 분류기준이 모호해지고 또 신조어나 파생어, 차용어가 들어오면서 명사부류를 결정해야 하는데, 과거에 비해서 압도적으로 많은 어휘가, 겉으로 접두사가 표시나지 않는 cl.9/10로 귀결되는 경향이 있다. 또한 이미 다른 부류에 속하던 명사들이 이 부류로 이전하는 경우가 있다. 다음 (5)의 어휘들은 비교적 일찍부터 스와힐리어에 사용되던 어휘여서 cl.5/6에 속해 왔다. 그러나 최근에 이들이 cl.9/10으로도 흔하게 쓰인다.

(5)	cl.5/6		cl.9/10	뜻
a.	rafiki/marafiki	~	rafiki/rafiki	'친구'
b.	shangazi/mashangazi	~	shangazi/shangazi	'고모'
c.	haba/mahaba	~	haba/haba	'호감'
d.	shingo/mashingo	~	shingo/shingo	'목'

rafiki '친구'의 경우 스와힐리어를 처음 배울 때는 marafiki를 복수로 배운다. 그러다가 차용어들이 그렇지 않고 단수와 복수가 같은 형태를 가진 것을 많이 보면서 rafiki가 ma가 있었는지 없었는지 혼동이 온다. 그러다가 많은 사람들이 rafiki/rafiki '친구'를 자연스레 쓰는 시대가 되었다. shangazi '고모'를 찾아보면 사전마다 다르게 되어 있는데 과거로 갈수록 mashangazi를 복수로 하고 있다. 이같이 차용어를 5/6보다는 9/10형으로 받아들이는 현상이 점점 두드러지고 일반화된다면, shati/mashati '셔츠'는 아직 변이형이 없는데 이런 것이 그대로 cl.5/6으로 유지될지 cl.9/10으로 바뀔지도 의문이다. 비슷한 부류의 명사가 다른 부류에 속해 있다면 학습자들에게 외워야 하는 부담이 커지기 때문에 단점이 될 것이고, 이를 쉽게 해결하는 방법은 다소 새로운 문법이 되겠지만,

유추현상(Analogy)으로 흔한 부류의 명사로 사용하는 것이다. 만약 shati/mashati를 shati/shati로 쓰게 된다면 더 많은 어휘들이 같이 바뀌게 될 것이다.

위의 예들 말고도 사람을 가리키는 말로 mrugaruga '게릴라'는 명사부류 1로서 접두사 m를 가지고 있지만, 이것이 없는 rugurugu도 사용된다. 모양으로 봐서는 명사부류 9/10으로 보이지만, 글자 모양이 어떻든 '사람'은 모두 명사부류 1/2에 속하기 때문에 문제가 되지 않는다. m이 없다고 해서 사물이 많이 소속되어 있는 cl.9/10에 속할 우려가 없기 때문에 오히려 더 쉽게 접두사 m이 떨어졌을 수도 있다. 이런 현상이 다른 명사에도 일어날 수 있을지 앞으로 지켜볼 만하다. 또한, 곡식을 까부는 도구인 ungo '키, 채'는 명사부류 11인데, 복수형은 명사부류 10이어서 nyungo로 사용되거나 또 다른 복수형 명사부류 6형인 manyungo로 쓰이기도 한다. 이같이 명사의 소속 부류가 cl.9/10으로 몰리기는 하지만 기존의 명사부류에 속하는 변이형도 여전히 사용된다. 스와힐리어에서 아주 생산성이 큰 명사부류와 그렇지 않고 명맥만 유지하는 부류가 있다. 이들의 운명이 어떻게 될지도 주목할 만하다.

또 다른 형태론적 변이형은 (6)에서 보듯이 파생과정에서 생겨난 다양한 구성 성분 때문에 생긴 것들이다. (6a-c)는 새로운 어휘를 만들어내면서 비슷한 부류의 형태소 특히 접미사를 붙여 같은 뜻을 가리키는 어휘를 다른 모양으로 만들어낸 것들이다.

(6)	변이형 1		변이형 2		변이형 3	뜻
a.	ukombozi	~	ukomboleo	~	ukomboo	'구조, 몸값'
b.	ukawiaji	~	ukawio	~	ukawa	'지연, 연기'
c.	ukoskanaji	~	ukosekano	~	ukosefu ~ ukosa	'잘못, 신앙적 죄'
d.	ukulivu	~	ukulifu			'주저, 용기부족'
e.	ukinzani	~	ukindani			'반대, 항거'
f.	uanauke	~	wanauke			'여성'

물론 (d-f)와 같이 철자의 차이가 약간의 발음상의 차이를 가져오는 경우도 있다. (f)를 보면 추상명사라는 뜻을 표시하기 위해 의도적으로 /u/를 다음 모음과 합쳐서 활음화하지 않고 각각의 모음으로 유지하려고 애쓰는 모습이 보이지만, 어쩔 수 없이 두 번째 형태가 더 발음상으로는 자연스럽다. 앞으로 어느 것이 더 활발하게 사용될 것인지는

화자의 결정에 달려 있겠지만, 문법이나 어휘가 정착하면서 정리될 것으로 보인다.

8.1.5. 교착성의 약화

스와힐리어의 형태론적 특징 중에 두드러진 특징은 교착성이다. 이 교착성은 작은 형태소들의 결합으로 많은 문법적인 기능과 의미적 기능을 하게 한다. 그런데 이 결합된 형태소가 빠져 나와 독립된 형태소로 즉 자립형태소로 위치를 차지하게 되면 교착성이 약화되고 분석적인 언어가 된다. 이렇게 되면 형태소의 미묘한 차이보다는 어순이나 연결사나 전치사에 의존하게 된다. 스와힐리어에서 다음 (7a)와 같이 장소를 가리키는 접미형태소 ni '에, 에서'는 떨어져 나가고, 같은 뜻을 나타내는 katika '에, 에서'라는 자립형태소가 대신 사용될 수 있다. 이는 영어의 전치사적 표현과 닮았다. 의존형태소를 대체할 수 있는 자립형태소를 찾을 가능성이 더 높아질 수 있을 것이다. 특히 (7b)의 분석어 kwa의 다양한 용법은 앞으로 어떤 변화를 가져올지 흥미를 자아내기에 충분하다[19]. (7c-d)의 끝음절 we나 vyo도 개별 형태소인데 교착되어 있지만 둘째 열에 있는 분석어적인 표현이 많이 쓰이기 시작했다.

(7)	교착성의 완화		분석어	뜻
a.	kanisa<u>ni</u>	~	<u>katika</u> kanisa	'교회에서'
b.	nyumbani <u>kwake</u>	~	nyumba <u>kwa</u> Abu	'아부의 집'
c.	mwenye<u>we</u>	~	rafiki yake	'자기 친구와'
d.	vingine<u>vyo</u>	~	na kadhalika	'그 외 등등'

위와 비슷한 경우로 동사로부터 파생되는 어휘가 많은데 모두 교착성을 활용한다. 다음 (8)의 예를 보면 스와힐리어는 세계 어느 언어보다 파생어 생성능력이 뛰어났다. soma '읽다'라는 한 어근에서 e, ek, esh, w등을 붙여 동사를 확장해 나가는 방법은 아주 효과적인 어휘생산 능력이다. 이러한 방식이 계속될 것인지 아니면 새로운 어휘를 차용해서 쓸 것인지에 대한 관찰도 필요하다. 게다가 jifunza '스스로 가르치다, 배우다'

---

19) Ashton(1944: 171-173)은 다양한 kwa의 용법을 소개하고 있다.

나 다른 동사 fundisha '가르치다'를 쓴다면 (d)의 somesha '가르치다'와 같은 파생어를 이전만큼 만들어낼 필요성도 없고, 이미 만들어낸 파생어도 사용빈도가 줄어들 수 있다. 이같이 왕성하던 파생어 생산성이 여전히 활발할지는 의문이다.

(8)   동사의 교착성과 파생어   뜻

    a.   soma   '읽다'

    b.   somea   '읽어주다'

    c.   someka   '읽을 만하다'

    d.   somesha   '가르치다'

    e.   someshwa   '가르침 받다'

중첩어 생산은 교착어가 가지는 뚜렷한 특징이다. 그래서 스와힐리어나 다른 많은 반투어에서 중첩어를 쉽게 찾아볼 수 있다. 이러한 중첩어의 생산성은 교착성이 약화되고 분석어적으로 바뀜에 따라 생산성이 약화된다. (9)의 예를 보면 중첩된 어휘나 그렇지 않은 기본형이나 뜻의 차이가 없다. 중첩어를 만들어도 효과가 없어진다면 중첩어를 생산할 필요성이 없다. 한국어라면 '빨리빨리'를 '아주 빨리'라고 부사로 꾸밀 수 있게 되면 기존의 중첩어를 쓰지 않거나 새로운 중첩어를 만들 필요가 없어진다. 스와힐리어도 새로운 중첩어를 만드는 것이 보이지 않는 것이 사실이다. 앞으로 기존의 중첩어도 이전만큼 사용할지도 궁금하다.

(9)   중첩어의 생산성 약화   뜻

    a.   umotomoto   ~   umoto   '온기'

    b.   unyonyo   ~   unyo   '가까이'

교착어의 어휘 구성은 두 개 이상의 형태소가 붙어서 또 다른 형태소가 되고 기본형이 되는 방식인데, 교착성의 약화는 기존에 붙어 있던 형태소가 떨어지고 대신에 독립된 단어가 그 역할을 감당할 때 생긴다. 독립된 단어인 전치사나 부사, 형용사 등이, 강조하거나 보충하는 뜻의 작은 교착형태소를 대신하면 교착성이 약화되는 것이다. 다음 (10)

의 네 가지 표현을 보면 그 차이를 알 수 있다.

(10)	교착성의 차이		최대/최저 형태소 수	단어 수
a.	Mmarikani	cl.1-Mareka-loc	3/3	1
b.	mtu wa Marekani	N Prep N-loc	2/2	3
c.	mtu kutoka Marekani	N Prep N-loc	2/2	3
d.	mtu kutoka America	N Prep N	2/1	3

만약 (10a) Mmarekani '미국인'에서 사람을 가리키는 접두사 m을 떼고 (b)처럼 mtu wa Marekani라고 한다면, 한 단어에 형태소가 최대로 3개가 붙어 있던 것이 단어는 3개로 나눠지고 단어별 최대 형태소 숫자는 2로 줄어들 것이다. 명사부류 접두사 m을 떼서 명사 mtu '사람'을 쓰고 또 그 사이에 전치사와 같은 기능을 하는 독립된 단어 wa를 넣은 것이 된다. (c)처럼 mtu kutoka Marekani라고 하여 동사 부정사형으로 자립형 태소인 kutoka '오다'를 사용해도 (b)와 같은 수의 단어와 최대 및 최소 형태소 수를 가지게 된다. 만약 더 나아가서 (d) mtu kutoka Amerika라고까지 한다면, 교착성 형태소 를 최대로 3개까지 가지고 있던 맨 처음의 단어에서, 형태소가 최저 1개뿐인 단어를 만들어내게 된다. 교착성의 약화는 독립된 단어의 수는 늘고 단어별 최대 형태소 수는 줄어드는 것이다. 이런 과정을 여러 어휘에서 겪는다면 교착성이 강하던 언어가 교착성 이 줄어든 언어가 된다.

8.1.6. 최소단어의 변화

스와힐리어에는 최소단어를 2음절로 유지하려는 다양한 형태음운론적 현상들이 있음 을 앞 장에서 보았다. 동사어간의 경우 부정사 접두사를 유지하거나, 명사는 접두사를 잉여적으로 유지하거나 이중으로 가지거나, 모음이나 음절을 첨가하거나, 모음을 장음 화하거나, 강세를 부여하여 비음을 음절화하거나, 음절을 반복하여 명사나 대명사, 감 탄사를 만드는 등 다양한데 이것이 여전히 앞으로도 유효할지를 지켜볼 만하다. 자음의 음절성 유무나 음절에서의 지위가 바뀜에 따라 최소단어에 대한 정의도 2음절에서

2모라가 될 수도 있을 것이고, 그렇게 되면 모라라는 개념을 스와힐리어에 도입해야 할 것이다. 몇몇 방언에서는 최소단어요건에 따른 현상들이 표준방언만큼 두드러지지는 않은데, 앞으로 그 방언들과 표준방언 사이의 경쟁에서 어떤 변화가 있을지 두고 볼만하다.

8.2. 스와힐리어의 과제

스와힐리어의 음성, 음운, 형태론은 언어학적으로 흥미롭고 앞으로의 변화도 주목할 만하다. 이 언어에 있었던 과거의 역사뿐만 아니라 현재 진행 중인 언어현상도 관심을 둘 필요가 있다. 언어화자가 다양해지고 제2언어화자가 급격히 증가하면서 모어를 상실하면서까지 스와힐리어를 배워가는 과정에서 일어날 많은 현상은 언어학자에게 흥미로운 주제가 될 것이다. 젊은 세대들이 다양한 부족의 모어를 사용하다가 스와힐리어라는 통용어를 접하면서 모어와 통용어의 구분이 어렵고 어휘의 혼용이나 발음과 억양의 다양성을 가진 스와힐리어를 사용하게 될 것이다. 그래서 스와힐리어라는 동시대 언어에서 일어나는 음성과 음운의 변화, 억양의 다양성, 다양한 음절구조의 허용, 각종 음운현상의 적용범위, 어휘의 변화, 형태론적 다양성, 방언이나 인접 언어와의 차이 등을 관찰하고 분석하는 연구는 계속해서 흥미로운 분야가 될 것이다.

스와힐리어에 대한 이러한 관심과 연구는 언어학습자에게 참고자료로 큰 도움을 줄 것이며, 스와힐리어 연구자와 일반언어학 연구자에게는 언어학 일반이론뿐만 아니라 구체적인 언어현상에 대한 의미있는 자료를 제공하게 될 것이다.

참고문헌

권명식. 1987. 스와힐리어 구문분석. 명지출판사.

권명식. 1987. 스와힐리어 연구. 명지출판사.

권명식. 1989. 스와힐리어 회화. 명지출판사.

김광수. 2011. 스와힐리어 연구. 다해.

김윤진. 1996. 시사 스와힐리어 연구. 명지출판사.

김윤진·권명식 편. 1999. 스와힐리어-한국어사전. 한국외국어대학교 출판부.

박정경. 2010. 한글만 알면 꿩 먹고 알 먹는 스와힐리어 첫걸음. 문예림.

양철준. 1990. 시사 스와힐리어. 명지출판사.

전상범. 1996. 형태론. 한신문화사.

전상범. 2004. 음운론. 서울대학교출판부.

케네네와 무티소·양철준. 1988. 스와힐리어-영어-한국어 속담사전. 명지출판사.

Akinlabi, Akinbiyi. 1997. Patterns of Tonal Transfer I. Paper Presented at ACAL 28. Cornell University, July 12.

Archangeli, Diana. 1984. Underspecification in Yawelmani Phonology and Morphology. Ph.D. Dissertation, MIT.

Ashton, Ethel O. 1944. *Swahili Grammar* (*Including Intonation*). London: Longmans, Green and Co.

Attas, Ali. 1986. *Kamusi ya Kwanza* [*The First* (*Swahili*) *Dictionary*]. Nairobi, Kenya: Macmillan Kenya Publishers Ltd.

Avery, Peter & Susan Ehrlich. 1992. *Teaching American English Pronunciation.* Oxford: Oxford University Press.

Bagemihl, Bruce. 1989. The Crossing Constraint and 'Backwards Languages'. *NLLT* 7: 481-549.

Bakari, Mohamed. 1985. *The Morphophonology of the Kenyan Swahili Dialects*. Berlin: Dietrich Reimer Verlag.

Bakhressa, Salim K. 1992. *Kamusi ya Maana na Matumizi* ([*Swahili}* Dictionary with Meaning and Usage*). Nairobi, Kenya: Oxford University Press.

Batibo, Herman M. 2013. The Evolution and Adaptation of Swahili and Tswana Syllable Structures. *Bayreuth African Studies Series* 91: 13-34.

Batibo, Herman M. & Franz Rottland. 1992. The Minimality Condition in Swahili Word Forms. *Afrikanistische Arbeitspapiere* 29: 89-110.

Beckman, Jill. 1994. Shona Vowel Height Harmony: Markedness and Positional Identity. *UMOP* 18: 53-75.

Bell, Alan. 1978. Syllabic Consonants. In Joseph Greenberg (ed.), *Universals of Human Language*. Vol.2. Phonology. Stanford, CA: Stanford University Press, pp.153-201.

Bendor-Samuel, John. 1989. *The Niger-Congo Languages*. New York: University Press of America.

Bentley, Mayrene E. 1992. The Syllable Structure of Swahili. Unpublished Manuscript, Indiana University, Bloomington.

Bhalo, Ahmed Nassir bin Juma (Lyndon Harries trans. & ed.). 1966. *Poems from Kenya*. Madison, WI: University of Wisconsin Press.

Bible Society of Tanzania. 1994. *Biblia: Yaani Agano la Kale na Agano Jipya*.

Bickmore, Lee. 2000. Downstep and Fusion in Namwanga. *Phonology* 17: 297-331.

Bloomfield, Leonard. 1933. *Language*. Chicago & London: The University of Chicago Press.

Booij, Geert. 1995. *The Phonology of Dutch*. London: Clarendon Press.

Bosha, Ibrahim. 1993. *Taathira za Kiarabu Katika Kiswahili Pamoja na Kamusi Thulathiya* [*The Influence of Arabic Language on Kiswahili with a Trilingual Dictionary* (*Swahili-Arabic-English*)]. Dar es Salaam, Tanzania: University of Dar es Salaam Press.

Botne, Robert & Kisanga Salama-Gray (eds.). 1994. *A Lega and English Dictionary: With an Index to Proto-Bantu Roots*. Germany: Rüdiger Koppe Verlag.

Botne, Robert. 1997. Evidentiality and Epistemic Modality in Lega. *Studies in Language* 21: 509-32.

Botne, Robert. 2003. Lega (Beya Dialect) (D25). In Derek Nurse & Gérard Philippson (eds.), *The Bantu Languages*. London: Routledge, pp.422-449.

Botne, Robert. 2004. Specificity in Lusaamia Infinitives. *Studies in Language* 18.1: 137-164.

Broselow, Ellen. 1982. On Predicting the Interaction of Stress and Epenthesis. *Glossa* 16.2: 115-132.

Burk, Ellen I. 1940. *A Small Handbook of the Kilega Language*. Pittsburgh, PA: The Pittsburgh Bible Institute Press.

Casali, Roderic F. 1996. Resolving Hiatus. Ph.D. Dissertation, University of California, Los Angeles.

Cassimje, Farida & Charles Kisseberth. 1998. Optimal Domains Theory and Bantu Tonology: A Case Study from Isixhosa and Shingazidja. In Larry Hyman & Charles Kisseberth (eds.), *Theoretical Aspects of Bantu Tone*. Stanford: CSLI, pp.33-132.

Choti, Jonathan. 2015. Phonological Asymmetries of Bantu Nasal Prefixes. In Ruth Kramer et al. (ed.), *Selected Proceedings of the 44th Annual Conference on African Linguistics*, Somerville, MA: Cascadilla Proceedings Project, pp.37-51.

Clements, G. Nick. 1984. Principles of Tone Assignment. In Nick Clements & John Goldsmith (eds.), *Autosegmental Studies in Bantu Tone*. Dordrecht: Foris Publications, p.281-339.

Clements, G. Nick. 1986. Compensatory Lengthening and Consonant Gemination in Luganda. In Leo Wetzels & Elgin Sezer (eds.), *Studies in Compensatory Lengthening. Dordrecht*, Netherlands: Foris Publications, pp.37-77.

Clements, G. Nick & Elizabeth V. Hume. 1995. Internal Structure of Speech Sounds. In John Goldsmith (ed.), *The Handbook of Phonological Theory*. Cambridge, MA: Blackwell, pp.245-306.

Cole, Jennifer. 1990. The Minimal Word in Bengali. *WCCFL* 9: 157-170.

Conklin, Harold C. 1982. Tagalog Speech Disguise. *Language* 32: 136-139.

Conklin, Harold C. 1985. Linguistic Play in Its Cultural Context. *Language* 35: 631-636.

Contini-Morava, Ellen. 2000. Noun Class as Number in Swahili. *Amsterdam Studies in the Theory and History of Linguistic Science Current Issues in Linguistic Theory* 183: 3-30.

Contini-Morava, Ellen. 2006. The Difference Between Zero and Nothing: Swahili Noun Class Prefixes 5 and 9/10. *Studies in Functional and Structural Linguistics* 57: 211-222.

Cook, Tony. 2013. The Status of the Macrostem in Reduplication in Ndebele and Zulu. In Chundra Cathcart et al. (eds), *Proceedings of the 37th Annual Meeting of the Berkeley Linguistics Society*, pp.46-60.

Cowan, Nelson & Lewis Leavitt. 1992. Speakers' Access to the Phonological Structure of the Syllable in Word Games. *CLS* 26.2: 45-59.

Crowhurst, Megan J. 1992. Diminutives and Augmentatives in Mexican Spanish: A Prosodic Analysis. *Phonology* 9: 221-253.

Creider, Chet A. & J. Peter Denny. 1975. The Semantics of Noun Classes in Proto-Bantu. *Ohio State University Working Papers in Linguistics* 19: 142-163.

Davis, Stuart. 1993. Language Games. In Ron Asher (ed.), *The Encyclopedia of Language and Linguistics*. Oxford: Pergamon Press, pp.1980-1985.

Davis, Stuart & Gina Torretta. 1997. An Optimality-Theoretic Account of Compensatory Lengthening and Geminate Throwback in Trukese. Paper Presented at NELS 28. University of Toronto.

De Rooij, Vincent A. 2007. Grammatical Borrowing in Katanga Swahili. *Empirical Approaches to Language Typology* 38: 123-136.

Deen, Kamil U. 2006. Object Agreement and Specificity in Early Swahili. *Journal of Child Language* 33.2: 223-246.

Deen, Kamil U. & Nina Hyams. 2006. The Morphosyntax of Mood in Early Grammar with Special Reference to Swahili. *First Language* 26.1: 67-102.

Dent, George R. & C. Sibusiso Nyembezi. 1969. *Scholar's Zulu Dictionary: English-Zulu/Zulu-English*. Pietermaritzburg: Shuter & Shooter.

Dixon, Robert M. 1977. *A Grammar of Yidiny*. Cambridge: Cambridge University Press.

Downing, Laura. 1991. The Moraic Representation of Nasal-Consonant Clusters in Jita. *Afrikanistische Arbeitspapiere* 25: 105-130.

Downing, Laura. 2001. Tone (Non-)Transfer in Bantu Verbal Reduplication. Manuscript at Typology of African Prosodic Systems Workshop. Bielefeld University, Germany, May 18-20.

Downing, Laura. 2003. Stress, Tone and Focus in Chichewa and Xhosa. In Rose-Juliet Anyawu, (ed.), *Stress and Tone—The African Experience. Frankfurter Afrikanistische Blatter* 15: 1-39.

Eastman, Carol M. 1983. Exclamations in Standard Swahili as Cultural Communication. *Journal of African Languages and Linguistics* 5: 157-180.

Eastman, Carol M. 1992. Swahili Interjections: Blurring Language-Use/Gesture-Use Boundaries. *Journal of Pragmatics* 18: 273-287.

Evans, Nick. 1995. Current Issues in the Phonology of Australian Languages. In John Goldsmith (ed.), *The Handbook of Phonological Theory*. Cambridge, MA: Blackwell Publishers, pp.723-761.

Evans-Pritchard, Edward E. 1954. A Zande Slang Language. *Man* 54: 185-186.

Frankl, Peter J. & Yahya Ali Omar. 1996. Some Monosyllabic Words in Swahili: a Case of Stress. *Afrika und Übersee* 79: 259-269.

Givón, Talmy. 1970. Some Historical Changes in the Noun Class System of Bantu: Their Possible Causes and Wider Implications. In Chin-Wu Kim & Herbert Stahlke (eds.), *Papers in African Linguistics*, Edmonton: Linguistic Research, pp.33-54.

Goldsmith, John. 1984. Meeussen's Rule. In Mark Aronoff & Richard Oehrle (eds.), *Language Sound Structure*. Cambridge, Mass.: MIT Press, pp.245-259.

Golston, Chris. 1991. Minimal Word, Minimal Affix. *NELS* 21: 95-109.

Gromova, Nelly V. 1998. Some Remarks about Locatives Classes in Modern Swahili. *Lincom Studies in Theoretical Linguistics* 7: 54-61.

Gromova, Nelly V. 2004. The Infinitive as a Part of Speech in Swahili. Trends in Linguistics. *Studies and Monographs* 156.3: 243-252.

Guthrie, Malcolm. 1967-71. *Comparative Bantu. 1-4*. Hants: Gregg International Publishers Ltd.

Hagberg, Larry. 1992. Syllabification of Long Vowels in Mayo. *CLS* 26.2: 159-173.

Hayes, Bruce. 1986. Inalterability in CV Phonology. *Language* 62.2: 321-351.

Hayes, Bruce. 1989. Compensatory Lengthening in Moraic Phonology. *Linguistic Inquiry* 20.2: 253-306.

Herbert, Robert K. 1986. *Language Universals, Markedness Theory, and Natural Phonetic Processes*. Berlin: Mouton de Gruyter.

Herman, Rebecca. 1996. Prosodic Structure of Siswati. *OSU Working Papers in Linguistics* 48: 31-55.

Hinnebusch, Thomas J. 1996. What Kind of Language is Swahili? *Afrikanistische Arbeitspapiere* 47: 73-95.

Hinnebusch, Thomas & Sara Mirza. 1979. *Kiswahili: Msingi wa Kusoma, Kusema na Kuandika* [*Swahili: A Foundation for Reading, Speaking and Writing*]. New York: University Press of America.

Hombert, Jean-Marie. 1986. Word Games: Some Implications for Analysis of Tone and Other Phonological Constructs. In John Ohala and Jeri Jaegar (eds.), *Experimental Phonology*. Orlando: Academic Press, pp.175-186.

Hubbard, Kathleen. 1995. 'Prenasalized Consonants' and Syllable timing: Evidence from Runyambo and Luganda. *Phonology* 12: 235-256.

Hurskainen, Arvi J. 2004. Loan words in Swahili. Trends in Linguistics. *Studies and Monographs* 156.3: 199-218.

Hyman, Larry. 1992. Moraic Mismatches in Bantu. *Phonology* 9: 255-265.

Hyman, Larry & Francis Katamba. 1990. Final Vowel Shortening in Luganda. *Studies in African Linguistics* 21: 1-59.

Hyman, Larry & Charles Kisseberth (eds.), 1998. *Theoretical Aspects of Bantu Tone*. Stanford: CSLI.

Hyman, Larry & Francis Katamba. 1990. Final Vowel Shortening in Luganda. *Studies in African Linguistics* 21: 1-59.

Hyman Larry & Al Mtenje. 1999. Prosodic Morphology and Tone: The Case of Chichewa. In Rene Kager, et al (eds.), *The Prosody-Morphology Interface*. Cambridge: Cambridge University Press, pp.90-133.

Institute of Kiswahili Research. 1981. *Kamusi ya Kiswahili Sanifu* [*A Standard Swahili*(*-Swahili*) *Dictionary*]. Dar es Salaam, Tanzania: Oxford University Press Tanzania.

Interterritorial Language Committee for the East African Dependencies. 1939. *Standard Swahili-English Dictionary*. Nairobi: Oxford University Press.

Iraki, Frederick K. 2002. A Contrastive Reading of Temporal-Aspectual Morphemes in Swahili: The Case of '-li' and '-me'. *Pragmatics and Beyond New Series* 99: 117-128.

Ito, Junko. 1986. *Syllable Theory in Prosodic Phonology*. Ph.D. Dissertation, University of Massachusetts, Amherst.

Ito, Junko. 1989. A Prosodic Theory of Epenthesis. *Natural Language and Linguistic Theory* 7: 217-259.

Jensen, John T. 1977. *Yapese Reference Grammar*. Honolulu: University Press of Hawaii.

Jones, Patrick. 2011. New Evidence for a Phonological Stem Domain in Kinande. In Mary Washburn et al. (eds), *Proceedings of the 28th West Coast Conference on Formal Linguistics*. Somerville, MA: Cascadilla Proceedings Project, pp.285-293.

Kandoro, Saadani Abdu. 1978. *Ushahidi wa Mashairi ya Kiswahili na Lugha Yake [An Attestation of Swahili Poetry and Its Language]*. Dar es Salaam: Longman Tanzania Ltd.

Kanerva, Jonni. 1990. *Focus and Phrasing in Chichewa Phonology*. Ph.D. Dissertation, Stanford University.

Kapinga, M. Christian. 1983. *Sarufi Maumbo ya Kiswahili Sanifu [Formal Grammar of Standard Swahili]*. Dar es Salaam, Tanzania: Institute of Swahili Research, University of Dar es Salaam.

Katamba, Francis. 1984. A Non-linear Analysis of Vowel Harmony in Luganda. *Journal of Linguistics* 20: 257-75.

Katamba, Francis & Larry Hyman. 1991. Nasality and Morpheme Structure Constraints in Luganda. *Afrikanistische Arbeitspapiere* 25: 175-211.

Kenstowicz, Michael. 1994. *Phonology in Generative Grammar*. Cambridge, MA: Basil Blackwell Ltd.

Kenstowicz, Michael & Charles Pyle. 1973. On the Phonological Integrity of Geminate Clusters. In *Issues in Phonological Theory*, eds. by Michael Kenstowicz and Charles Kisseberth. The Hague: Mouton.

Key, Michael & Mokaya Bosire. 2004. Leftward High Tone Spread and Downstep in Nyore. *Rutgers Optimality Archive* 644.

Kinyalolo, Kasangati K. 1991. *Syntactic Dependencies and the Spec-head Agreement Hypothesis in Kilega*. Doctoral Dissertation. UCLA.

Kisseberth, Charles. 1984. Digo Tonology. In Nick Clements & John Goldsmith (eds.), *Autosegmental Studies in Bantu Tone*. Dordrecht: Foris, pp.105-182.

Kisseberth, Charles & David Odden. 2003. Tone. In Derek Nurse & Gérard Philippson (eds.), *The Bantu Languages*. London: Routledge, pp.59-70.

Kiyomi, Setsuko & Stuart Davis. 1992. Verb Reduplication in Swati. *African Languages and Cultures* 5.2: 113-124.

Knappert, Jan. 1971. *Swahili Islamic Poetry*. Vol. 1. Leiden: E. J. Brill.

Kraska-Szlenk, Iwona. 2009. Size vis-a-vis Frequency: Minimality and Maximality Constraints in Swahili. *Language Sciences* 31.2-3: 271-284.

Kulemeka, Andrew T. 1993. *Status of the Ideophone in Chichewa*. Ph.D. Dissertation, Indiana University, Bloomington.

Ladefoged, Peter. 1971. *Preliminaries to Linguistic Phonetics*. Chicago: University of Chicago Press.

Ladefoged, Peter. 2000. *Vowels and Consonants: An Introduction to the Sounds of Languages*. Oxford: Blackwell Publishers.

Ladefoged, Peter and Ian Maddieson 1996. *The Sounds of the World's Languages*. Cambridge, MA: Blackwell Publishers.

Lamontagne, Greg. 1993. *Syllabification and Consonant Cooccurrence Conditions*. Ph.D. Dissertation, University of Massachusetts, Amherst.

Laycock, Don. 1972. Towards a Typology of Ludlings, or Play-Languages. *Linguistic Communications* 6: 61-113.

Leonard, Robert A. & Wendy Saliba. 2006. A Semantic Analysis of the Swahili Suffix /-li/. *Studies in Functional and Structural Linguistics* 57: 223-238.

Lichtenberk, Frantisek. 1983. *A Grammar of Manam*. Honolulu: University Press of Hawaii.

Lombardi, Linda & John McCarthy. 1991. Prosodic Circumscription in Choctaw Morphology. *Phonology* 8: 37-71.

Loogman, Alfons. 1965. *Swahili Grammar and Syntax*. Pittsburgh, PA: Duquesne University Press.

Maho, Jouni F. 2009. NUGL(New Updated Guthrie List) http://goto.glocalnet.net/mahopapers/nuglonline.pdf

Marantz, Alec. 1982. Re Reduplication. *Linguistic Inquiry* 13: 435-482.

Marten, Lutz. 2011. Information structure and agreement: Subjects and Subject Agreement in Swahili and Herero. *Lingua* 121.5: 787-804.

Marten, Lutz. 2013. Structure and Interpretation in Swahili Existential Constructions. *Italian Journal of Linguistics* 25.1: 45-74.

Matondo, Masangu D. 2006. Tonal Transfer in Kisukuma. In John Mugane, et al (eds.), *Selected Proceedings of the 35th Annual Conference on African Linguistics*. Somerville, MA: Cascadilla Proceedings Project, pp.125-135.

Maw, Joan. 1969. *Sentences in Swahili*. London: University of London, School of Oriental and African Studies.

Maw, Joan. 1992. *Narrative in Swahili*. London: University of London, School of Oriental and African Studies.

Maw, Joan & John Kelly. 1975. *Intonation in Swahili*. London: University of London, School of Oriental and African Studies.

Mbaabu, Ireri. 1985. *Sarufi ya Kiswahili* [*Swahili Grammar*]. Nairobi, Kenya: Kenya Publishing & Book Marketing Co. Ltd.

McCarthy, John. 1979. *Formal Problems in Semitic Phonology and Morphology*. Ph.D. Dissertation, MIT.

McCarthy, John. 1981. A Prosodic Theory of Nonconcatenative Morphology. *Linguistic Inquiry* 12: 373-418.

McCarthy, John. 1982. Prosodic Templates, Morphemic Templates, and Phonemic Tiers. In *The Structure of Phonological Representations* (*Part I*), eds. by Harry van der Hulst and Noval Smith. Dordrecht, Holland: Foris Publications, pp.191-223.

McCarthy, John. 1984. Speech Disguise and Phonological Representation in Amharic. In Harry van der Hulst and Norval Smith (eds.), *Advances in Nonlinear Phonology*. Dordrecht, The Netherlands: Foris Publications, pp.305-312.

McCarthy, John & Alan Prince. 1986. *Prosodic Morphology*. Unpublished Manuscript, University of Massachusetts and Brandeis University.

McCarthy, John & Alan Prince. 1988. Quantitative Transfer in Reduplication and Templatic Morphology. In The Linguistic Society of Korea (ed.), *Linguistics in the Morning Calm* 2. Seoul, Korea: Hanshin Publishing Co., pp.3-35.

McCarthy, John & Alan Prince. 1990. Foot and Word in Prosodic Morphology: The Arabic Broken Plural. *Natural Language and Linguistic Theory* 8: 209-283.

McCarthy, John & Alan Prince. 1993a. *Generalized Alignment*. Unpublished Manuscript, University of Massachusetts and Rutgers University.

McCarthy, John & Alan Prince. 1993b. *Prosodic Morphology I: Constraint Interaction and Satisfaction*. Unpublished Manuscript. University of Massachusetts and Rutgers University.

McCarthy, John & Alan Prince. 1995a. Prosodic Morphology. In John Goldsmith (ed.), *The Handbook of Phonological Theory*. Cambridge, Mass: Blackwell Publishers, pp.318-366.

McCarthy, John & Alan Prince. 1995b. Faithfulness and Reduplicative Identity. *UMOP* 18: 249-384.

McGrath, Donovan & Lutz Marten. 2003. *Colloquial Swahili: The Complete Course for Beginners*. London & New York: Routledge.

McNally, Louise. 1990. Multiplanar Reduplication: Evidence from Sesotho. *WCCFL* 9: 331-346.

McWhorter, John. 1994. From Focus Marker to Copula in Swahili. *Proceedings of the Annual Meeting of the Berkeley Linguistics Society* 20: 57-66.

Meeussen, Achille E. 1962. Lega Teksten. *African Linguistica I*, Annales--Sciences Humaines No 42. Tervuren: Musée Royal de l'Afrique Centrale.

Meeussen, Achille E. 1967. Bantu Grammatical Reconstructions. *African Linguistica* 3: 79-121.

Meeussen, Achille E. 1971. *Elements de Grammarire Lega*. Tervuren: Musé Royal de l'Afrique Centrale.

Meinhof, Carl. 1906. *Grundzüge einer Vergleichenden Grammatik der Bantusprachen*. Berlin: Reimer.

Meinhof, Carl. 1932/1984. *Introduction to the Phonology of the Bantu Languages*. Berlin: Dietrich Reimer.

Mkude, Daniel. & Rugatiri Mekacha. 1998. Transitivity in Swahili. *Journal of African languages and linguistics* 19.2: 160-163.

Mpiranya, Fidéle. 1995. *Swahili Phonology Reconsidered in a Diachronical Perspective: the Impact of Stress on Morphonemics and Syllable Structure*. Köln, Germany: Rüdiger Köppe Verlag.

Murphy, John. 1972. *Luganda-English Dictionary*. Washington, D. C.: The Catholic University of America Press.

Mutaka, Ngessimo. 1990. *Lexical Tonology of Kinande*. Ph.D. Dissertation, University of Southern California.

Mutaka, Ngessimo & Larry Hyman. 1990. Syllables and Morpheme Integrity in Kinande Reduplication. *Phonology* 7: 73-119.

Myachine, Ekaterina N. 1981. *The Swahili Language*. London: Routledge & Kegan Paul.

Myers, Scott. 1987. *Tone and the Structure of Words in Shona*. Ph.D. Dissertation, University of Massachusetts, Amherst.

Myers, Scott. 1994. Epenthesis, Mutation, and Structure Preservation in the Shona Causative. *Studies in African Linguistics* 23.2: 185-216.

Myers, Scott. & Troi Carleton. 1996. Tonal Transfer in Chichewa. *Phonology* 13: 39-72.

Newman, Paul. 1989. The Historical Change from Suffixal to Prefixal Reduplication in Hausa Pluractional Verbs. *Journal of African Languages and Linguistics* 11: 37-44.

Ngunga, Armindo. 2000. *Phonology and Morphology of the Ciyao Verb.* Stanford Monographs in African languages Series.

Njogu, Kimani. 1994. The Minimal Size Condition in Kiswahili. Paper presented at the 25th Annual Conference on African Linguistics, Rutgers University.

Nurse, Derek & Thomas Hinnebusch. 1993. *Swahili and Sabaki: A Linguistic History*. Berkeley & Los Angeles: U. of California Press.

Nurse, Derek & Irene Tucker. 2001. A Survey Report for the Bantu Languages. SIL International.

Odden, Davis. 1994. Adjacency Parameters in Phonology. *Language* 70.2: 289-330.

Odden, David. 1995. Tone: African Languages. In John Goldsmith (ed.), *The Handbook of Phonological Theory*. Cambridge, Mass: Blackwell, pp.444-475.

Odden, David. 1996a. Patterns of Reduplication in Kikerewe. *OSU Working Papers in Linguistics* 48: 111-149.

Odden, David. 1996b. Minimality in Kikerewe. Paper presented at Mid-Continental Workshop on Phonology, U. of Illinois, Urbana-Champaign.

Odden, David. 1996c. *The Phonology and Morphology of Kimatuumbi*. Oxford: Clarendon Press.

Odden, David & Mary Odden. 1985. Ordered Reduplication in Kihehe. *Linguistic Inquiry* 16: 497-503.

Ohly, Rajmund. 1987. *Primary Technical Dictionary: English-Swahili*. Dar es Salaam, Tanzania: Institute of Production Innovation, University of Dar es Salaam.

Park, Jae-Ick. 1995. Minimal Word Effects in Swahili. In Akinbiyi Akinlabi (ed.), *Theoretical Approaches to African Linguistics*. Trenton, NJ: Africa World Press, pp.295-312.

Park, Jae-Ick. 1997a. Disyllabic Requirements in Swahili Morphology. *UPenn Working Papers in Linguistics* 4: 245-258.

Park, Jae-Ick. 1997b. Minimal Word Effects with Special Reference to Swahili. Ph.D. Dissertation, Indiana University, Bloomington.

Park, Jae-Ick. 2000. Swahili Syllable Counting in Poetry, Language Games, and Stress Assignment. *MIT Working Papers in Linguistics* 36: 1-20.

Park, Jae-Ick. 2001. The Prosodic Domains in Kilega (Bantu). *Studies in Modern Grammar* 25: 109-137.

Park, Jae-Ick. 2002. Vowel Harmony in Eastern Bantu Verbs. *Studies in Phonetics, Phonology and Morphology* 8.1: 101-115.

Park, Jae-Ick. 2009. The Tonology of Kilega Verbs. *Journal of Language Sciences* 16.1: 207-226.

Park, Jeong-Kyung. 2008. Language Policy and the Growth of Swahili Literature in Tanzania. *Journal of the Korean Association of African Studies* Vol. 8: 97-112. Korean Society of African Studies.

Peng, Long. 1991. Swati and Kikuyu Reduplication: Evidence Against Exhaustive Copy. *Studies in African Linguistics* 22.1: 45-71.

Perrott, D. V. 1965. *Swahili Dictionary*. Kent, G.B.: Hodder & Stoughton Ltd.

Philippson, Gérard. 2003. Tone Reduction vs. Metrical Attraction in the Evolution of Eastern Bantu Tone Systems. Online text from *http://www.ddl.ish-lyon.cnrs.fr/fulltext/philippson/philippson _1998a.pdf*

Poletto, Robert. 1996. Base-Identity Effects in Runyankore Reduplication. *OSU Working Papers in Linguistics* 48: 183‒210.

Polomé, Edgar C. 1967. *Swahili Language Handbook*. Washington, D.C.: Center for Applied Linguistics.

Port, Robert. 1981. The Applied Suffix in Swahili. *Studies in African Linguistics* 12.1: 71-82.

Poser, William. 1984. Hypocoristic Formation in Japanese. *WCCFL* 3: 218-229.

Poser, William. 1990. Evidence for Foot Structure in Japanese. *Language* 66: 78-105.

Prince, Alan. 1980. A Metrical Theory for Estonian Quantity. *Linguistic Inquiry* 17: 207-263.

Prince, Alan & Paul Smolensky. 1993. *Optimality Theory: Constraint Interaction and Generative Grammar*. Unpublished Manuscript, Rutgers University and the University of Colorado.

Raum, Otto F. 1937. Language Perversions in East Africa. *Africa* 10: 221-226.

Rechenbach, Charles W. 1967. *Swahili-English Dictionary*. Washington, D.C.: Catholic University of America Press.

Scullen, Mary E. 1992. Chichewa Vowel Harmony and Underspecification Theory. *Linguistic Analysis* 22.3-4: 218-245.

Scullen, Mary E. 1993. The Prosodic Morphology of French. Ph.D. Dissertation, Indiana University, Bloomington.

Selkirk, Elizabeth O. 1984. *Phonology and Syntax: The Relation between Sound and Structure*. Cambridge, MA: MIT Press.

Selkirk, Elizabeth O. 1986. On Derived Domains in Sentence Phonology. *Phonology Yearbook* 3: 371-405.

Shepardson, Kenneth. 1981. *Phonology and Phonetics of Aspiration in Swahili*. Manuscript distributed by IULC.

Spring, Cari. 1988. How Many Feet per Language? *WCCFL* 9: 493-507.

Spring, Cari. 1990. *Implications of Axininca Campa for Prosodic Morphology and Reduplication*. Ph.D. Dissertation, University of Arizona.

Spring, Cari. 1992. The Velar Glide in Axininca Campa. *Phonology* 9: 329-352.

Steriade, Donca. 1987. Redundant Values. *Chicago Linguistic Society* 23: 339-362.

Steriade, Donca. 1988. Reduplication and Syllable Transfer in Sanskrit and Elsewhere. *Phonology* 5: 73-155.

Steriade, Donca. 1991. Moras and Other Slots. *FLSM* 1: 254-280.

Steriade, Donca. 1993. Closure, Release, and Nasal Contours. In Marie Huffman and Rena Krakow (ed.), *Phonetics and Phonology: Nasals, Prenasalization, and the Velum*. San Diego, CA: Academic Press, Inc., pp.401-470.

Sungita, Y. Y. & E. E. Mhamilawa. 2006. Formant Analysis for Kiswahili Vowels. *Tanzania Journal of Science* 32.1: 11-28.

Suzuki, Hisami. 1995. Minimal Words in Japanese. *CLS* 31: 448-463.

Tateishi, Koichi. 1989. Theoretical Implications of the Japanese Musician's Language. *WCCFL* 8: 384-398.

Thompson, Katrina D. & Antonia F. Schleicher. 2001. *Swahili Learners' Reference Grammar*. National African Language Resource Center, University of Wisconsin-Madison.

Tokyo University of Foreign Studies. 1990-1997. *Suwahirigo Jiten* [*Swahili Dictionary*], Vol. 1-5. Tokyo, Japan: Tokyo University of Foreign Studies.

Trevor, J. C. and C. M. N. White. 1955. 'Backwards Languages' in Africa. *Man* 55: 96.

Vago, Robert M. 1985. The Treatment of Long Vowels in Word Games. *Phonology Yearbook* 2: 329-342.

Vennemann, Theo. 1988. *Preference Laws for Syllable Structure and the Explanation of Sound Change*. Berlin, Germany: Mouton de Gruyter.

Vitale, Anthony J. 1982. Problems of Stress Placement in Swahili. *Studies in African Linguistics* 13: 325-330.

Wald, Benji. 1990. Swahili and the Bantu Languages. In Bernard Comrie (ed.), *The World's Major Languages*. Oxford: Oxford University Press, pp.991-1014.

Wazaki, Yoichi. 1980. *Kamusi ya Kiswahili-Kijapani* [*Swahili-Japanese Dictionary*]. Tenri, Japan: Yotokusha Co, Ltd.

Welmers, William. 1973. *African Language Structures*. Berkeley, Los Angeles, London: University of California Press.

Zawawi, Sharifa M. 1979. *Loan Words and Their Effect on the Classification of Swahili Nominals*. Leiden, Netherlands: E. J. Brill.

Zec, Draga. 1988. *Sonority Constraints on Prosodic Structure*. Ph.D. Dissertation, Stanford University.

Zec, Draga. 1995. Sonority Constraints on Syllable Structure. *Phonology* 12: 85-129.

Zerbian, Sabine. 2006. High Tone Spread in the Sotho Verb. In John Mugane, et al (eds.), *Selected Proceedings of the 35th Annual Conference on African Linguistics*. Somerville, MA: Cascadilla Proceedings Project, pp.147-157.

국문 찾아보기

비음선행자음	Prenasalized Consonant	20, 21, 27, 31, 49, 51, 52, 110, 115-117, 124-133, 139, 140, 143, 145, 146, 149, 150, 154, 155, 157, 159-161, 190, 246, 315
비음선행폐쇄음	Prenasalized Stops	19, 21, 146
비음탈락	Nasal Deletion	318, 327
비조화적	Disharmonic	167, 169
비지속성	Non-Continuant	206, 321
사바키어	Sabaki	13, 298
사역형	Causative	151, 237, 238, 245, 246, 248
사하라	Sahara	4, 7, 10
상보적 분포	Complementary Distribution	195
상태형	Stative	237, 238, 242, 246-248
상호동화	Reciprocal Assimilation	149, 150
상호형	Reciprocal	238, 241, 247, 284
생성음운론	Generative Phonology	170, 328
샤이리	Shairi	118
서남아프리카	South-West Africa	159
서아프리카	West Africa	7
선택 의문문	Question with Choices	32, 35, 85, 86
설명적 간결성	Explanatory Simplicity	121, 170
설정성	Coronal	148, 151
성대진동	Vocal Cord Vibration	33-35, 47, 52, 54, 57
성문 파형 검사기	Electroglottography	106
성조	Tone	4, 5, 26, 34, 139, 140
소말리아	Somalia	3
소수 언어	Minority Languages	5
소영역밴드	Narrow-Band	33
소유격	Possessive	27, 61, 115, 185, 216, 217, 255
수동형	Passive	169, 238, 240, 246, 254, 268, 288, 292, 302, 314
수동형태소	Passive Morpheme	246, 292
수사	Number	185, 190, 204, 211, 212, 259, 276
순음동화	Labial Assimilation	150
순행동화	Progressive Assimilation	150
스와힐리어	Swahili/Kiswahili	1-340
시간 자리	Timing Slot	143
시스와티	Siswati/Swati	289, 292, 293
시연	Stanza	118
시제	Tense	64, 78, 94, 95, 100, 120, 121, 285-287
신체부위	Body Parts	187, 193-195, 202

아랍어	Arabic	4, 6, 9, 20, 21, 25, 99, 109, 135, 198, 199, 204, 227, 232, 233, 235, 236, 240, 246, 252, 256, 261, 269, 332, 333
앙골라	Angola	159
애칭	Hypocoristics	272
약화	Reduction Weakening	113, 150, 157, 159, 161
양순	Labial	22, 23, 49, 146, 204
어두음첨가	Prothesis	287, 301, 327
어린아이말	Baby-Talk	271
어말음첨가	Paragoge	287, 327
어머니말	Motherese	271
어미	Final Vowel	100, 207, 250, 253, 288, 290
어원	Origin	232, 233, 236
어중음첨가	Epenthesis	287, 327
어휘의 성	Lexical Gender	185
억양강등	Downdrift	104, 105
억양곡선	Intonation Contour	31-33, 35, 47, 49, 52, 54, 56-58, 64, 65, 68, 73, 76, 78, 82, 83, 86-88, 90, 91, 97, 100, 101, 103, 105
억양구	Intonation Phrase	62-69, 72-74, 76, 83-85, 91-93, 101
언어구역	Language Zone	10, 12
언어유희	Language Game	122
에티오피아	Ethiopia	9
엘와나	Elwana	298, 300, 325, 326
역행동화	Regressive Assimilation	150, 204
연결방지	Link Blocker	173
연결사	Connective	81, 82, 259, 260, 282, 337
연구개	Velars	20-23, 49, 52, 55, 142, 146, 149, 151, 157, 159, 204, 213
연구개 비음	Velar Nasal	21, 213
연속체	Continuum	12, 298, 300
연접	Cliticization	223, 279-282, 302
영국	Great Britain	4, 9, 10, 231, 235
영어	English	3, 5, 21, 25, 26, 57, 67, 69, 73, 77, 78, 82, 110, 113, 114, 136, 189, 198, 232, 234, 235, 239, 280, 332, 334, 337
예외적	Exceptional	17, 110, 164, 167, 169, 182, 221, 268, 298, 302, 307, 328
5모음체계	Five-Vowel System	17, 18, 164, 167, 169
완전 중첩어	Full Reduplication	222
왜소형	Diminutive	196, 201, 202, 206

우간다	Uganda	3, 5, 111, 143
우토아즈텍어	Uto-Aztecan	279
운율판형	Prosodic Template	221
운율단어	Prosodic Word	27, 68, 82, 294
운율음운론	Prosodic Phonology	106, 164, 218, 271
웅구자	Unguja	6, 13, 152, 186, 273, 298, 323
원칭지시사	Remote Pronoun	217
위계	Ranking	170, 182
위기에 처한 언어	Endangered Languages	5
유기성	Aspiration	18, 19, 31, 34, 46, 47, 56, 155, 161, 162, 274, 315
유기음	Aspirated Sound	19, 45-47, 154, 274
유성마찰음	Voiced Fricative	23, 57, 332
유성음화	Voicing	162
유성자음	Voiced Consonant	3, 47, 113, 155, 204, 213, 274, 275
유성폐쇄음	Voiced Stop	19, 20, 52, 159
유음	Liquids	20, 23, 25, 113, 131, 133, 145, 146, 149, 205, 206, 236, 320
유추	Analogy	158, 165, 188, 204, 336
유표적	Marked	169, 170
융합	Coalescence	114-116, 140-142, 145, 189, 195, 214, 248, 277
융화	Fusion	145, 149, 150, 245
음보	Foot	28, 34, 57, 81, 119, 133, 219, 271, 280, 290
음성학	Phonetics	29, 31-33, 35, 36, 105, 106
음소배열	Phonemic sequence	22-25, 133, 332, 333
음소배열제약	Phonotactics	22, 110, 132, 133, 140
음운규칙	Phonological Rule	170, 297
음운론	Phonology	4, 13, 17, 28, 105-107, 110, 115, 119, 140, 142, 143, 164, 170, 189-191, 210, 213, 218, 239, 257, 267, 268, 271, 302, 303, 305, 307, 315, 317, 320, 327, 328, 333, 339
음절계수	Syllable Counting	110, 118, 139
음절구조	Syllabic Structure	22, 23, 27, 109, 110, 122, 135, 136, 273, 340
음절무게	Syllable Weight	137, 140, 154
음절성	Syllabic	21, 27, 31, 32, 51, 52, 110, 123-128, 135, 140, 206, 296, 326-328, 333, 339
음절성 비음	Syllabic Nasal	21, 31, 51, 123, 327
음절인접성기준	Syllable Adjacency Parameter	161
음절초성	Syllabic Onset	21, 52, 189, 191, 311, 325
음향음성학	Acoustic Phonetics	29, 31-33, 35, 105, 106

응가지자	Ngazija/Shingazija	158-160, 299, 300, 301
응용형	Applicative	238-240
의문문	Interrogative Sentence	32, 35, 66, 77-93, 95, 96
의문사	Question Word	32, 35, 66, 79-83, 85, 90-92, 100, 185
의성어	Sound Symbolism	203, 211, 218, 220, 227, 248, 290, 301
의존형태소	Bound Morpheme	216, 337
의태어	Onomatopoeia	203, 211, 218, 220, 248, 254, 271, 288, 290, 301
2음절어	Disyllabic Word	57, 219, 226, 240, 269, 270, 271, 273, 277, 282, 285, 301
이중접사	Dual Affix	201, 202, 283
이형태	Variants	112, 239, 242, 249, 328
이화현상	Dissimilation	159, 161
인도	India	9, 10, 109, 231
인칭	Person	12, 88, 94, 100, 112, 115, 145, 217, 228, 255, 281, 282, 291, 301
일치	Concord	46, 109, 140, 185, 188, 190, 195, 205, 208, 209-213, 216, 228-230, 255, 256, 278, 284, 318
잉여	Redundancy	142, 162, 165, 339
자국어화	Nativization	166, 168
자립형태소	Free Morpheme	337
자음	Consonant	25, 56, 109, 113-115, 125, 127, 131, 136, 137, 139, 141, 145, 154, 157, 213, 239, 240, 279, 288
자음강화	Hardening	131, 140, 145, 150-152, 158, 160, 206, 320, 321, 323
자음군	Consonant Cluster	110, 157, 158
자음약화	Consonant Mutation	161
자음연속	Consonant Sequence	25, 127, 135, 136
자질수형도	Feature Geometry	147, 148, 168, 171
자질최소화원리	Feature Minimization Principle	165
자질표기	Feature Specification	166
잔지바르	Zanzibar	4, 6, 9, 189, 219, 233, 298
잠비아	Zambia	3
장음화	Vowel Lengthening	110, 114, 116, 117, 120, 126, 142, 143, 145, 339
재구형	Reconstructed	113, 158
재음절화	Resyllabification	27, 110, 130, 135, 136, 167, 168, 190, 282, 296, 326, 327
저모음	Low Vowel	36, 133, 141, 146, 162, 163, 175, 176
저중모음	Lower-Mid Vowel	167
전설고모음	High Front Vowel	18, 150, 151
전설모음	Front Vowel	36

Mafia	마피아	13
Makunduchi	마쿤두치	298, 300, 324
Malawi	말라위	3, 20, 111
Maraba	마라바	13
Marked	유표적	169, 170
Meinhof's Law	마인호프의 법칙	157-159, 161
Mid Vowel	중모음	17, 18, 141, 162-164, 167, 170, 171, 174, 181, 182, 238
Minimal Word Constraint	최소단어제약	303, 307, 312, 315, 320, 321, 327, 328
Minimal Word Effect	최소단어효과	27, 265, 267, 287, 289, 291, 302, 307
Minimal Word Requirement	최소단어요건	28, 110, 114, 140, 201, 219, 265, 267, 268, 275, 277, 285, 286, 297, 298, 300-302, 307, 314, 321, 328, 340
Minority Languages	소수 언어	5
Mombasa	몸바사	9, 253
Monomoraic	단모라	279, 280, 291, 300
Monosyllabic	단음절	27, 111, 112, 114, 121, 123, 129, 141, 155, 169, 190, 219, 222, 227-229, 240, 261, 268, 270, 275-283, 285-288, 290-295, 300-302, 311, 320, 321, 328
Monosyllabic Verb	단음절 동사	169, 222, 285, 286, 292, 294, 313
Mora	모라	110, 111, 112, 114, 115, 121, 123, 137, 139, 140, 143, 145, 154, 267, 268, 271-273, 279, 280, 288-291, 295, 298, 300, 301, 333, 340
Morpheme	형태소	95, 111, 112, 115, 121, 122, 135, 141, 142, 145, 155, 157, 164, 171, 185, 191, 208-212, 216, 223, 237-242, 244, 246, 247-249, 267, 270, 279-282, 284, 288, 289, 295, 302, 305, 317, 326, 327, 331, 333, 336-339
Morphology	형태론	10, 13, 28, 110, 140, 170, 183, 188, 218, 230, 232, 237, 257, 261, 267, 268, 301, 305, 328, 331, 335-337, 340
Morpho-Phonological	형태음운론적	105, 210, 257, 267, 303, 305, 307, 315, 317, 327, 328, 339
Motherese	어머니말	271
Mozambique	모잠비크	3, 160
Multi-Linked	다중 연결	170, 175
Mwani	뫄니	13, 26, 298, 300, 301, 326, 327
Mwini	뮈니	158, 298, 301
Namibia	나미비아	159
Narrow Bantu	협의의 반투어	12
Narrow-Band	소영역밴드	33
Nasal Assimilation	비음동화	130
Nasal Deletion	비음탈락	318, 327

National Language	국민언어	3, 5
Nativization	자국어화	166, 168
Negative Command	부정 명령문	98
Negative Question	부정 의문문	32, 96
Negative Sentence	부정문	35, 94, 95, 98, 120, 121, 281, 286
Negative Statement	부정 평서문	94, 97
Ngazija/Shingazija	응가지자	158-160, 299, 300, 301
Niger-Congo	나이저콩고	7, 11
Node	절점	150
Non-Continuant	비지속성	206, 321
Nonlinear	비단선적	105, 131, 147, 166
Noun Class	명사부류	19, 46, 47, 61, 109, 115, 130, 140, 145, 154, 155, 158, 159, 185-217, 228, 230, 233, 248-253, 255, 256, 262, 263, 268, 270, 274-284, 285, 300, 302, 317, 318, 335, 336, 339
Number	수사	185, 190, 204, 211, 212, 259, 276
Object	목적어	32, 65, 78, 82, 91, 94, 96, 101, 104, 207, 211, 221, 254, 259
Objective	목적격	140, 145, 155, 185, 190, 195, 204, 211, 216, 217, 222, 223, 286, 294, 296, 310-312
Occlusion	폐쇄음화	149, 150
Official Language	공식언어	3, 5
Onomatopoeia	의태어	203, 211, 218, 220, 248, 254, 271, 288, 290, 301
Onset	초성	21, 25, 49, 52, 61, 111, 115, 119, 123, 124, 128, 130, 133, 135-137, 140, 159, 189-191, 204, 205, 213, 222, 278, 310-315, 320, 321, 325-327, 332
Opaqueness	불투명성	147, 162, 182
Optimal Form	최적형	179, 181, 182, 306, 312, 316, 317, 319, 322-326
Optimality Tableau	최적성 분석표	178, 180, 318
Optimality Theory	최적성이론	170, 305-307, 328
Origin	어원	232, 233, 236
Output	도출형	313, 316, 321, 326
Palatalization	구개음화	141, 142, 200, 201, 215, 236, 239, 245, 246
Palatals	구개음	54, 130, 131, 141, 142, 200, 201, 205, 215, 236, 239, 245, 246
Paragoge	어말음첨가	287, 327
Partial Reduplication	부분 중첩어	220
Passive	수동형	169, 238, 240, 246, 254, 268, 288, 292, 302, 314
Passive Morpheme	수동형태소	246, 292